新时代
文创产品
设计

白藕 著

清华大学出版社
北京

图书在版编目（CIP）数据

新时代文创产品设计 / 白藕著. —北京：清华大学出版社，2023.3
ISBN 978-7-302-62875-0

Ⅰ.①新…　Ⅱ.①白…　Ⅲ.①博物馆－文化产品－产品设计－研究－中国
Ⅳ.①G269.23

中国国家版本馆CIP数据核字（2023）第032702号

责任编辑：孙元元
装帧设计：谢晓翠
责任校对：王凤芝
责任印制：杨　艳

出版发行：清华大学出版社
　　　　　网　　址：http://www.tup.com.cn，http://www.wqbook.com
　　　　　地　　址：北京清华大学学研大厦A座　　　邮　　编：100084
　　　　　社总机：010-83470000　　　　　　　　邮　　购：010-62786544
　　　　　投稿与读者服务：010-62776969, c-service@tup.tsinghua.edu.cn
　　　　　质量反馈：010-62772015, zhiliang@tup.tsinghua.edu.cn
印 装 者：小森印刷（北京）有限公司
经　　销：全国新华书店
开　　本：165mm×230mm　　　印　张：21　　　字　数：326千字
版　　次：2023年3月第1版　　　印　次：2023年3月第1次印刷
定　　价：159.00 元

产品编号：095078-01

序1

超以象外　得其环中

　　中国是历史悠久的文明古国，有着深厚的历史沉淀和鲜明的文化特色，如何继承与发扬五千年的灿烂文明？怎样将传统文化与当下文化有机结合起来？这是目前最值得探讨的一个议题。

　　强调对传统的继承不单是对物质的继承，更是对精神和理念的继承。文化创意产业必须在以传统为根基的同时面向未来，才能散发出蓬勃的生命力。现在全国都在做文创，这时恰恰要冷静，不能简单跟风。在悠久的文化中想必有着不尽如人意的一面，在继承与发扬的时候就不能一味地照搬、照抄，而是要结合现在的社会背景，有保留、有选择地传承与继承。应该秉承着"批判地继承"精神，既能够将老祖宗的东西为我所用，又可以反映现在人们的生活状态、结合当下人们的物质与精神需求，这才是好的设计方向。

　　文化创意体现的是一个国家的软实力，这类作品要与艺术创造结合起来，变为可复制可传播的，使其成为介入大众的公共用具，提升大众审美，激发对生活的热爱，树立对美好生活的愿景，引领新时代的生活方式和生活目标。所以一定要强调转化，要分析、找准当代人的精神需求，将其逐渐引导到正确的审美观或评价体系中。对传统文化的"活化"既要发现新的"土壤"，扎下能在当代生存的"根"，开出更绚丽的"花"，同时要立足于国家战略发展定位，整合资源，形成完整、有效的产业链，打造出重质量、有信誉的行业品牌，这个过程需要扎实推进，不能急功近利。

　　文创产品中涉及大量的工业设计与工艺美术领域的相关知识，但二者还是有区别的。工业设计是工业革命的结晶，是人类社会生产关系变革带来的上层建筑，或曰"意识形态"的一种存在。它与工艺美术都是人类存在的时代产物和智慧体现，二者的区别不仅仅是形式、视觉上的差别，还有其"造物"内涵中人类组织——"生产关系"的差别。

工艺美术是小生产方式的体现，讲究工匠的经验积累、技巧的堆砌，最关键的是符合当时缓慢的社会节奏，其巧夺天工、奢华绚丽的成果决定了其只能被统治阶层霸占，只能服务于少数人，作为摆设、炫耀的"工艺美术"不可能进入千家万户。而工业革命后的造物是被精细分工后的合作，在"大生产、大批量、标准化"的产业特征下，成千上万的产品被制造出来，使"工业文明"的产品能够进入大众生活中。工艺美术关注的是"意匠、技巧"，可能会作为一种"艺术"形式，陶冶着人类情趣而继续存在下去；工业设计关注的是"大众、民生"，需要我们不忘初心，不断地去创造，要"解决当下的问题"，更要为民族的未来服务，当今乃至未来社会必然要在工业文明基础上进一步发扬工业设计的理念——创造更合理、更健康、更公平的生存方式。

"中国梦"是我们这个民族精神文化的方向、一个国家健康发展的走向。我们看到国家层面开始针对创意设计人才进行扶持，文旅部也针对创意设计人才搭建平台、完成产业链与系统建设。这是一个好的方向，对整个创意设计行业是一个好的信号。朝着对的方向努力、发展，中国的创意设计人才、青年设计师才会在国际设计领域占据主流，才会圆我们设计领域的"中国梦"。

设计的最终目的是解决人们衣食住行的问题，工业设计也不再仅仅是体现创意的专业能力。设计专注于为制造业提供创意服务的时代即将成为过去，即使将工业设计称为生产性服务业，也明显不能表达今天的设计创新定位和能力——工业设计正在或者已经快速成长为"战略性新兴产业"。

现在的学科分为四大类：理科、工科、文科、艺术。理科是发现并解释真理；工科是解构、建构的技术；文科是是非与道德的判断；艺术是品鉴自然、人生、社会的途径。而设计是整合了上述所有因素去创造人类更健康更合理的生存方式的学科。科学是去发展、解释关于自然、社会的知识，是关于"是什么样"的知识，侧重于分析、发现；设计则是应用这些知识去创造未来，设计的对象可以是"物"，也可以是"事"。

设计并不是一种专业、一种知识和技巧，而是一种智慧，要提倡大家使用，而不要提倡占有，不是要产品，而是要服务。这才是沉淀下来的、被大家接受的、影响人们行为的设计。

其实好的创意设计，就应该是关心生活的、从身边出发的。设计和艺术绝对不是小圈子的运动，绝对不是设计师、艺术家躲在工作室里"两耳不闻窗外事"得来的，而是应该最大程度地契合社会发展、与生活息息相关的。如同艺术不仅仅是艺术家的事情、文学不仅仅是文学家的事情、科技不仅仅是科学家的事情一样，设计也不仅仅是设计师的事情。

设计总是要超前的，总是要预示未来的，所以我们提倡设计创新，就是要从人的生活方式出发，探求设计外部之"事"，研究设计内部之"理"。设计关乎人们生活的方方面面，关乎人们怎样去思考、怎样去看世界的问题，理应是一个最有生命力的学科，但现在的问题是，我们的设计没有声音！

在20世纪初，德国就成立了制造同盟，这个制造同盟是把银行家、投资者、管理者、设计师、技术人员甚至于工匠组织在一个系统的产业链中整合发展。我们是制造大国，什么叫"制"？"制"是制度，是规范，是工序，是标准，是流程。从20世纪50年代初开始到现在的第二次引进高潮，引进了流水线、模具、技术、标准，引进的都是"制"，我们只是"造"。所以我们最担忧的就是订单，在很多企业里都是销售总监拿的工资最高。而像设计的研发、研究这样的基础性、核心性工作谁去做呢？

这部书让我看到了我的学生白藕正在从事这方面的工作，这使我很欣慰！希望本书的出版能够为我国文创产业的发展提供一些力量，为设计发出应有的声音。

清华大学首批文科资深教授
清华大学美术学院博士生导师
政府津贴学者
柳冠中

序2

传统文化在现代设计语境中的表达

博物馆是一个国家和民族的文化汇聚地，其中的各类藏品是古人为我们留下的文化瑰宝。这些曾经适用于特定时代和社会文化环境的古代产品，随着社会的变迁、人们生活方式及审美情趣的变化，多数器物已不能直接应用于现代生活当中。

当今社会，人们追求简洁、精致的生活，在"少即是多"的现代设计语境中，设计师首先要学会从传统的文化符号中提取、转化的能力，立足于当代人的生活，从当今社会共同的审美需求角度去审视古人的文化遗产，从美学的角度和实用性的角度独具慧眼地去发现深厚文化积淀中的价值，并应用到现代生活中，让传统文化在现代重生，绽放出新的价值。

文化需要传承和发扬，设计可以在当代与传统之间架起桥梁。中国的优秀文化深藏于社会的各个层面，历史上由于森严的等级制度，许多文化瑰宝曾经被帝王将相所把持，而有些独具特色的民艺精粹也只能在民间传播，如今这些界限都已荡然无存。当今许多设计师都在不断地向传统文化和其他民族文化学习，从中凝练、融合与创新，对传统符号进行适度的取舍和夸张处理，将某一领域的符号移植到另一个领域，通过语境的变化使传统元素焕发新生，变得时尚而富有魅力，进而形成自己的风格。

作为博物馆传播文化的重要途径和手段，文创产品设计归根结底是为人而设计的产品。因此，一方面要以研究传统文化以及博物馆藏品为基础，另一方面要以研究现代人的生活方式、行为特征、消费观念、审美需求等为核心，围绕这个核心不断探求传统文化在现代设计语境中的表达问题，建立传统与现代之间的沟通与互联，最终将传统元素成功融入现代人的生活中。

中国人有很强的文化认同感，一些独特的文化符号非常容易唤醒人们的民族情感和个人情趣，在当代社会产生共鸣。古人留下的很多书画作品和工艺品在当今社会依然具有很高的观赏性和装饰性，设计师应充分了解这些文化原型的艺术特征和文化内涵，同时熟识当代的各种流行文化和人们的生活情趣，利用各种生产方式和最新的科技手段为这些传统文化在当今社会找到新的载体。所以，除了实用性之外，文创产品也兼具着重要的文化宣传和教育作用。

清华大学美术学院的前身是中央工艺美术学院，自1956年建院以来就非常注重传统与现代设计之间的传承与转换。经过几代教师的不断探索与实践，围绕着衣、食、住、行等所有与人们生活密切相关的领域，形成了以传统文化为基础的现代设计教学体系和教学模式，逐步确立了学院的风格。白藕先生是中央工艺美术学院98届工业设计系的毕业生，在他的研究中我们可以看出其深受工业设计系严谨的设计方法学影响，重视设计程序，强调设计逻辑。

希望本书能够对我国博物馆文创设计发展起到一定的促进作用，毕竟文物不应只静静地放在博物馆的展柜中，而需要通过各种途径让更多人能够知晓、了解、学习我国的优秀文化，方能使文化不断地传承发展。

清华大学美术学院院长、党委书记
清华大学美术学院博士生导师、长聘教授
马赛

体用之道

有什么样的"体"才会有什么样的"用"。如同各类生物均是由各自不同的"体"决定了不同的行为方式，进而又促使"体"不断演化。因此，只有先认清文创产品设计这个主体"究竟是什么"的本质问题，才有可能理解其客体"应该是什么"的现象问题。置于设计应该如何想、如何用、如何造，以及最终会呈现出什么样的成果等，都是由"体"延展出的"用"，是由"体"来决定的。

本书所研究的文创产品设计其实自古即有，是在诸多先行产业发展的基础上逐渐分离出的精细化分工，所以在纵向与横向上均与相关行业保持着极强的关联性。对这类涉及多个领域的课题研究，不应该等同于单一技术性学科的研究，而是要结合上下游相关产业进行关联性、综合性分析，方可保障研究的精准度和思维逻辑的完整性。技术是存在藩篱的，而思维却可以在各个领域间贯通。构建起科学的思维模式，才是解决各类实际问题的根本之法。

作者本人为博物馆从业者，所以本书以近年来热度较高的博物馆文创产品为依托，探讨了产业链动态发展过程中的思维模式及实践方法。希望以此为引，启发读者朋友思考更深远的文创设计方面的相关问题。

全书共分为五个篇章，遵循着纲举目张的原则逐层展开。

首先在"概念篇"中着重对一些浑浊的理解予以澄清；在"价值篇"中通过解构的方式将博物馆文创产品的构成要素进行拆分讨论。这两篇内容以理论、概念为主，虽显枯燥，却是本书的基础，有助于理解文创产品本体"究竟是什么"的问题。

在接下来的"趋势篇"中对我国博物馆（本书对我国博物馆的研究主要指中国大陆地区）文创产品设计的过去、现在和未来展开了论述，通过大量的实际案例和调研数据勾勒出近40年来产业发展的概貌，并结合政策要求与市场需求设想了未来可能的发展趋势；"策略篇"则侧重于实际问题的解决思路和具体方法。这两篇是本书的核心，贯穿了以高维度产业链思维来解决低维度技术应用问题的方法观。

在最后的"探索篇"中分析了当前产业中的一些热点话题，开放式的结尾也预示了本书仅仅是对一段历史的记录——对文创产业的探求还远未截止，未来可期。

白藕

目录

概　念　篇

对"文创"的认知与解读

在人类历史的发展进程中，政治、经济、文化作为社会的基本组成部分，共同支撑着社会的进步，三者之间始终保持着相辅相成的关系。

自从20世纪中叶以来，随着全球化发展，文化领域也出现了显著的变化，开始以各种形式与政治、经济频繁地互动交融。以工业化、规模化生产为基础的现代"文化产业"从传统行业中逐渐分离出来，成长为真正意义上的独立行业。如今，文化产业已然成为一些国家和地区发展中的重要经济增长点，并逐渐形成了规模庞大的产业链。

我们要研究的"文化创意"（以下简称：文创）设计属于文化产业范畴，归为"第三产业"，其中包括了大量文化、精神、情感等层面的无形因素。

"仓廪实而知礼节，衣食足而知荣辱""经济基础决定上层建筑"的规律使文化产业在"第一产业"与"第二产业"的基础上迅速发展起来，并将各个环节按照创新的规则重新整合与构建，使原本相互独立的产业得以协同发展。从这个角度来说，其具有十分明显的"头部"特征。在事实上也是如此，在文化产业的发展过程中，各国政府的"顶层"制度设计起到了决定性的作用。

其中，美国政府通过加强对版权产业的控制和管理来引领文化创意产业的整体发展。美国并没有一个关于文化产业的界定或分类标准，大致可以将"版权产业"中"核心版权产业"（core copyright industries）部分理解为美国的"文化产业"。根据美国国际知识产权联盟（International Intellectual Property Alliance，IIPA）的定义，美国版权产业是指所有以版权为基础的产业部分。美国联邦政府没有设立文化部，而是通过国家艺术基金会（National Endowment for the Arts）、国家人文基金会（National Endowment for the Humanities）和博物馆图书馆学会（Institute of Museum and Library Services）对文化艺术进行资助。从表面上看，美国联邦政府对于文化产业的发展实行的是"无为而治"的政策，但政府宽松的准入政策、有效的知识产权保护和文化扶持政策为美国文化的发展创造了良好环境。[1]美国版权产业在对GDP的贡献和就业两方面已经超过美国经济的其

---

1. 李炎，陈曦. 世界文化产业发展概况[M]. 昆明：云南大学出版社，2014：2.

余部分，而且在美国出口增长中也扮演着日益突出的角色。[1]

英国政府自1991年开始发展创意产业以来，在1992年形成了"国家文化艺术发展战略"讨论稿，并于1993年以"创造性的未来"为题正式公布。[2]1997年成立了"创意产业特别工作小组"（Creative Industries Task Force），成功推动了英国文化的出口，有效地抵补了贸易逆差，如今，文化创意产业已成为英国的一个重要产业。[3]

日本政府则是通过立法体系为文化产业提供保障，自上而下地推进产业发展。其制定的一系列法律法规为文化产业发展提供了规范的行为依据，支持并保护了文化产业的发展（见表1.1）。

表1.1　日本政府为促进文化产业发展颁布的政策法令或成立的机构[4]

年度	法律法规名称或成立的机构	目的或效果
1995	新文化立国：关于振兴文化的几个重要策略	确立21世纪的"文化立国方略"
1995	科学技术基本法	促使企业开始注重发展娱乐、信息和通信业，并注重与计算机行业紧密结合，进而使文化产业迎来新的发展
1996	特殊21计划	该计划旨在推进日本与国际文化艺术的交流，扶持艺术创造活动，重点扶持交响乐、歌剧、芭蕾、戏剧等艺术团体的创新作品，推动国际艺术交流事业，完善艺术创作基础建设事业，振兴舞台艺术事业等
2000	形成高度情报通信网络社会基本法	该法以"建立国民能广泛利用的世界最高水准但费用低廉的高度情报通信网络"为基本方针，使全体国民都能享受信息通信技术的恩惠，促进与IT业相关文化产业的发展
2001	著作权管理法	旨在维护著作者权利，引导人们公正使用文化成果。该法是对1970年5月颁布的《著作权法》的进一步修改和完善，为维护文化产业知识产权方面提供了法律保障
2002	知识财产基本法	确定了"知识财富立国"的方针
2003	成立"知识财富战略本部"	制订了详细的"知识产业推进计划"

---

1. 张京成，沈晓平，张彦军. 中外文化创意产业政策研究[M]. 北京：科学出版社，2013：52.
2. 李炎，陈曦. 世界文化产业发展概况[M]. 昆明：云南大学出版社，2014：39.
3. 张京成，沈晓平，张彦军. 中外文化创意产业政策研究[M]. 北京：科学出版社，2013：47.
4. 参考后整理。李炎，陈曦. 世界文化产业发展概况[M]. 昆明：云南大学出版社，2014：142-143.

年度	法律法规名称或成立的机构	目的或效果
2003	著作权中介业务法	规范文化市场的中介业务、中介组织、经纪人、经纪公司等的文化市场行为
2004	关于促进创造保护及应用文化产业的法律案	包括《信息技术基本法》《文化艺术振兴法》和关于振兴电影、音乐、戏剧、诗歌、小说、漫画、游戏等产业内容的法律

在我国，自20世纪七八十年代开始，随着社会主义市场经济体制的确立，文化机构开始由事业向产业逐渐转变。1985年，国家统计局在《关于建立第三产业统计的报告》中将"文化艺术"作为第三产业的一个构成部分列入统计项目中，事实上已经确认了文化领域所具有的"产业"性质。1991年，国务院批转的《文化部关于文化事业若干经济政策意见的报告》正式提出了"文化经济"的概念。1992年，在国务院办公厅综合司编著的《重大战略决策——加快发展第三产业》一书中明确使用了"文化产业"的说法，这也是现有资料中我国政府主管部门第一次使用"文化产业"一词。2000年10月，党的十五届五中全会在《中共中央关于制定国民经济和社会发展第十个五年计划的建议》中强调要"完善文化产业政策，加强文化市场建设和管理，推动有关文化产业发展"。首次在中央正式文件中提出"文化产业"，各项支持、扶植、促进、鼓励产业发展的具体政策随之相继出台。

2009年7月22日，国务院常务会议审议通过的《文化产业振兴规划》是我国针对文化产业发布的第一部专项规划文件，标志着此时文化产业已经成为国家战略性产业。其中强调了加快文化产业振兴的重要性、紧迫性，提出"文化产业是市场经济条件下繁荣发展社会主义文化的重要载体，是满足人民群众多样化、多层次、多方面精神文化需求的重要途径，也是推动经济结构调整、转变经济发展方式的重要着力点"[1]，点明了发展文化产业对社会、人民、经济三个方面的重要价值，并采取了"降低准入门槛""加大政府投入""落实税收政策""加大金融支持""设立中国文化产业投资基金"等具体措施刺激产业发展。

---

1. 中国政府网.《文化产业振兴规划》全文发布[EB/OL].http://www.gov.cn/jrzg/2009-09/26/content_1427394.htm,2009-09-26/2021-06-29.

2012年2月，《国家"十二五"时期文化改革发展规划纲要》指出"加快发展文化产业，构建现代文化产业体系。构建结构合理、门类齐全、科技含量高、富有创意、竞争力强的现代文化产业体系，推动文化产业跨越式发展，使之成为新的经济增长点、经济结构战略性调整的重要支点、转变经济发展方式的重要着力点，为推动科学发展提供重要支撑。加快转变文化产业发展方式，促进从粗放型向集约型、质量效益型转变，增强文化产业整体实力和竞争力"。[1]同年11月，党的十六大报告又再次强调"发展文化产业是市场经济条件下繁荣社会主义文化、满足人民群众文化需求的重要途径"，并明确区分了"文化产业"与"文化事业"的不同属性。

自党的十八大以来，习近平总书记更是站在实现中华民族伟大复兴的战略高度上，就推动中华优秀传统文化的传承和创新发表了一系列重要论述，提出了一系列新思想、新观点、新要求，为新时期文化发展指明了方向。2013年12月30日，习近平总书记在十八届中共中央政治局第十二次集体学习时强调指出"要系统梳理传统文化资源，让收藏在禁宫里的文物、陈列在广阔大地上的遗产、书写在古籍里的文字都活起来"。[2]

2014年，在国务院发布的《关于推进文化创意和设计服务与相关产业融合发展的若干意见》中，就创意设计与相关产业融合发展提出明确要求，首次将创意设计提升到国家战略层面。如同国际上许多发达国家所采取的"设计立国"策略一样，文化创意设计也成为我国建设可持续发展型社会的重要国策之一。

在无形的创意向有形的产品转化过程中，设计行业的价值逐渐突显了出来，文创产品设计作为一门独立学科的专业属性也日趋明显，并呈现出细分化的趋势，催生出一些新型行业分类，如旅游文创产品设计、影视文创产品设计、博物馆文创产品设计等。

---

1. 中华人民共和国国务院新闻办公室官方网站. 国家"十二五"时期文化改革发展规划纲要[EB/OL]. http://www.scio.gov.cn/xwfbh/xwbfbh/wqfbh/2012/0719/xgzc/Document/1190119/1190119_1.htm, 2012-5-16/2021-04-02.
2. 习近平.在十八届中共中央政治局第十二次集体学习时的讲话[N].人民日报，2014-01-01（1）.

虽然我们反复强调设计行业对产业的引领作用，但是事实上我国现代意义上的设计行业相较于博物馆行业来说起步更晚。而且设计学科的高等教育长期以来一直从属于美术学科，并未设立单独的学科门类。就拿与博物馆文创产品设计工作关联最为紧密的工业设计行业来说，从20世纪七八十年代开始，我国才比较系统地引进了现代工业设计理念和方法。直到1993年，"工业设计专业"才正式出现在教育部发布的《普通高等学校本科专业目录》中，具有现代意义的工业设计方从社会分工中独立出来，成为一门具有"产、学、研"全面发展格局的独立学科。[1]

在博物馆行业政策方面，文化部在2005年12月22日审议通过、2006年1月1日起施行的《博物馆管理办法》中明确提出："国家应该鼓励博物馆发展相关文化产业，多渠道筹措资金，促进自身发展。"

2008年1月23日，由中宣部、财政部、文化部、国家文物局等部门联合下发的《全国博物馆、纪念馆向社会免费开放的通知》不仅激发了公众参观博物馆的热情，也促使博物馆从传统的展示、收藏、研究、教育等基本职能转向为为"人"的感受和体验提供服务，从此"以人为本"的发展趋势逐渐显露。

2015年3月20日起施行的《博物馆条例》更加明确地提出了"国家鼓励博物馆挖掘藏品内涵，与文化创意、旅游等产业相结合，开发衍生产品，增强博物馆发展能力"的行业发展要求。

2021年5月24日，由中央宣传部、国家发展和改革委员会、教育部、科技部、民政部、财政部、人力资源和社会保障部、文化和旅游部、国家文物局等共同发布的《关于推进博物馆改革发展的指导意见》中提出："到2025年，形成布局合理、结构优化、特色鲜明、体制完善、功能完备的博物馆事业发展格局，博物馆发展质量显著提升，在弘扬中华优秀传统文化、革命文化和社会主义先进文化，构建公共文化服务体系、服务人民美好生活，推动经济社会发展、促进人类文明交流互鉴中的作用更加彰显。到2035年，中国特色博物馆制度更加成熟定

---

1. 更准确地说，这个时间节点应该是以1984年柳冠中先生在中央工艺美术学院（现清华大学美术学院）创立我国第一个"工业设计系"、展开现代意义上的系统化教育为始。

型，博物馆社会功能更加完善，基本建成世界博物馆强国，为全球博物馆发展贡献中国智慧、中国方案。"[1]

显然，我国政府通过运用各种政策为文化产业营造了积极宽松的发展环境，促使文化产业进入发展的"黄金时期"。特别是2010年以后，在政策倡导与社会需求的双重激励下，我国文化产业取得了巨大成就，呈现出爆发式的增长态势。文化类消费在国民经济中的比重不断增加，在满足人民群众日益增长的文化需求和对美好生活向往的同时，逐渐构建起具有中国特色的文化产业发展模式。

如今，在诸多行业领域纷纷转型升级的趋势背景下，文创设计行业与制造业、农业、旅游产业、体育产业、乡村建设、城市更新、红色文化、非遗文化、文化扶贫等领域的融合程度逐步加深，成为各个行业转型发展的重要推动力。这对当前产业结构调整以及未来文化发展走向来说，都有着深远而持久的意义。

但是，2013年文化部文化市场司发布的《2012中国艺术品市场年度报告》估算了中国艺术衍生品的总体市场空间在2000亿元人民币以上，目前仅开发了其中的10%。[2]这从一个方面映射出此时对文化市场的发掘程度还远远不够，文化产业的未来将是一个拥有巨大潜力和广阔空间的"蓝海"市场。

一、文创产业

"文创产业"（Cultural And Creative Industries）可从字面上理解为"将文化通过创意的形式加以产业化"，其中包括"文化产业"（Cultural Industries）与"创意产业"（Creative Industries）两个具有相对完整产业链的行业，由于二者的目标本就具有一致性，在发展过程中相互间的交集逐渐增加，最终融合成新

---

1. 国家文物局官方网站.关于推进博物馆改革发展的指导意见[EB/OL].http://www.ncha.gov.cn/art/2021/5/24/art_722_168090.html，2021-05-24/2021-06-02.
2. 中国新闻网.中国艺术衍生品市场超2000亿：仅开发10%[EB/OL].http://www.chinanews.com/cul/2013/11-15/5508466.shtml，2023-11-15/2021-04-02.

的业态形式。

概括来说，文化产业的内容更加广泛，涵盖了所有能为社会公众提供文化、娱乐和服务的活动，而且这些活动必须是具有产业化潜力的，能够通过大规模生产的形式使文化得以快速而广泛的传播。而创意产业则是为了进一步提升文化传播效果而存在的，因此它并不局限于简单地将文化变成产品，而是更加关注如何通过深度解读文化内涵来提升产品附加值。

2005年，联合国教科文组织在《保护和促进文化表现形式多样性公约》中对文化产业做出了定义，首先将"文化活动、产品与服务"解释为："是指从其具有的特殊属性、用途或目的考虑时，体现或传达文化表现形式的活动、产品与服务，无论它们是否具有商业价值。文化活动可能以自身为目的，也可能是为文化产品与服务的生产提供帮助。"又进一步将"生产和销售上述内容的文化产品或服务的产业称为文化产业"。[1]

从"文化产业"一词正式出现，直至被正确解读，曾经历过一段颇为曲折的过程。"Cultural Industry"（文化工业）曾经被翻译为"文化产业"，这就使很多人误以为二者是等同的关系，认为只要将文化以工业产品的形式制造出来即成为文化产业，这样的理解显然是片面的、不准确的。

"文化工业"一词最早见于文献是在1947年出版的图书《启蒙辩证法》的章节名称中，是由西奥多·阿多诺（Theodor Adorno）和马克斯·霍克海默（Max Horkheimer）这两位德裔犹太哲学家提出的。当时正值二人逃离纳粹德国、流亡美国之际，他们看到了美国社会环境虽然不像他们所处的德国纳粹政权那么恐怖和残暴，但实际上却是空洞的、华而不实的。在这里，文化已经明显地被商品化了，任人买卖，几乎失去了扮演乌托邦式批判手段的能力。这与二人所属的黑格尔哲学传统以及信奉的文化等同于艺术，等同于人类创意独特、卓越形态的价值观发生了严重冲突。依他们所见，文化和产业本是相互对立的两面，但是现代资本主义却将二者一起互解，因此才在著作中使用了"Cultural Industry"

---

1. 联合国教科文组织官方网站.保护和促进文化表现形式多样性公约[EB/OL].https://en.unesco.org/creativity/ convention/texts，2021-06-25.

一词，以示对这种现实的批判。

单数形式的"Cultural Industry"被局限在单一领域。这样的结果是将现代生活中共存的各种不同形式的文化生产都被假设遵循着同一种逻辑，而文化产业具有的复杂性以及不同类型文化生产所遵循的不同逻辑，均无法通过词汇加以直观的表达。

因此，到20世纪60年代末，一些社会学家、活动家和政策制定者将其转化为复数形式的"Cultural Industries"（文化产业）。首先，他们摒弃了前述二人对文化工业的悲观与忧虑，认为把工业化和新技术引入文化生产中确实导致了商品化趋势，但同时也带来了令人兴奋的创新趋势。其次，文化的商品化进程并不是平坦的、一帆风顺的，资本要延伸到文化领域，就需要迎战该领域的限制和不完善。换句话说，文化产业是一个饱受争议和斗争不断的地带，而阿多诺与霍克海默则始终认为此斗争过程已经消失，文化早已被资本及号称"工具理性"的概念系统收编。第三，也是最为重要的一点，"Cultural Industries"的复数形式明确解释了文化产业的复杂多样性，如同我们经常一面陷入文化工业的悲观主义之中，一面又感受并享受着被众多文化产品所丰富起来的生活一样，其中掺杂着大量的社会学、人文学的内容。[1]

"产业"不是"工业"，"产业"包含"工业"。无论工业多么发达，领域多么广阔，都是在"生产制造"这一领域中的同类发展，而产业是涵盖了生产制造业等多项领域的综合体。实际上，阿多诺和霍克海默所真正忧虑的是在人类社会工业化进程中，文化本应具有的那些触动人心的、深刻的精神价值有可能被削弱甚至泯灭。通过机械化流水线简单加工制造出来的产品过于工具化、理性化，在这个将文化绝对物化的过程中，文化本该具有的引领文明进步的积极意义逐渐丧失，由此会引发种种恶果。这个观点显然受到了"第二产业"的局限，而我们今日所说的"文化产业"实际上更多的是在讨论"第三产业"的内容。在这个层级中，真正推动产业发展的动力是以"人"的知识和智

---

1. （英）大卫·赫斯蒙德夫（David Hesmondhalgh）. 文化产业（第三版）[M]. 张菲娜，译. 北京：中国人民大学出版社，2016：18-20.

慧为核心价值的各个创新环节，这就为"创意产业"能够在其中发挥关键作用提供了条件。

"创意产业"是文化产业在深化发展中分离出的细分产业，是将文化产业中更具有创造性价值的环节剥离强化后所形成的独立产业。如同第一产业以土地与农作物、第二产业以矿产和资本为最重要的基础资源一样，在创意产业中最直接的动力来源于人的创新创意能力。如果说文化产业中诸如生产、制造等环节尚且未脱离第二产业的范畴，那么创意产业则应完全归属于第三产业的内容。

创意不是有形的实体，而是无形的思维模式，它来自经验的累积，具有不断发现新领域、探索未知可能、低成本、低能耗，能带来不可估量的经济回报等特征。这些特征使其对产业内涵和外延的探索从未间断，产业链也由此得以延展。如今，越来越多的国家和地区逐渐认识到，推动经济增长已经不能仅仅依靠资本、劳动力、技术和信息的发展，还应将创新创意作为核心要素加以善用。

"文化产业"与"创意产业"的相互融合，成为"文化创意产业"发展的基础，那些源于文化的元素经过高科技和智力加工后可产生高附加值产品，具有规模化生产和市场潜力的产业均可归类于这一范畴。其中"高科技和智力""高附加值""规模化生产"等几个关键词也正是现代设计的核心特征，从而使设计行业能够深度介入其中成为必然。此外，文创产业中还包括了经济学、心理学、营销学等多个领域的内容，是一个由多种行业相互结合而衍生出的细分行业，细分化也正是一个行业由初期混沌发展状态逐渐走向成熟细致发展阶段的重要标志。

从产业结构模式来看，文化创意产业将原有的以制造、加工为主的产业模式进行了调整与升级，提升了产品的附加值和经济价值，同时带动了产业链的整体发展。关于这一点，国内学者有着较为深刻的描述：文创对经济增长方式转变的重要意义应该与科技创新相提并论。尽管创意产业作为一个正式概念出现在文献中只有短短几年，但作为一个新兴产业，已在实践中显示了其强大的生命力和巨大的发展空间，成为世界各个发达国家极力推崇和大力发展的产业部门。一方面，这与创意产业能够为社会创造可观的经济收益密切相关；另一方面，与创意产业具有改变现有经济增长模式的强大功能紧密联系。在全球经济进入以知识为核心竞争力的时代背景下，创意产业蓬勃兴起。据联合国统计，创意产业占全球GDP的7%，并以10%的速度逐年增长，大大高于全球GDP7%的增长速度。与此同时，通过发展创意产业促进经济增长方式的转变，也已经成为国外发达国家和地区普遍采取的重要战略举措。在这些数据和实践的背后，我们可以清晰地看到，创意产业的发展意义不仅已经远远超越其作为一个新兴产业业态的产业层面，而且更体现在其对传统经济发展模式的颠覆，对经济运行系统的创新，对产业结构的优化和对区域综合竞争力的提升方面。[1]

文创产业自身的复杂性和各个国家和地区的文化差异以及社会发展需要，导致了对其称谓及分类不甚一致（见表1.2）。

表1.2　不同国家和地区对"文化创意产业"的称谓和分类[2]

国家或地区	产业称谓	内容分类
英国	创意产业	**分为13类** 广告业、建筑业、美术和古董市场、手工艺行业、设计行业、时尚业、电影业、互动休闲软件、音乐、表演艺术行业、出版业、软件与电脑服务、电视和广播
美国	版权产业	**分为4大类** 核心版权产业：报刊图书出版业、影视业、戏剧创作演出业、广告业、计算机软件开发业等 部分版权产业：服装、纺织品与鞋类、珠宝与钱币、家用物品、陶瓷与玻璃、玩具和游戏、建筑、工程、测量等 交叉版权产业：计算机、电视机、收音机、录像机、电子游戏设备等。 边缘版权产业：发行版权产品的一般批发与零售、大众运输服务、电信与因特网服务
澳大利亚	数字内容产业	**分为16类** 电影、广播、书籍、音像、杂志出版、游戏出版、付费电视、在线广播、新媒体、在线服务、电子商务、广告、建筑设计、健康和教育、视觉艺术、表演艺术
日本	内容产业	**分为3大类** 内容制造：个人电脑及网络、电视、多媒体系统建构、数位影像处理、数位影像讯号发送、录影软件、音乐录制、书籍杂志、新闻、汽车导航 休闲产业：学习休闲、鉴赏休闲、运动设施、学校及补习班、比赛演出售票、国内旅游、电子游戏、音乐伴唱 时尚产业：时尚设计、化妆品

---

1. 厉无畏，王慧敏. 创意产业促进经济增长方式转变：机理·模式·路径[J].中国工业经济，2006（11）：5.
2. 张京成，沈晓平，张彦军.中外文化创意产业政策研究[M].北京：科学出版社，2013：145-146.

国家或地区	产业称谓	内容分类
韩国	文化产业	**分为17类** 影视、广播、音像、游戏、动画、卡通形象、演出、文物、美术、广告、出版印刷、创意性设计、工艺品、传统服装、传统食品、多媒体影像软件、网络
中国大陆	文化产业	**分为9大类、43中类和146小类[1]，9大类又被分为三个层次** 核心层（新闻服务，出版发行和版权服务，广播、电视、电影服务，文化艺术服务） 外围层（网络文化服务，文化休闲娱乐服务，其他文化服务） 相关层（文化用品、设备及相关文化产品的生产，文化用品、设备及相关文化产品的销售）
中国香港	创意产业	**分为11类** 设计、建筑、广告、出版、音乐、电影、计算机软件、数码娱乐、演艺、广播、古董与艺术品买卖
中国台湾	文化创意产业	**分为10类** 视觉与艺术产业、音乐与表演艺术产业、文化展演设施产业、工艺产业、电影产业、广播电视产业、出版产业、设计产业、设计品牌时尚产业、建筑设计产业

表中所列虽有区别，但其内涵和外延却具有相似性，普遍具有以下三个共性特征：

第一，文化内涵特征。文化创意的核心价值来自人类所创造的各类文化，没有对文化内涵的依托，就不能被归入文创产业。

第二，人的创造性价值特征。可以表现为物质或非物质的形式，但最终都会以一种可被人感知的形式存在并满足人的需求。没有体现出人类高水平创造性价值的任何活动或内容，都不能归为文创产业。

第三，产业化特征。创意必须是可以被产业化或者具有一定产业化潜力的，并以产业化的形式为社会公众提供物质或非物质的文化产品或服务，此类相关的生产活动才能被纳入文化创意产业范畴。

通过分类情况我们可以看出，我国对文化及相关产业范围的界定是较为宽泛的，从无形的非物质文化遗产到有形的加工制造业，从传统手工艺到数字内容服务均有涵盖。

---

1. 国家统计局官方网站. 文化及相关产业分类（2018）[EB/OL].http://www.stats.gov.cn/tjsj/tjbz/201805/t20180509_1598314.html,2018-05-09/2020-11-11.

国家统计局在2018年印发的《文化及相关产业分类》结合博物馆的行业属性，进一步从中筛选出与工作直接或间接相关的类别约有23个小类，包括0211图书出版、0212期刊出版、0213音像制品出版、0214电子出版物出版、0215数字出版、0245其他文化数字内容服务、0253文物及非物质文化遗产保护、0254博物馆、0261雕塑工艺品制造、0262金属工艺品制造、0263漆器工艺品制造、0264花画工艺品制造、0265天然植物纤维编织工艺品制造、0266抽纱刺绣工艺品制造、0267地毯挂毯制造、0268珠宝首饰及有关物品制造、0269其他工艺美术及礼仪用品制造、0271陈设艺术陶瓷制造、0323专业设计服务、0473工艺美术品及收藏品零售、0911文具制造、0921笔的制造、0930玩具制造等。

在这些类别中，有一些是博物馆长期以来一直有所涉猎的，比如0211图书出版、0269其他工艺美术及礼仪用品制造、0473工艺美术品及收藏品零售等。另有一些虽然目前尚未广泛开展，但与博物馆文创工作内容相一致，在未来是极有可能涉及的业务范围，以发展的眼光来看，这些内容更具有研究和拓展的潜力。

从形式上来看，文创产业是一种典型的以创造力为核心、以文化为内容、以产业为支撑的新兴行业，但在发展模式上与传统文化产业存有较大的区别（见表1.3）。

表1.3 传统文化产业发展逻辑与文化创意产业发展模式比较表[1]

	传统文化产业	文化创意产业
产业驱动	硬性资本（土地、金融资本等）	软性资本（知识、文化、人力资本等）
产业资源	一次使用	反复使用
产业链	单向生产链	环状价值链
产业组织	垂直化	扁平化
产业导向	产品价值导向	顾客价值导向
产业收益	边际成本递增，边际效益递减	边际成本递减，边际效益递增
产业目标	经济	经济、社会、人

---

1. 厉无畏，王慧敏. 创意产业促进经济增长方式转变：机理·模式·路径[J].中国工业经济，2006（11）：8.

显然，文创产业在综合发展方面考虑得更为周全，体现出"以人为本"的价值理念，注重产品中的附加价值。而传统文化产业则更关注对硬性资本价值的依赖，产品价值过于集中在生产材料的精贵程度、工艺的难度、生产所消耗的时间甚至是生产者的身份、地位等硬性价值上，产品附加价值相对较低，间接造成了产品无层次化和同质化，这一现象在传统工艺美术行业中表现得尤为突出。我们可以简单地理解为：传统文化产业重视对"物"的价值发掘与利用，而现代文创产业则更关注与"人"建立沟通关联，同时也表现出对人类社会可持续发展的关切。

文创产业涵盖内容广泛，造成了人们在认知上的模糊，对其定义也各有不同，但基本上可将其描述为：**以文化为内容，以人的创造性活动为核心，以物质和精神产品为形式的各类产业。**在其发展过程中始终会遵循着"需求支撑产品，产品支撑产业"的规律，这也使其必将采用产业化和规模化作为最优发展模式以达成其适用性最大化的目的。产品可分为"文化产品"与"创意产品"两类，它们既相互关联又各具特色。

"文化产品"涵盖的内容领域宽泛，目前对其有多种解读，其中被广泛认可的是联合国教科文组织做出的定义：个体和集体创造性劳动的成果均可视为文化产品，一般由文化产业相关活动提供，可细分为文化商品和文化服务。文化商品指的是用于表现特定生活理念和生活方式的消费品，具有传递文化信息或提供消遣娱乐的作用，能够通过工业大量生产并广泛传播，有助于族群建立集体认同感，进而影响文化实践。文化服务则是指由政府、公立机构、公司或个人提供的用以满足大众文化需求或者获取自身文化利益的活动，如博物馆和图书馆提供的服务及艺术表演等非物质形态的文化活动。[1]

这个定义将文化产品的内容分为"文化商品"和"文化服务"两个类别；在形式上分为"有形的物质"和"无形的非物质"两种形态；从功能上分为

---

1. United Nations.International flows of selected cultural goods and services,1994-2003:Defining and capturing the flows of global culturaltrade.UNESCO Institute for Statistics,UNESCO Sector for Culture Montreal,2005.

"传递文化信息"和"提供消遣娱乐"两个作用，是一种"通过工业大量生产并广泛传播"的"消费品"，其核心是其中必须要有"人的创造性劳动成果"。强调了包括"创意"在内的各种人类创造性活动在文化产品中的重要性，进而引出了"创意产品"这一概念。

"创意产品"属于文化产品范畴，同文化产品一样，目前存有多种解释。大卫·索斯比（David Throsby）将"创意产品"界定为"在生产过程中涉及创意的产出，传达某种象征意义，体现了某种形式的知识产权的产品和服务"。约翰·霍金斯（John Howkins）则将其定义为"来源于创意且有经济价值的产品和服务"。从各种定义来看，虽然措辞描述有所不同，但或多或少都传递出"由创意所带来的经济价值"这一关键性内容。由此又引出了"创意经济"的概念，所含范围广泛，包括了设计、影视、软件、音乐、表演、出版、旅游、博物馆、美术馆、体育竞技等行业。

在约翰·霍斯金看来，版权、专利、商标和设计产业四项内容共同构建了创意产业和创意经济。这就拓展了创意产业的内涵，把原属于自然科学中的专利研发活动也纳入创意产业范畴，解决了创意活动中科学与文化艺术相分离的问题。他曾在《新创意经济3.0》一书中提出："诸如艺术、文化、设计和媒体等以提供体验作为产品形态的部门，其增长更依赖于利用人的想象力来增加非实体价值，而非降低物质投入成本。……在创意经济中，人的想象力是最有价值的资本。总体来看，世界上智力资本的总值可能已经超过金融和物质资本的总和。很明显，智力资本是艺术、文化、设计、媒体和创新等领域的重要组成部分。……对那些依赖版权、专利、商标和品牌的公司来说，智力资本是它们的核心资源。"[1]这些观点反复强调了创意的核心在于人的想象力，创新驱动实质上要依靠人的智力驱动这一重要的产业特征。

文化产品与创意产品之间具有极强的关联度，可将创意产品视为文化产品的细分。在涵盖范围上，个体或集体创造性的劳动成果均可视为文化产品，因

1.（英）约翰·霍金斯（John Howkins）. 新创意经济3.0[M]. 马辰雨，王瑞军，王立群，译. 北京：北京理工大学出版社，2018：238-240.

此也更具有广泛性。而创意产品则是将其中更具有创造性价值的部分分离出来，其最重要的评价标准在于产品中的创新价值含量以及是否具有真实的市场经济价值等。

由此，我们可以将文创产业的核心内容总结为以下四点，即**人的创造力、知识产权保护、具有文化内涵以及创造经济价值的能力**。

二、博物馆文创产品设计

设计的基本概念是"人为了实现意图的创造性活动"。[1] "设计"是偏于理性的，而"创意"则带有明显的感性色彩，需要用自由的思想和创新的态度去实现新的意念，发现新的领域，探索新的未知。"设计"与"创意"二者的结合就是为人类创造巨大社会财富与精神财富的过程。

如今，我国现代设计产业已经进入快速发展期，与科技、信息、艺术等领域相互融合的趋势越发显著，应用领域日益广泛。当前各行各业均会或多或少地涉及与设计行业相关的工作。可以说，设计已经以其独特的思维方式深度融入社会各个产业的发展中，对设计需求量大增也使得在当今社会中已然出现了"设计无处不在"的现象，现代设计学科对社会和经济发展的重要意义爆发式地显露了出来。这一点在我国文创产业发展中也有所体现，文创产品设计工作不仅围绕着文化资源展开，还在不断地创造着新的文化资源，使其在产业链中始终占据着上游的位置，成为提升文创产品附加值、形成核心竞争优势的关键环节，同时也是为产业发展提供基础产品这个重要"战略物资"的保障环节。

伴随着中国政治、经济、文化的全面发展，人们对生活品质与精神享受的需求日益增长，特别体现在衣、食、住、行、用、赏、玩等与日常生活紧密相连的各个方面，传统的粗放型生活方式及设计思维已远远不能满足新时代国人物质文化和精神文化的需求。在国外，中国人的消费能力与实力已被全球各国所普

---

1. 柳冠中. 事理学方法论[M]. 上海：上海人民美术出版社，2019: 31.

遍关注；在国内，巨大的潜在内需市场亟待开发，国人设计水平的提高与发展在此时显得尤为重要和关键。**如今的设计行业已经由原来所强调的"由人对物（物品）"的设计转向"由人对务（服务）"的设计，涵盖的内容正在向产业设计、服务设计、社会创新设计等领域拓展。**

1. "博物馆文创产品设计"有何不同

在新时代文化产业的发展中，作为人类文明精华聚集地的博物馆，显然已经成为重要的核心之一。无论是出于对传播文化的考虑，还是为了建立多元化的资金来源渠道，各个博物馆均已无法将自身置于市场经济环境之外，而是纷纷凭借着各自独特的文化资源加入文化产业的发展中。由"博物馆+创意设计+社会资源"所构成的新型产业模式成为重要实践方式之一。充分利用各类资源和相关政策，积极适应市场需求，开发设计出兼具文化性、艺术性和实用性的文创产品，真正做到"让文物活起来，走入寻常百姓家"，不仅能使博物馆在履行社会责任的同时获取相应的经济回报、反哺自身发展，同时也是新时代赋予博物馆行业创新发展的新机遇与新使命。

博物馆行业特有的文化属性，决定了其在文化产业中的核心价值与优势地位，当博物馆将这种无形的文化优势向有形的实体进行实践转化过程中，形成了"博物馆文创产品"（Museum Cultural And Creative Products）这一概念。但目前在学术上对此概念尚未予以严格的定义，在各类相关的研究中，往往在提及此项内容时有称谓不统一、概念界定模糊等现象。因此又引出了"博物馆文化产品""博物馆创意产品""博物馆纪念品""博物馆衍生品"等诸多提法，所涉及的范围之广、行业之多使得各种称谓相互交叉，混淆不清。为了便于接下来的讨论，在本书中我们将"博物馆文创产品"定义为：**博物馆将自身文化资源与文创产业相结合，以产业化模式所产出的带有博物馆文化特色的各类物质或非物质形式的产品。另外，对这类产品有目标、有计划投入的人的创造性活动，可称为"博物馆文创产品设计"。**

博物馆文创产品主要涉及博物馆、文化产品、创意产品和设计四个行业领域，各个领域又有若干细分，共同构成了这项跨学科、跨行业、综合性较强的实践型工作。从工作内容来看，博物馆文创产品设计除了设计产品这一基本职能外，还在向设计产业模式、设计营销方式、设计相关服务等产业链中的多个环节延展，表现出从设计单一产品向设计整体产品项目发展的趋势；从设计创新形式来看，无论是实物型还是非实物型，均可分为三个创新层级，并且保持层层递进的关系：

第一层是对外观（物）的创新。其中融入了大量人类的本能感知要素，注重对产品的视、嗅、触、听、味等表现形式的运用，比如造型、色彩、工艺、材料等直观元素，是对"物"的创新设计表达。

第二层是对系统（事）的创新。这一层次更关注与产品相关的各类要素间的相互联系，通过产业链的延展与整合，使其成为更具逻辑性的系统，是对各类"事"的设计。这一特征使产品具有了更强的技术壁垒和垄断性，通常难以被轻易复制。

第三层是对人文（情）的创新。博物馆文创产品可被视为文化的"代言人"，其"一言一行，一举一动"皆是对古今文化的诠释，因此不能仅仅停留在"述而不作，信而好古"的层面，需要借助深厚的文化基础来创造符合当代价值的文化表达方式和文化语言，以反映当今社会的人文现象。所以在这个层次中更注重对"情"的创新，这是在"物"与"事"的基础上建立的创新维度，通过与人的情感交流沟通使文化得到更为深刻而持久的传播。

从传播方式来看，博物馆文创产品设计通过将文化资源转化为各类形式的文化产品，以公益或商业的消费形式传递给受众群体，使受众在消费使用中充分体验到文化内涵，进一步引发思考、体会等精神层面的价值，最终形成新的文化资源再反馈于文化本源中。这种迭代式上升、螺旋式发展的模式，使其传播形式构成了一个闭环体系（见图1.1）。在这个体系中，设计工作始终处于产业链的中端，是连接各个环节的中枢，其发展水平也会直接影响到产业的整体发展水平。

博物馆文创产品设计是从文创产业中层层细分出来的一项专业工作，势必会继承上级产业的特征，比如通过文化商品和文化服务以物质或非物质的形式为社会公众传递文化信息，通过工业化模式大批量生产提供能广泛传播的消费品，强调人类创造性活动在文化产品中的重要价值等。从其业务领域上来看，几乎已经涵盖了当前博物馆在产业层面能够开展的所有内容，不仅承担了产品设计的职能，还以创意设计的思维方式支持了产业链中的多个环节，业务范围呈现出明显的发散趋势，使其成为当今乃至未来博物馆文创产业中的核心驱动力。

图1.1　博物馆文创产品的传播方式

　　从纵向序列关系上来看，博物馆文创产品设计经历了"文化产品""文创产品""博物馆文创产品"的逐层定义，是一个由"广"至"狭"的演化过程；从横向涵盖范围来看，涉及"文化产业""创意产业""文创产业"和博物馆行业等领域的内容，其中还穿插了"营销学""心理学""材料学"以及制造工艺等方面的知识。在继承了相关行业特征的同时，借助于博物馆这一独特文化平台所设计出的产品，也必然会与其他产品类型有所不同。从目前来看其主要具有以下几个方面的特征：

　　第一，设计中的限制性特征。目前在博物馆行业中广泛采用的是依托本馆文化文物元素来开发文创产品的设计方式，由此引出了设计的限制性特征。主要体现在题材限制性、销售限制性、功能限制性三个方面。

　　题材限制性：可开发利用的元素明显受限于馆藏文物的范围、数量、精度以及对藏品的研究深度等。通俗地讲，就是任何非本馆的藏品无论具有多大的价值，以其为原型设计的文创产品都不属于本馆文创产品。这也使当前我国博物馆文创行业整体呈现出割据发展的业态特征。

　　销售限制性：文创产品销售受制于博物馆自身的渠道。无论是线上还是线下，馆内还是馆外，其经营主体均是博物馆自身或是通过授权等方式取得合法权利的合作方。对于自身销售渠道并不占优势的博物馆来说，这一特征使文创产品的市场转化空间受到了一定制约。虽然近些年各个博物馆纷纷采用了扩大经营规模、IP（intellectual property，知识产权）授权、跨界营销等方式营造了不少文化热点，开辟了多种渠道，使这一现象有所改观，但低频次、低产量的合作格局仍然无法满足市场的需求。

功能限制性：博物馆文创产品与日用常规消费品不同，大多不属于生活必需品，可理解为"长物""多余""讲究"的物品，其中还包含了大量日常用品中所不必须具备的文化情感属性，是一种具有实用功能的文化和娱乐产品。这就需要采用有别于纯功能性产品的设计形式，其所表现的核心是对文化深刻解读后的二次创造，体现的是整合设计的成果。在设计这类产品时，应注意保持文化产品和创意产品的双重特性，使其既有较强的文化性、艺术性、观赏性，又融合了创意思维和创新技术、使产品具有了某种实用功能，方可体现其独特的价值。

第二，设计中的表现形式特征。相较于一般的功能性产品，博物馆文创设计的依托物和表现形式更加丰富，可分为物质与非物质两大类。在目前的常规认知中，仍是以具有物质载体的有形产品为主，此类产品不仅可以传递出文物的二维平面信息，还能表达三维空间信息，这种真实的物理体验目前在非实物化形式中尚难以实现。除此之外，尚有如影视、表演、综艺、游戏等多种非物质产品形式。相较于单一化的实物型文创产品，这类产品由于综合融入了科技、信息、传媒等领域的优势，受众群体更广，传播能力也更强，也越来越受到关注。

第三，设计中的价值取向特征。人们之所以会购买博物馆文创产品，多是被蕴含于产品中的文化价值所吸引，因此在设计中对文化的精准解读显得尤为重要。多数情况下，根据受关注度高、故事性强、文化符号特征明显的藏品所设计的产品市场消费转化率更高，市场竞争力也会较强。这其中就有一个产品价值取向的问题了——消费者之所以购买一件文创产品，是看中了其中的什么价值？消费目的是什么？这些都需要在设计之初提前予以定义，可借助市场调研、数据分析等方法辅助进行。

在2011年，艺术学被提升为学科门类后，设计学科的学位点对应调整为一级学科硕博点。教育部应对门类、学科调整的大背景，对专业目录进行了相应的调整，颁布了《中华人民共和国教育部普通高等学校本科专业目录》，其中明确了设计学类下设的专业分别为：艺术设计学（13501）、视觉传达设计（13502）、环境设计（13503）、产品设计（13504）、服装与服饰品设计（13505）、公共艺术（13506）、工艺美术（13507）、数字媒体艺术（13508）、艺术与科技（13509T）共计九个门类。[1]

从目前博物馆文创产品设计的实际工作需求来看，其中的产品设计、视觉传达设计、工艺美术这三个专业所涉及的内容最具适用性。而从博物馆文创行业的未来发展需求来看，这九个门类皆与文创产品设计工作相关，进一步印证了文创工作的复杂性与多样性特征。

这种特殊的行业属性也使得人们对文创产品设计工作性质和内容的界定容易形成模糊的认知，仿佛其本身并非一个专业，又仿佛多种专业背景均可从事这项工作。这恐怕也是目前普遍存在于我国各级博物馆中的现实问题，即便是在国家级的大型博物馆中，具备专业背景的文创产业运营、管理、设计人员也是屈指可数，现有的从业者多数是"半路出家"，学非所用，而在各地方的中小型博物馆中此类问题就更加突出。

这样的产业环境使文创产品设计工作的学术性与专业性受到了质疑。产生这种认识的根源主要是对设计行业价值的模糊理解引发了对专业价值的不清晰判断。因此，我们需要对文创产品设计工作的内容、范围等进行界定，辨析不同分支的文创产品设计工作属性和特征。通常需要从三个方面进行甄别：首先是从产业链结构中纵向链条和横向链条的关系上认清其所处位置，尤其是要关注与其直接对接的关联环节；其次是辨别文创产品设计所提供的服务内容和所要传达文化

---

1. 中华人民共和国教育部官方网站.教育部关于印发《普通高等学校本科专业目录（2012年）》《普通高等学校本科专业设置管理规定》等文件的通知[EB/OL].http://www.moe.gov.cn/srcsite/A08/moe_1034/s3882/201209/t20120918_143152.html,2012-09-14/2021-02-05.

元素的核心价值；最后是结合市场因素来定位服务对象的类型。

例如，博物馆的文创产品设计工作是深化落实供给侧改革等国家重大决策的具体实施方略。首先，在产业链的纵向关系中可以被界定为上接政策、下接市场。从产业链的横向关系来看，包括了与馆外、馆内两个方面的联系，在馆外联系中，其链接了设计、生产、运营等社会资源；在馆内联系中，其链接了文物、研究、信息、展览、社教等多个重要的核心业务部门，构建起牢固的网状衔接关系，使工作形成合力。其次，从文创产品设计所提供的服务内容和所要传达文化元素的核心价值上来看，文创产品设计工作是要将中华优秀传统文化、革命文化和社会主义先进文化作为核心价值，通过创意设计的方式形成具有时代气息的代表性物证，并将其准确而广泛地进行释放。最后，从市场服务定位来看，文创产品能为社会公众提供更为多样化的服务，使公众对中华文明的价值形成广泛认同、凝聚共识，从而实现博物馆的文化传播职能和社会教育职能。

运用此种方法，我们也可对其他各类文创产品设计工作予以定位。例如，影视文创产品设计在产业链的纵向关系中衔接的是影视作品与影视观众，横向关系所链接的是投资方、授权方、生产方和经营推广部门等，通过创意设计、授权生产等方式将影视作品中的文化、形象加以利用，其服务对象主要是影视作品的观众。

经过这样的定位对比我们可以看出，影视文创产品设计工作明显受制于影视作品的质量和影响力，具有极强的从属性和时效性，这也就决定了其所采用的设计方法、市场运作、传播方式、专业人才等皆与博物馆文创产品设计工作存有必然的差异，不能简单地相互套用。可见，只有在对文创设计工作进行明确界定的前提下，方可形成清晰的思路，为进一步制定具体的工作目标、策略提供依据。

2. 博物馆文创产品的分类

关于博物馆文创产品的分类形式以往有不少研究，其中最为常见的分类方法是不将博物馆的展览、教育、服务等项目计入其中，认为其主要分为复仿制品、具有文化属性和实际用途的产品、出版物三类形式[1]（见表1.4）。

表1.4　对博物馆文创产品的传统分类

分　类	内　容
复仿制品	依照文物本身的形制规格、质地材料、体量大小、纹饰图案以及文字等关键信息，采用保持原技艺、方法、加工程序等方式，制作与原文物相同一致的制品。文物复制行为已经得到了比较好的法律规制，没有收藏单位的授权和文物行政主管部门的同意不能复制文物
具有文化属性和实际用途的产品	依托博物馆藏品、展览、建筑等文化元素开发的既有实用功能又能传达文化内涵的产品
出版物	根据博物馆藏品、研究、展览等内容出版的画册、图书及相关电子出版物

　　这是一种较为传统的分类方式，其理论依据主要是博物馆定义中的职能和业务范围。但随着博物馆文创产业的快速发展，产品的种类也逐渐变得复杂。这种粗略的分类方式已然无法反映出真实的现状，因而许多研究者提出了新的分类方法，大致可总结为九类（见表1.5）：

表1.5　对博物馆文创产品的分类探索

分　类	内　容
演出剧目类	指博物馆中的文化演出。随着博物馆体验项目的发展和建设，不少博物馆增加了演出或表演项目。例如：湖北省博物馆的编钟演出、自贡盐业历史博物馆的川剧演出、苏州昆曲博物馆的昆曲演出以及一些博物馆推出的情景剧等[2]
地方精品类	指与博物馆建筑和藏品等并没有直接联系，但具有强烈地域文化特色，反映出浓郁的地方文化的产品[3]
互动体验类	指博物馆文化互动服务项目。例如：一些博物馆开展的加盖纪念戳活动，现场定制个性纪念品、陶艺、剪纸等体验活动[4]
艺术衍生品类	由博物馆藏品或博物馆的文化主题、文化内涵（特别是其中的艺术作品）等衍生而来，将博物馆的文化元素注入各类与生活息息相关的产品中形成衍生产品[5]

---

1. 黄洋. 博物馆文化产品淘宝网营销分析——以"故宫淘宝"为例[J]. 博物馆研究，2011（4）：83-87.
2. 张媛媛. 文创热潮下博物馆文创产品的塑造[J]. 中国博物馆文化产业研究，2015：230.
3. 吕菊萍. 博物馆文化创意产品开发设计策略研究——以沈阳张氏帅府为例[D]. 沈阳：沈阳航空航天大学，2016：5.
4. 陈宽. 博物文化产品开发的探索与思考[J]. 温州：温州文物，2016：66-67.
5. 同上。

分　类	内　容
常规文创类	对馆藏品图案、纹饰、造型、寓意等文化资源加以创意设计，结合创新设计的理念和现代科学技术，开发出具有创意和生活实用性、艺术价值和经济价值的产品[1]
文化活动类	指博物馆为满足观众需要，利用自身资源提供的文化精神方面的服务活动，常见的有"教育活动""宣教活动"或"社教活动"。例如：研讨会、座谈会、讲座、各类青少年活动、志愿者活动、文物鉴定鉴赏活动等[2]
设备设施服务类	博物馆通过完善自身的设施设备，为观众提供各种便利的设施服务。例如：讲解器、参观指南或引导、储物柜、饮水设施、雨具、儿童车、轮椅等[3]
数字化产品类	围绕博物馆、展览或藏品开发的虚拟数字产品，与数字技术结合，向网络化、数字化方面发展。例如：虚拟博物馆、智能交互、数字导览等。博物馆APP也步入了开发热潮，如：现代艺术博物馆（Museum of Modern Art，简称：MoMA）为儿童设计的"MoMA Art Lab"，北京故宫博物院推出的APP互动游戏《皇帝的一天》等，拉近了观众与博物馆的距离[4]
展览展示类	作为博物馆自身的核心业务之一，展览与文创产品相互关联而形成相互依托的模式一直以来都被各个博物馆所重视。因此，有研究者认为博物馆文创产品中也包含博物馆的各类展览，展览是把独立的具有历史、艺术和科学价值的藏品连接起来，成为具有思想性的文化产品[5]

　　如此一来，虽然种类变丰富了，但分类方法也显得混乱起来，使得产业的边界更为模糊和泛化，这对人们准确理解博物馆文创产品的内容造成了一定困扰。虽然目前学界尚未对此问题达成共识，对产品的分类尚无绝对的、固化的标准，但本着有利于理解和沟通，有利于开发和管理的原则，本书根据以往研究者的研究成果并结合目前博物馆文创产品的主要表现形式，归纳为以下七类。（见表1.6）

1. 卢梦梦. 博物馆创意型文化产品的开发研究——以南京博物馆为例[D]. 南京：南京艺术学院，2012，4：15-16.

2. 胡锐韬. 博物馆产品与博物馆品牌建设探析——基于市场与营销学的思考[J]. 中国博物馆，2015（5）：109-110.

3. 同上。

4. 冯倩倩，黄洋. 基于4P的博物馆文创产品的营销浅析——以两岸故宫博物院为例[J]. 中国博物馆文化产业研究，2015：436.

5. 王放. 关于博物馆产品的若干思考[J]. 北方文物，2011（5）：104-105.

表1.6　博物馆文创产品分类

分　类	内　容
核心业务类	根据博物馆展览、教育、科研、修复等核心业务所衍生出的各类产品，可以是有形的，也可以是无形的
复仿制品类	常见形式包括：雕塑、绘画、版画、书法、工艺品、印刷品、摄影等，以满足艺术品爱好者进行收藏、鉴赏的需要为目的
出版物类	包括学术型、普及型、导览型和电子出版物类
实用产品类	兼具文化性和实用性并与现实生活联系紧密的产品类型，既可自用也可作为礼品，突出产品的创意附加值
演出与体验活动类	根据博物馆文化资源开发的影视、歌舞、音乐会、话剧以及观众可参与的各类体验活动，如手工制作、游艺等
地域特色类	结合地域文化特色开发产品，如根据"非遗"设计出的各类形式的文创产品
数字传播类	与数字技术相结合，并向网络化、数字化等方面发展的产品。如数字化游戏，结合AR（Augmented Reality，增强现实）、VR（Virtual Reality，虚拟现实）、MR（Mix Reality，混合现实）等技术的虚拟体验，数字化多媒体应用产品、网站、APP等，是推广、延续并建立博物馆品牌的媒介[1]

　　以上七个类别基本涵盖了目前博物馆文创领域中的各类产品、服务以及相关的活动。根据各个分类与博物馆核心业务关联的紧密程度，又可将这七个类别划分为基本层、主体层、延展层三个层次。如表1.7所示：

表1.7　博物馆文创产品层级分类表

分　层	分　类	内　容
基本层	核心业务类	这是根据博物馆核心业务衍生出的产品类型，主要包括各类展览、教育活动、科研成果、文物修复、考古发现等，所体现的是对藏品研究、展览策划、文物维保等博物馆核心业务层面的能力和价值
主体层	复仿制品类 出版物类 实用产品类	这是目前世界各国博物馆文创产品的主要呈现方式，也是常识性认知中的博物馆文创产品类型，因此具有最为广泛的普及性与大众化的特征，最受市场关注
延展层	演出与体验活动类 地域特色类 数字传播类	主要体现的是博物馆文创产品向外延发展的可能性，从目前已知的实践活动来看，大致包括了演出与体验活动类、地域特色类、数字传播类这三项，但实际类别远远不止于此，在未来还会逐渐呈现出更加多样化的延伸类型，是最有发展潜力也最值得期待的类别

---

1. 纪远新. 博物馆数字化建设[J]. 科技传播，2010（21）：15-16.

以上皆是以博物馆的属性特征进行的划分，从设计学角度的划分方式则应遵循设计学所特有的多学科交叉性与渗透性特征来综合思考。

　　通过对博物馆文创产品设计及相关概念的辨析，本篇大致梳理了产业形成与发展的逻辑，同时扩展了对产业概念的狭义理解。这种对产业演变的关联分析不仅可以帮助我们发现其中的线性发展规律，同时也意味着对产业链有了新的认识，使思维不再被桎梏于单一产品的设计生产、交换消费、传播继承等割裂的产业环节中，产业链也会因新理念的加入而有了新的发展可能。

价 值 篇

博物馆文创产品的价值构成

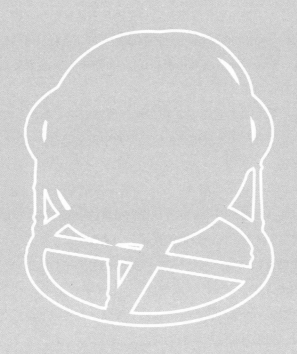

"价值"的概念是指：在实践基础上形成的主体和客体之间的一种意义关系。在这种关系中，人是价值主体，与人相对的物质或者非物质的劳动成果是价值客体，客体在促成主体目的、实现主体欲望、满足主体需要方面具有的有利的、积极的属性被称为"价值"。简单来说，就是如果客体具有某种属性或功能满足了主体的需要，无论是物质需要还是精神需要，都可以认为此客体对于主体来说具有了价值，这种价值的高低取决于满足需求程度的高低。也就是说，价值是从人们对满足他们需要的外界物关系中产生的，而主体所需要的外界物是复杂而多样的，并且还会随着社会的变化而产生不同的需求变化，所以客体的价值也处在不断的变化之中[1]，这就决定了价值客体的表现形态必然也会呈现出多样性的特征。

　　"凝结在商品中的无差别的人类劳动"将人类的具象劳动与抽象劳动进行了同化，为研究诸如"创意设计"这类智力劳动中的问题创造了前提条件。虽然价值必须要经过人类的劳动才会产生，但并不能将其简单地理解为只要劳动就必然会创造价值。这是因为劳动本身只是创造那些可能会对主体具有价值的客体的一种活动形式，所以劳动的成果是否具有真正的价值，还要看其能否满足主体的真实需求和具有积极意义。

　　在本篇中，我们要讨论的是，作为客体的博物馆文创产品究竟有哪些因素能够对作为主体的社会和大众构成价值，即博物馆文创产品价值是由哪些因素构成和决定的问题。

　　问题的讨论从两个层面展开：第一个层面是指无形的、抽象的、不可被完全量化的，但是已经融入产品中的劳动价值或精神价值；第二个层面是指具象物品所呈现出的有形价值。两个层面紧密相关，通常情况下，劳动价值、精神价值等难以被量化的价值会以商品价值这一可量化的形式呈现出来，使之以某种物质或非物质的形式依据市场经济规则进行流转，并以交换的形式实现其价值转换，而交换就需要"价值认同"作为前提。因此，哪些因素会对文创产品的价值认同产生影响，就成为必须要明确的问题。

---

1. 季明. 核心价值观概论[M]. 北京：人民日报出版社，2013：3.

戴维·思罗斯比（David Throsby）曾提出过一种可以被称为"同心圆理论"的文化产业模型。该模型以产生创意思想的条件为中心，不断与其他投入的要素相互结合，以涵盖不断扩大的产业范围，由内向外辐射，阐述了在文化产业中越靠近核心的文化形式，其影响力价值越高的观点。[1]博物馆作为人类所创造的各类文化精华的聚集地，藏有大量人类文明的实物见证，依据"同心圆理论"的观点，博物馆先天即具有无限接近文化核心的产业价值。

为了便于理解与研究，我们将博物馆文创产品的价值构成分为外在价值和内在价值两个层面。外在价值是指文创产品为满足主体需求而产生的实际效果，以无形价值为主要表现形式，包括社会价值、经济价值、教育价值等，是产品涵带的客观成效。内在价值是指文创产品为达到主体需求而必须具有的自身价值，以无形价值与有形价值作为综合表现形式，包括实用价值、审美价值、文化价值和情感价值等，是产品自身涵带的主观内容。这两个方面，共计七个分类的价值互为影响，共同构建起博物馆文创产品独特的价值体系（见图2.1）。

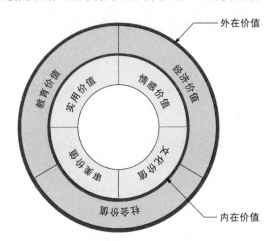

图2.1　博物馆文创产品的价值体系构成

事实上应该还有更多的类型，但无论如何细分，各个分类间的界限都并非绝对清晰的，各个价值会随着不同的需求表现出差异化的存在形式。在现实工作中我们很难实现各个价值的均衡分布，因此不必强求将所有价值同时体现在一件产品设计中。但必须要将文化性与创意性作为文创设计的核心，并结合实际综合考虑文创产品价值构成的多元化特性，注重内外双层价值的相互关联与影响。

1. 戴维·思罗斯比（David Throsby）. 经济学与文化[M]. 王志标，张峥嵘译. 北京：中国人民大学出版社，2015.11：122-124.

实际上，设计产品就是创造价值本体的过程。产品的内在价值势必会以层层递进的方式凝结为情感价值，并最终反馈于外在价值中。这种从满足实用功能的低层次需求出发，逐层上升为能对人类社会发展形成积极意义的发展逻辑，才是文创产品设计工作的终极目标。也只有这样，才能更好地实现文创产品传播文物精神内涵，延续文化生命力，在促进博物馆自身发展的同时为文化繁荣发展提供服务，最终形成产业发展、事业发展及文化繁荣发展的共赢局面和良性循环。

一、外在价值：潜移默化，自然似之

藏品是博物馆发展文化产业的基础，其本身是静止的、凝固的，这就使其具有了内向性的特征。只有将藏品放置于公众传播领域中，将其转化为可观赏、可触摸、可感知、可使用的对象时，藏品才真正具有了外向性的特征，或称"外在价值"，对于社会发展及公众领域来说，此时博物馆的公共价值才得以实现。

随着博物馆社会职能的扩展，技术与观念的更新，从传统的如何"保"到后来的如何"展"直至今日的如何"用"，博物馆藏品的价值领域在不断向外界发散，其作为传播文化的媒介作用越来越明显。博物馆文创产品正是解决藏品如何"用"的具体方式之一，也是实现博物馆传播、展示、教育等职能的必要形式。

1. 社会价值：以"文化繁衍"为责任

国际博物馆协会（International Council of Museums，ICOM）将博物馆定义为"一个为社会及其发展服务的、非营利的常设机构，向公众开放，为研究、教育、欣赏之目的征集、保护、研究、传播、展示人类及人类环境的有形遗产和无形遗产"。[1]定义中对博物馆为社会发展提供服务并属于非营利性质机构的表述非常清晰，这从根本上决定了社会价值是现代博物馆的首要属性。

1.《国际博物馆协会章程》第 3 条：术语定义第 1 款：博物馆。International Council of Museums, Statutes, As amended and adopted by the Extraordinary General Assembly on 9th June 2017 (Paris, France), Article3.Definition of Terms，Section1-Museum[EB/OL].https://icom.museum/en/about-us/missions-and-objectives，2017-06-09/2020-05-18.

博物馆文创产品可以被理解为承担了定义中的教育、欣赏、传播、展示等几个方面的职能。在对藏品进行有效诠释的同时，拓展了藏品的利用领域，使藏品中的文化走出博物馆，为公众与藏品之间建立起相互联系的纽带，引领公众构建正确的历史观、文化观、价值观，最终实现传播、传承文化的目标，从而"为社会及其发展服务"。而社会的基本构成是"个体的人"，因此在体现社会价值时，应着重落实在为"人"而提供的各类服务之上。也就是说，满足公众的文化需求，为公众提供文化服务是博物馆文创产品社会价值的具体体现。

社会因素可被视为博物馆文化传播功能的延伸，在使文物更加"亲民"的同时，也是文物生命得以延续的另一种方式。从另一个角度讲，博物馆通过与时代元素的相互融合，衍生出各类创新形式的文创产品也参与到社会的发展进程中，反映了时代特色。如今，博物馆文创产品正在积极地与社会中的种种文化现象进行着紧密的结合。这种结合不是迎合，而是有筛选地摘取那些独特的、有代表性的且有积极意义的文化元素，使其成为记录人类社会文明成长过程的重要标志物。此时的我们正是通过文物来研判彼时社会的种种信息，而今日的产品终将成为文物，以供后人审视。所以，博物馆文创产品在受到社会价值影响的同时，也在影响着社会价值的形成。

对于处在新时代的博物馆行业来说，构建基于博物馆资源的文化产业发展模式，建立健全文创产品设计开发体系，有助于明确其社会价值定位，拓展新的业务领域和发展空间，使博物馆各项工作更符合当代社会需求。随着博物馆行业的整体发展，文化事业和文化产业已然展现出双轨同向的融合发展特征。文创产品这一表现形式，有助于完善博物馆服务社会的职能，提升博物馆的社会形象，间接提升我国的文化软实力，这些客观成效对促进博物馆行业持续健康发展具有极为重要的积极意义。

2. 经济价值：以"以文补文"为驱动

在人类社会的发展过程中，经济与文化如同是前行的左右之足，始终共同支撑着人类的进步。早在两千多年前，管子就已经将"经济基础决定上层建筑"形象地描述为"仓廪实而知礼节，衣食足而知荣辱"。

无论是为了满足物质需要还是精神需求，博物馆文创产品都是具有市场价值的流通商品，均展现出明显的可营利性，这种经济价值为博物馆实现"以文养文、以文补文"的经营理念提供了支持，有助于博物馆完善自身的"造血"功能，实现自给自足的长期良性发展。

在国外一些博物馆中，文创产品的经济价值表现得十分突出。从运营资金构成上来看，国外博物馆的资金来源大体可分为四个部分：社会资助、政府拨款、博物馆自身运营收入和投资收益。

据美国博物馆协会2006年的财政数据显示，在博物馆的收入来源中，社会资助占了最大的比例，为35%，其中包括个人捐助、企业和基金会赞助；其次是运营收入，为31%；再次是政府拨款，为24%；最后是投资收益，占10%。在美国各大博物馆的财务构成中，通过文创运营所取得的收入比例也均占据了较大的份额，比如在美国大都会艺术博物馆（The Metropolitan Museum of Art）2011至2012年度的报告中显示，其文创产品销售收入占总收入的22%，是最大的收入来源。2015年该馆为纽约市直接或间接创造了9.46亿美元的收入，这其中文创产品的销售收入占近六成。纽约的现代艺术博物馆（Museum of Modern Art）每年吸引着全球250万游客光顾，其商店的零售收入占总收入的1/3。[1]

再来看欧洲的博物馆。近些年来由于经济的原因，政府对非营利文化机构的财政投入持续减少，非营利文化机构通过经营性活动来增强自身发展能力的做法已然得到了普及。比如法国卢浮宫博物馆（Louvre Museum）从2003年以来获得的财政收入就一直在减少，2003至2006年，国家财政投入由原来占该博物馆全部收入的75%下降到62%。如今，卢浮宫大约1/3的收入来源于社会捐助和文创产品开发。[2]

从近些年这些知名博物馆的财务年报来看，文创经营所直接或间接获取的经济收益基本占全年收益的30%左右，并且相对稳定。我国国情虽有所不同，但

1. 搜狐网.博物馆文创：我们的差距究竟在哪里？[EB/OL]. https://www.sohu.com/a/240960797_469537.?spm=smpc.content.huyou.5.1589284425033vLEgyhc，2018-7-13/2020-06-18.
2. 葛偲毅. 国外博物馆文化产品开发与营销对我国的启示[D].上海: 复旦大学，2012: 26.

从发展趋势上来看，博物馆经营收入逐年上升，而且博物馆对文创产品中经济价值的重视程度正在显著提升，注重社会效益与经济效益的双线发展就成为当前我国博物馆文创产品设计工作的主要思路。文创产品设计已经不只是单纯的设计行为，更是直接关系到经济收益的市场行为，这就要求设计工作者不仅要关注产品本身，更要注重包括经济价值在内的各类因素对产品价值的影响。**对于博物馆文化产业发展而言，只有能带来良好社会效益和经济收益的设计，才是有效的和必需的。**

有别于一般的商业性设计，博物馆文创产品中所包含的文化符号和历史信息具有独特性与唯一性，这种得天独厚的产业价值可以表现在文创产品的设计、生产、推广、销售等多个层面。

运用设计学的方法将文化资源转化为文化资本，再经过创意设计的转化和经营策略的调整获取经济价值回报和社会价值回报，反哺自身的发展——这种产业特质使其在与具有同等功能的非博物馆文创产品竞争时能够突显优势，但这种优势必须要建立在对主体与客体的共同认知的基础上。只有在认知达成共识的前提下才能促使消费者自觉自愿的良性消费行为，甚至愿意支付比日常同类功能用品更高的价格来购买博物馆文创产品，并乐于将其融入个人的日常生活之中，感受其中所承载的文化信息与潜移默化的影响。

在博物馆文创产品的生产过程和流通过程中，始终存在着以综合服务形式提供给公众的供求关系，使其具备了从"产品"向"商品"转变的可能，也就是说，博物馆的一切文化产品在市场经济条件下理所当然地具有了商品的属性。

当然，首先要实现社会文明进步这一社会价值，其次才是促进社会经济发展。但两者的推进过程并不是矛盾对立的，而是可以相互促进，相得益彰的。中央关于发展文化产业的方针原则是："坚持把社会效益放在首位，实现社会效益和经济效益的统一，切实发挥文化引领风尚、教育人民、服务社会、推动发展的作用。"[1]因此，始终要坚持社会效益与经济效益相结合，以社会效益为主导、经济效益协调统一发展的原则，积极探索二者融合发展的产业形式，走出一条具

---

1. 中共中央办公厅国务院办公厅印发关于推动国有文化企业把社会效益放在首位、实现社会效益和经济效益相统一的指导意见[N].人民日报，2015-09-15（6）.

有博物馆特色的双赢发展之路，这也是由博物馆的社会公益性质以及文化产业特殊的属性所决定的。

但经济在"浇灌"文化的同时也可能会"摧残"文化，两者之间始终保持着"亦敌亦友"的关系，需要我们时刻警惕文化外壳下的经济导向问题。博物馆文创产品虽然需要商业市场来兑现其所具有的经济价值，但我们应清晰地认识到，其经济价值必须是由文化价值来主导的，经济价值只是其所具有的文化价值的市场体现，不能因为过分强调经济属性而忽略"文化+经济"的双重属性。"同社会效益相比，经济效益是第二位的，当两个效益、两种价值发生矛盾时，经济效益要服从社会效益，市场价值要服从社会价值。"[1]

在文化经济时代已经到来的今天，可以说博物馆也由从前的"卖产品"阶段发展到如今的"卖文化"阶段。但是，有了"文化"不等于就有了"商品"，有"资源"也不见得能够兑现其应有的"价值"——"文化资源"绝对不能以"商业价值"的标准作为尺度来衡量。一旦经济价值成为文化产业的主导，甚至由此陷入追金逐利的心态，就很有可能对博物馆赖以生存的文化业态造成难以弥补的损失，甚至会出现披着文化的外衣谋取商业利益的行为。因此，在实现博物馆文创产品经济价值的过程中，要防止对其所应承担的公共文化服务等事业职能造成冲击，由文化价值为主导来决定经济价值、促进经济发展的这条逻辑主线不能变、不能乱。

建立、健全文创产品设计体系，构建基于博物馆资源的文化产业发展模式，实践经济价值的转化，不仅能够服务于博物馆自身的发展，还可以为社会提供服务，兑现设计工作固有的经济价值属性，为博物馆创造更大的回报。同时扩大其在社会和行业中的影响力，在达到引领公众正确的审美方向与历史文化观的同时，实现传播博物馆文化与传承中华文化的目标。可见，文创产品中的经济价值，不仅能服务于博物馆自身"小我"的发展，更能够对人类社会整体"大我"的发展做出贡献。

---

1. 习近平. 在文艺工作座谈会上的讲话[M]. 北京: 人民出版社, 2015: 20.

3. 教育价值：以"以文化人"为目标

博物馆从古至今的演变历史轨迹可分为原始、近代和现代三个阶段。从起初到17世纪，博物馆处于以收藏为唯一职能的原始形态阶段；17至19世纪，随着近代科学的发展，研究成为博物馆的第二职能，博物馆步入了近代形态；19世纪至"二战"时期，教育成为与收藏、研究并重的职能之一。[1]

相较于发达国家，博物馆文创产品在我国出现的时间较晚，当然这也是受到了我国近现代博物馆起步较晚的影响。美国纽约大都会艺术博物馆在1871年就已经开始了文创产品的开发[2]，而我国在1905年方始出现中国人自建的第一座公共性博物馆。当时，著名爱国实业家、晚清状元张謇创办了"南通博物苑"，从其将"设为庠序学校以教，多识鸟兽草木之名"[3]作为办苑宗旨，即可看出其明显具有普及科学知识，以教育改造社会的特征，强调了教育的功能。可见，中国的博物馆从一开始就是带有明确使命的机构，通过提供科学和教育价值来改变社会状况。[4]既然"以文化人"的教育职能成为博物馆的重要职能之一，那么在这个基础上发展起来的各类文创产品即先天带有教育的属性。

随着"新博物馆学"理念的提出，博物馆的办馆宗旨也开始从"以藏品为中心"向"以观众为中心"转变。1990年，国际博物馆协会提出"博物馆应切实履行其作为重要教育资源的职能，为各阶层人群提供教育类服务"。2017年，又再次强调"博物馆有重要的责任发展其教育作用，并吸引更多来自其服务的社区、地区或团体的观众"。[5]这种从重视"物"转向重视"人"的发展观使博物

1. 苏东海. 博物馆的沉思——苏东海论文集//博物馆演变史纲[M]. 北京：文物出版社，1998：60-87.
2. 祁述裕，赵一萌，杨传张.文化文物单位发掘文化资源、开发文化创意产品的理念与思路[J]. 浙江工业大学学报（社会科学版），2016（2）：128-134.
3. 南通博物苑官方网站. 简介[EB/OL].http://www.ntmuseum.com，2015-11-12/2021-02-22.
4. 苏东海. 博物馆的沉思苏东海论文选（卷二）[M]. 北京：文物出版社，2006：24.
5. 原文"Museums have an important duty to develop their educational role and attract wider audiences from the community,locality,or group they serve.Interaction with the constituent community and promotion of their heritage is an integral part of the educational role of the museum." International Council Of Museums，ICOM code of ethics for museums[EB/OL].https://icom.museum/en/about-us/missions-and-objectives，2017-07/2021-01-12.

馆的教育价值更加得到彰显，特别是建立在公共基础上的各类教育形式，其中蕴藏的价值不容小觑。

有别于学校教育，博物馆并非通过强迫的方式要求观众参观学习以掌握某种专业知识，而是采用了更加柔性的方法为观众在知识、观念、情操等方面提供有益的帮助，具有实物性、直观性、自主性、广泛性、寓教于乐等特点。但博物馆的传统教育模式多是以静态展示、讲座、讲解等说、教、视、听的形式开展，或是采用简单的互动、体验形式加深观众对文物的理解，存在传播效率低、持续性差。效果难以量化等弊病。与这些传统教育形式相比，文创产品有着以下三点明显的区别：

第一，在表现形式上有所不同。 博物馆文创产品采取的是无距离的互动交流方式，将文化教育融入于生活器物之中，并且多会采用"通感设计"的形式，将文化信息转入可视、可听、可触、可嗅、可食的体感交流状态中，丰富了传统教育的表现形式。借助于这些特殊的传播方式，我们可以在文创产品中加入更深层次的交互设计，使消费者能够得到更为深入、准确、清晰、持久的文化信息，从而提升教育的效果。

第二，使用场景与环境有所不同。 博物馆文创产品通过改变教育环境和场景的方式，突破了传统教育中特定环境、特定时间、特定地点、特定模式的局限，将教育融入日常生活，使人们能以轻松的心态时刻接触到文化，感触到文化的影响，达到持续深入教育的目的。

第三，在接触的频次上有所不同。 在日常生活中反复的使用、接触、感知能够使人们不断加深对文化的印象和理解。这种采用高频次互动而形成长期记忆的方法，恰恰符合了德国心理学家赫尔曼·艾宾浩斯（Hermann Ebbinghaus）关于"人类遗忘特征"的研究结论。图2.2中显示的是艾宾浩斯对人类记忆保留持续时间的量化研究结果，如图所示，在20分钟以内人类可以遗忘41.8%的记忆内容，一天之后几乎会遗忘掉70%，而一个月后仅存有20%左右的记忆。

人类的这种记忆特征对博物馆传统的教育形式来说极为不利，极大地违背了博物馆公共教育职能的初衷。而艾宾浩斯也给出了应对遗忘的破解之法，他认

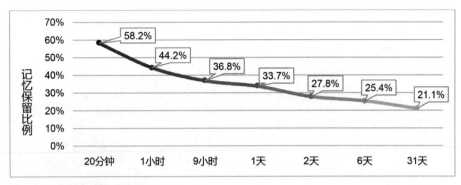

图2.2 艾宾浩斯的"遗忘曲线"

为：重复的次数直接影响着记忆的结果，但采取什么样的方式重复对记忆结果有着明显不同的影响。一种方式是"集中学习"，即在短时间内进行重复；另一种方式是"间隔学习"，即前后间隔一定的时间再进行重复。研究结果显示"间隔学习"的实际效果要明显优于"集中学习"。因此，只有通过不断重复，不断更新遗忘曲线，才有可能将短期记忆变为长时记忆。

这个结论强调了阶段性重复对记忆的重要作用，而如今常被提及的"将博物馆带回家"正与此观点相契合，将文化、文物转化为日常生活用品，通过不断重复使用来加深理解和印象的方式，弥补了博物馆传统教育形式中的不足。

二、内在价值：四个基本原则

外在价值描述了博物馆文创产品的外沿轮廓，与外界建立起联系，但在价值实现的过程中，还需要依靠文创产品自身所蕴藏的内在要素来具体落实。

产品的本源是工具，工具是用来解决问题的，所以产品的本意就是解决人类问题的工具。作为文创产品来说，不仅要解决产品作为"器"的种种工具化功能，还要满足作为"道"的各项需求。在"道器合一"的前提下，我们可以将博物馆文创产品的内在价值分为：实用价值、审美价值、文化价值、情感价值四个层次，并且形成层层递进的关系（见图2.3）。

1. 实用价值：虽非优之，但有所长

实用价值作为文创产品的基础价值和通用价值，已经基本得到了认可和普及，当前绝大多数的博物馆文创产品中均已具有了此种属性。但需要说明的是，博物馆文创产品中的实用价值并不能简单地等同于日常生活器物对实用价值的要求，除了作为"工具"的实用功能外，还含有重要的文化功能。

事实上，实用价值仅仅是博物馆

图2.3　博物馆文创产品的内在价值

文创产品中的基础价值之一，而并非最为突出的价值，可以将其理解为一种兼具实用功能的精神文化用品。这是由于其设计初衷并非为了解决生活必需品和消耗品等物质生存问题，而是更注重满足人们的精神需求。这样的价值定位使其实用特征不仅不占优势，反而由于受到了创新能力、成本价格、元素造型等客观因素的制约而有所削弱。"虽可用但并非最好用"成为这类产品的通病，几乎同时存在于目前国内外所有博物馆的文创产品中。具体表现在：产品在实用价值的创新上普遍不够突出，所具有的功能基本属于较为简单的基础功能，较多采取的是借用现有产品的功能加以美化和改良的设计思路，尚难见到有针对产品结构、机械原理甚至是科技方面的实用创新型发明或专利。这与工业设计中对产品实用价值的创新追求有着较大的区别。"形而上"的价值定位也使消费者通常不会因为缺少生活必需的功能性用品而主动选择采购博物馆文创产品，有人甚至认为对博物馆文创产品的消费属于冲动型消费。

如今我们见到的许多文物都是古代人们的生产、生活用品，在当时是具有创新性和创造力的，并且很多都是古时的"礼器""祭器"，使用时有烦琐的仪式和规制。如今，这些原本的实用功能多已不再适应现代人的生活，需要设计师重新思考如何在当代产品中进行功能转化，使其具有现实生活中的实际用途，解决实际的问题。但博物馆大多不占有产品的生产制造和科研技术资源，导致很难

依靠技术创新来引领产业的发展，也因此而产生出大批在现有产品上直接进行表面装饰的文创产品。这种"贴花"类的设计仅在已有产品的基础上做表面文章，虽说也属于文创范畴，但其中的设计创新含量之低，同质化现象之严重，已经成为当前博物馆文创产品被最为诟病的问题之一。

产品虽然丰富万千，无从切入，但消费者对实用功能的诉求却有迹可循，通过对多家博物馆网上销售产品的使用场景进行占比统计，整理出如表2.1所示的大致情况。

从统计数据我们可以看出，当前博物馆文创产品主要集中在居家生活、书房、文房、学习、办公、商务等使用场景中，整体局限在相对狭窄的使用范围内，尚有较大的扩展空间。通过在实际工作中对销售数据与市场反馈信息进行分析，我们总结出几点普遍受到消费者关注的实用功能需求。

表2.1 博物馆文创产品使用场景调研分析

序号	使用场景	比例（%）
1	居家生活	73
2	书房、文房、学习	47
3	办公、商务	35
4	3C[1]周边	22
5	茶艺相关	17
6	运动、户外、旅行	8
7	休闲	3
8	香道	3
9	礼服	2
10	汽车	2
11	礼佛	1

第一，便携性。失去了便携性的特征就很难实现"将博物馆带回家"的愿望，深刻广泛传播文化的目标更是无从谈起。便携产品以造型新颖、美观、体积小巧以及携带方便的特点获得博物馆消费者的青睐。[2]在设计时可重点考虑以下三个方面：

首先要研究人们的具体生活行为，选择合适的产品设计类型。比如可以通过罗列出人们在日常生活中具体有哪些随身携带的物品，分析其使用的频率，从而定位出最具有市场开发价值的品种。表2.2所示的是按照人体不同部位对

---

1. 3C，是计算机、通信、消费三类电子产品的简称。
2. 何平. 便携式产品设计分析[J]. 新视觉艺术，2010（5）：63-65.

表2.2　随身佩戴、携带物品统计表

部位	携带物品
头	帽子、头饰、头巾、假发、运动绷带、各种眼镜、耳机、助听器、耳环耳坠等耳饰、口罩、面罩、眼罩等
颈	挂绳、项链、项圈等饰品、领带、领结、领巾、围巾、披肩等
上身	胸花、胸针、徽章、背包、挎包、拎包、笔、记事本、纸巾、手帕、打火机、手机、领带夹、便携电子设备及配件、内外衣等
上肢	手表、戒指、手链、手镯等饰品、护腕、手套、袖章、袖扣、手杖、手袋、手包等。包内物品可包括：电脑及周边、证件、文件夹等文具、卫生用品、手机及相关配饰、便携扇子、雨伞、随身水杯、电子设备等
腰部	腰包、皮带、钥匙扣等
下肢	便携媒体播放器、票夹、零钱包、皮夹、现金夹、证件、打火机、香烟盒、纸巾、手帕、裤装、裙装、护膝等
脚	袜子、鞋子、鞋垫、脚链等

随身物品进行的归类统计，所列出的物品均可与博物馆文化资源结合成有价值的设计点。当然，也可根据此种思路设定不同的统计条件为设计提供参考依据。

　　其次要平衡产品功能、尺寸及重量之间的关系。便携性与人体工程学有着密切的关系，对人体动作和行为尺度方面的研究是决定产品是否具有便携性的主要依据，比如在设计戒指、手套等小型便携式产品时，必然要考虑人的手部尺寸数据及骨骼结构。产品的优劣评价标准取决于人们用手使用、操作、佩戴、取放产品时的方便程度和体验感。当设计相对体量较大的产品时，除了考虑产品尺寸因素以外，还要考虑到人体的基本承受能力，产品重量是其中一个重要因素。当产品重量超过0.4kg时，实现手部的精细操作就会比较困难，而超过2.3kg就不适合长时间携带了。依据这种研究方法，在实际操作中可根据不同的要求，参考人机工学数据或是采用实验的方式来完善产品。

　　最后要通过产品材料、结构设计实现便携功能。解决便携功能中尺度问题最常用的设计思路是采用伸缩、折叠、组合等方式，使产品满足便携的要求。出于成本的考虑，大可不必将产品构件全部设计成特殊的活动结构，应最大限度地使用已有的标准件、通用件，使产品形成一个相对完整而稳固的物理结构，要注意提高零部件结合部分的配合度，减少磨损，避免由于产品结构不牢固造成损坏的可能性，提高产品使用寿命，同时需要综合考虑产品的设计、生产、储运、销售、包装等多方面因素。

参考"青花海水白龙纹扁壶"和"青花八吉祥纹扁壶"（见图2.4）两件文物而设计的"便携水壶"（见图2.5）就是通过对材料的设计应用，极大减轻了产品的自重，从而实现便携性。壶身采用了"聚丙烯"（polypropylene，PP）材料，金属连接件采用了铝合金，使产品在空置状态下自重仅有不到30g，壶身厚度仅为1mm，并且发挥了薄膜材料具有的可以卷曲、折叠的特性，极大地缩减了产品的体积，使其更加符合便携的要求。

第二，多功能和通用性。多功能和通用性是消费者对实用价值的常见需求。产品一物多用的特征能给予人满足感，这也体现出部分消费者"少花钱多办事"的心理，具有此种特性的产品往往更能刺激消费者的购买决策。如果按产品功能的重要程度，可分为基本功能和辅助功能；按功能的必要性，可分为必要功能和非必要功能。在设计时我们首先要立足于产品的基本功能和必要功能，再进一步研究增加可以给用户带来方便、改善品质的辅助功能和非必要功能。通过给消费者提供自主选择的权利，使其能够根据实际需要来组合产品的样式或用法，扩展产品的使用场景。

第三，保健功能。健康不仅包括身体健康，还包括心理健康和精神健康。如今，快节奏的生活方式以及严峻的环境和食品安全等社会问题，使人们对自身的健康越来越重视。

P43这件"防雾霾口罩"即从健康生活的角度而设计的一款实用性产品。产品选择了几款较有震慑力的文物形象（见图2.6），其寓意与防护概念相互一致。口罩采用了可更换过滤片的织物材料，是针对环境污染这一社会现象进行的关怀性产品设计（见图2.7）。在此之前，国内博物馆文创产品中口罩类型的产品尚属罕见，而此产品在2016年上市后，仅两周便冲上了国博天猫商城销售排行榜的首位，足见消费者对健康防护类产品的迫切需求。

图2.4 （左）（明）青花海水白龙纹扁壶[1]（右）（清）青花八吉祥纹扁壶[2]

图2.5 "青花便携水壶"设计效果图

［设计指导：白藕，艺谷（深圳）科技发展有限公司设计供图，2013 年］

---

1. 中国国家博物馆. 中国国家博物馆馆藏文物研究丛书·瓷器卷（明代）[M]. 上海：上海古籍出版社，
   2007.7：34.
2. 中国国家博物馆. 中国国家博物馆馆藏文物研究丛书·瓷器卷（清代）[M]. 上海：上海古籍出版社，
   2007.12：122.

---

1. 中国国家博物馆. 中华文明：古代中国陈列文物精萃[M]. 北京：中国社会科学出版社，2010：504.

2. 吕章申. 中国古代青铜器艺术[M]. 北京：中国社会科学出版社，2011：49.

此外，如防晒、保暖、按摩等，都是具有消费需求和市场潜力的健康保健产品，值得在设计中进一步研究。

如这件名为"十分满足"的按摩器，便是参考了"青瓷褐釉十足砚"（见图2.8）而设计的现代衍生品。此砚特别之处即在于其十只独立的砚足，设计师保留了文物的这一特征并将其设计成具有按摩功能的十只"触角"，同时发挥了环氧树脂材质的透明特性，赋予了产品现代亮丽的色彩以及小巧的尺寸，并做了防静电处理，使其成为在工作之余可随时对头部或身体局部进行短时按摩，缓解疲劳的实用保健产品（见图2.9）。

图2.8　（南朝）青瓷褐釉十足砚[1]

底视图

正视图

顶视图

图2.9　"十分满足"按摩器及配色设计效果图（设计师：白藕，2016年）

---

1. 中国国家博物馆. 中华文明：古代中国陈列文物精萃[M]. 北京：中国社会科学出版社，2010：433.

第四，**收纳功能**。在物质生活愈加丰富的今天，人们身边的物品越来越细分化、多样化，方便整理零碎物品的收纳型器物也成为当今人们生活中的普遍需求。便于收纳的器物和善于收纳的习惯，可营造良好的生活空间和个人形象。收纳器物的设计与被收纳的物品息息相关，博物馆文创产品由于受到便携属性的制约，不便于呈现箱、柜等大型的收纳产品，因此对这类产品的设计主要集中在个人物品收纳和微收纳工具这两个方面。

常见的个人收纳用品如钱包、旅行袋、化妆包、洗漱包等；微收纳工具是指为起居生活或工作方便而配备的在小空间环境中使用的收纳产品，如首饰盒、文具盒、杂物盒、耳机绕线器等。此类产品更注重人性化设计和近距离使用时的感受，合理的尺度格局，精致的外观细节，有条理的物品存放方式，以及使用时的便利性，这些都是在设计中要重点考量的内容。

这件参照妇好墓青铜三联甗（yǎn）（见图2.10）而设计的"调味罐套装"（见图2.11）便是如此。

图2.10　（商王武丁时期）妇好墓青铜三联甗[1]

---

1. 中国国家博物馆. 中华文明：古代中国陈列文物精萃[M]. 北京：中国社会科学出版社，2010：110.

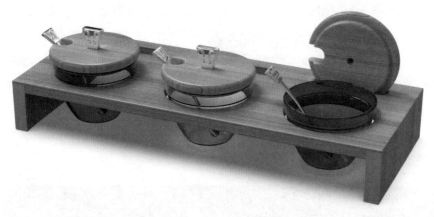

图2.11　妇好墓三联甗调味罐套装设计效果图（设计师：白藕，2014年）

青铜三联甗是妇好墓出土的一件炊具，使用时在底部生火即可同时加工上部三件容器中的食物，这也是后来一灶多眼型炊具的雏形。调味罐在使用场景上与其一致，均是用于烹饪的辅助工具。设计充分借鉴了原器物的造型特征，用色彩标识不同的调料，并设有专门放置盖子的卡槽。为便于清洁，简化了原文物中复杂的纹饰，仅取其特征最为明显的兽首纹饰加以应用。产品选用高硼硅玻璃、防腐竹或竹纤维、316不锈钢等安全环保的材料，将三个罐体置于支架上相应位置的孔洞中，满足了对收纳功能的设计要求。

2. 审美价值：理性分析下的人类本能

通常来说，产品只需满足实用功能即可认为其具有了价值，审美价值是否在其中有所体现并不是必需要求，这个标准也使很多产品永久停留在"工具"的价值层面。但在文创产品中，审美价值就显得至关重要，是展示文化、吸引消费者的关键要素。

马斯洛曾说："在某些人身上，确有真正的审美需要。丑陋会使他们致病（以特殊的方式），身临美的事物会使他们痊愈。他们积极地渴望着，只有美才能满足他们的欲望。"[1]的确，对美的追求是人类共有的本能，同时美观原则也是产品设计的本能层、行为层、反思层三个层次中对本能层的具体设计表现。黑格尔认为"美就是理念的感性显现"。[2]这个观点把美的本质归结为"理念"，阐述了"美"是有规律的，是可以被理性解读的，而绝非仅仅存在于精神层面的、唯心的、纯感性的，由此引出了人们对审美理性逻辑的探索。但审美逻辑与自然科学中所强调的逻辑思维方法并不完全相同，它更强调在自然科学"求真"的原则上通过感悟、直觉、体验等感性经验的方式直接获得。由于美的产生与形成具有相当特殊及复杂的缘由，这也使得对审美的讨论过于庞杂，在此仅作简单阐述。

人们进行审美活动时，审美对象是审美行为的客体。我们在创造一个审美对象的时候，总会寄予其这样或那样的感觉，试图通过它将这种感觉展现在观者面前，因此审美对象作为审美活动的载体，必须要承担起媒介的作用。然而这种对审美的"传递"过程是否会"失真"，则要受到环境、时间，以及艺术家、设计师的造诣与观赏者的艺术修养等多方面因素的共同作用。

审美对象总是在试图展现一种情境、意象，然而这种境象是否会被观者所感知、产生共鸣，则会受到个体的审美意识、审美层次的约束。因此我们会发现，同一事物在不同的人眼中会产生不同的甚至是截然相反的反应。更有趣的是，即便是同一个人在不同的时间、地点、情绪的影响下，对同一事物的观察也会产生不同的结果，如"疑邻盗斧"。这种现象产生的原因除了主观的臆断以外，其背后还隐藏着审美中的另一个关键问题：审美群体或称之为"审美单位"的问题。

---

1. [美]亚伯拉罕·哈罗德·马斯洛. 马斯洛精选集——人性能达到的境界[M]. 方士华, 译. 北京：北京燕山出版社, 2013: 29.
2. [德]黑格尔. 美学（第一卷）[M]. 朱光潜, 译. 北京：商务印书馆, 1997: 138.

在人类的演变过程中，总是以"单位"的形式生存和发展，这里所说的"单位"是指建立在具有一定共性基础上的人类集合，在同一集合中的人们有着相对近似的意识形态。

我们知道，无论两地相隔多远，同样的树种都会在同样的外界环境条件下生根、发芽、开花。这是由于同类的树种有着相同的基因，这种基因在相同的外因条件下会做出相同的反应。当然，这里所指的是最为本质的反应，这种反应在同物种中是相同的，就人类而言，冷、热、饥、渴等便是这种最为低级的本能反应。

而在"审美"这种人类特有的高级反应中，即使是在同类间也会存在着较大的分歧。例如，在观赏一幅美术作品时，通常画面内容表现得越具体、越写实，观者的感受便会越相似。而在对抽象作品的审美中，人们就会出现巨大的差异。这是由于抽象作品中并未使用具象的形体来限制人们的审美方向和认知结果，从而使人产生了发散性的审美意识，分别解读出各自不同的答案。这类作品显然已经不是在关注人们"看"到了什么，而是在努力争取使人们"想"到了什么，"感"到了什么，"悟"到了什么。在这其中，情感与意识决定了审美的最终效果。

每个人在审美过程中所受到的影响因素都不是单一的、绝对的，会不同程度地受到个体经验、身心状态等内在因素，以及所处环境、时间等外界因素的影响，这些因素共同交织在审美活动中，导致了多样化的审美结果。如果以这些条件作为依据，我们就可以将人们划分为多个不稳定的审美单位，在同一单位中的群体则有着较为近似的审美需求和审美判断。之所以称其为"不稳定的单位"，是因为这个群体中的个体时刻都会受到各类因素的影响，使这个群体在不停地分解与重构。因此，我们只能划分出不同的审美集合，以研究每个集合的审美倾向特征，而永远无法准确界定其内部的个体构成。

博物馆在调整观众审美情绪方面有着较多的方式，环境、色彩、光线、温湿度甚至是气味等，均是影响人们心绪的要素，综合"管理"着观众的心态。当人们的审美情绪被调整到相对近似时，即形成了若干数量的"审美单位"。这些单位是经过了客观条件的层层"过滤"之后而形成的，其中的每个个体都具有相对的一致性，这就具备了对其展开深入研究和开发的可能，为提高设计精准度提供了基础条件。

美观也是吸引消费者购买和使用的主要因素。"颜值高"的产品往往能够直接引起消费者本能的喜爱，有些消费者甚至仅仅是因为产品外观漂亮就会产生购买的想法，而且这样的消费群体不在少数。在以审美为主导的消费行为中，消费者购买的已经不仅仅是产品本身的实用功能，而是通过购买和使用产品来满足审美需求，陶冶审美情趣，客观上实现了对文化审美价值的消费。因此，那些仅仅为观赏而设计的产品，如赏瓶、花器、壁挂等也属于文创产品的一种类型，并且在古今中外皆大量存在。

博物馆需要结合各自不同的馆藏特色，依据审美法则在文创产品中体现差异化的审美设计，准确传递正确的审美价值观。以国博为例，其文创产品中的审美价值可以通过以下几点来体现：

第一，全面展现中华文明的审美价值。 国博是代表国家全面展现中华文明的最高机构，巨量的馆藏文物中所涵盖的审美元素，均是经过了历史的反复洗练而沉淀出的经典，这为文创产品设计工作提供了先天的文物资源优势。因此，文创产品中的审美价值应体现在那些能够全面代表中华文明的美学元素上，将中华美学中的托物言志、寓理于情，言简意赅、凝练节制，形神兼备、意境深远，知、情、意、行相统一[1]等中华审美风范予以展现。

第二，对于不同的审美单位采取相应的设计表现形式。 国博的年均客流在800万人次左右，人员结构复杂，观众知识背景、观展目的、审美需求等方面存有较大差异和不确定性。需要我们依据审美单位的划分原则将观众群体进行梳理分类，针对不同单位的审美特征采取相应的设计表现形式，方可避免盲目开发。比如在2017年，国博接待在校学生的数量超过了21万人次，[2]这是一个相对稳定并且需求较为明确的群体，针对这类"审美单位"而设计开发的文具类文创

---

1. 习近平. 在文艺工作座谈会上的讲话[M]. 北京：人民出版社，2015：26.
2. 中国国家博物馆官方网站. 2017年中国国家博物馆观众统计数据. [EB/OL]. http://www.chnmuseum.cn/zx/gbxw/201802/t20180220_1967.shtml,2018-02-20/2020-01-18.

产品取得了较为理想的市场表现。

第三，符合新时代特征的审美价值。 习近平总书记提出要"创作无愧于时代的优秀作品"。[1]博物馆文创设计工作的确要符合新时代的创新要求。我们可以看到，在历史文物中蕴含的审美元素均是符合当时时代要求的，是可以总结分析出审美规律的。如今需要我们将其合理地转化为符合当代审美价值的文创产品，同时还要发挥吸引、教育、启迪、引领的作用，在新时代中继续传承弘扬中华优秀传统文化与中华美学精神。

我们可以将博物馆文创产品中的审美大致分成七种不同的风格，以调研的形式进一步明确观众对各类风格的偏爱度，汇总成表2.3的结果。

表2.3　您更偏爱哪种风格的博物馆文创产品? [多选题]

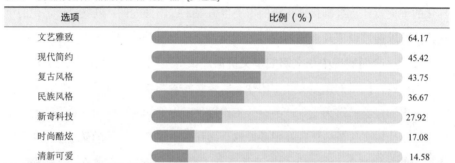

选项	比例（%）
文艺雅致	64.17
现代简约	45.42
复古风格	43.75
民族风格	36.67
新奇科技	27.92
时尚酷炫	17.08
清新可爱	14.58

调研结果显示，虽然各种风格均受到了不同程度的关注，但显然对"文艺雅致"的关注比例最高，我们可以认为这就是大多数观众所期待的博物馆文创产品审美风格。此外，"现代简约""复古风格""民族风格"也得到了较大比例的认同。

第一，文艺雅致。 中国传统审美的本质在于韵味与意境的营造，在传统文化中，常会采用情景交融的方式以展现高雅的意趣，达到美观而不流俗的效果。将雅致的意境带入产品设计之中可给人以宁静淡雅的审美感受，许多博物馆文创产品设计都以藏品中山水、花鸟等艺术题材来体现优雅之感，或者以细腻的质感、优美的线条展现宁静、释然的心理感悟。

---

1. 习近平. 在文艺工作座谈会上的讲话[M]. 北京: 人民出版社，2015: 7.

第二，现代简约。现代简约风格提倡产品设计必须要结合功能，突出实用性，注重简洁的造型，摒弃奢华浮夸的审美，便于大批量工业化生产。这种设计思想也主导了近现代工业设计风格的发展，出现了一批具有影响力的设计大师，我国的现代设计也受到了此种风格的巨大影响。

由于传统工艺美术的审美风格大多与简约风格有相悖之处，所以在设计中需要研究现代简约风格如何弥补历史文物元素在当代审美、功能等方面缺憾的问题，通过与当代形成互通以展现现代设计之美。符合现代工艺生产要求设计出来的产品能以较大的生产规模降低单件产品的成本，是非常值得深入研究与推广的一类设计风格。

举一个实际案例。在汉语中"禄"与"鹿"谐音，所以在中国传统文化中经常会以"鹿"的造型来代指"禄"的含义。这件根据"马头鹿角形金步摇"（见图2.12）而开发的"小禄"系列首饰即以这一文化背景为设计切入点，采用了现代简约的设计思维，对原文物中鹿角的枝丫数量、繁缛的装饰都做了极致的简化（见图2.13）。

第三，复古风格。"质朴而有古风，朴素而有古韵"是此类产品的设计重点。"五色令人目盲，五音令人耳聋"，崇尚返璞归真的朴拙天然之美也是我国传统文化中对审美的极致追求之一，在历朝历代中均有对此风格的追求体现。

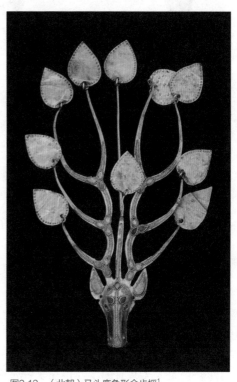

图2.12　（北朝）马头鹿角形金步摇[1]

1.中国国家博物馆.中华文明：古代中国陈列文物精萃[M].北京：中国社会科学出版社，2010：550.

图2.13 "小禄"首饰系列（吊坠、耳钉、戒指）设计效果图（设计师：白藕，2015年）

怀旧是人类共有的本性，在复古元素的设计中往往没有明确的时间界限，但在怀旧设计中需要掌握时间跨度的问题。虽然博物馆中的文化资源普遍具有历史性，但这并不等于利用这些文化资源开发出的文创产品也必须停留在与其相符的历史阶段上。相反，当代文化产品必须要紧跟时代的脚步——并非越古老的元素就越能引起人的怀旧心理体验，所以要结合观众的认知能力来设计相应的怀旧情结，使产品中带有适度的怀旧审美风格。那些具有鲜明时代印记的文化元素均可衍生为复古产品。

这件根据青铜器上被广泛使用的"饕餮纹"而设计的手机扣（见图2.14）便是一例。这种设计思维与"现代简约"的审美风格可谓截然相反，设计师不仅没有对纹样做出任何的简化，反而利用了现代加工工艺的高精度优势，对纹样进行了立体化的凹凸处理，更加精准地刻画了繁缛的纹饰，增强了对细节的表现。仅仅通过审美价值的体现，即为这件设计含量不高、功能上也没有创新的产品增添了附加价值和差异化的特征。

第四，民族风格。 我国是多民族国家，各个民族悠久的历史和丰富的文化共同创造了璀璨的中华文明，民族艺术中包含的多元化审美风格更需要体现新时代的特色。在色彩上提高纯度色的使用比例，强调"拼色""撞色"的使用，造型上强调传统民族元素符号与现代工艺结合，构成上多采用二方连续和四方连续的运用，装饰上使用纹饰的堆砌和色彩的铺叠，运用复杂华丽的花纹表现出强烈的艺术效果等，都是在表现民族风格时常用的设计方法。

下页这件出土于热水M1吐蕃大墓1号殉马坑内的"鎏金立凤植物纹银饰"（见图2.15），无论是工艺风格还是纹样布局都具有典型的唐代特征，同时还吸收了中亚粟特民族的装饰特色，反映了古丝绸之路上中西方各个民族文化间的相互融合。

根据此文物设计的香烟过滤器（见图2.16）选用了其中的"忍冬纹"，继承了具有民族融合特色的华丽纹

图2.14 "饕餮"手机扣
（设计师：白藕，2014年）

图2.15 （唐）鎏金立凤植物纹银饰 青海省文物考古所藏（一组三件）（摄影：贾鸿建）[1]

图2.16 "忍·戒"烟嘴设计效果图（设计师：白藕，2015年）

---

1. 中国国家博物馆. 中华文明：古代中国陈列文物精萃[M].北京：中国社会科学出版社，2010：508.

样，通过烟嘴的内部结构设计，利用"小孔射流"的原理使烟气高速通过烟嘴内部直径为0.2mm的两个小孔冲击到管壁上，产生"附壁效应"，从而使烟油凝结滞留，以达到过滤焦油的作用。过滤过程是纯物理的原理，因此安全而有效。需要强调的是，设计这样一个烟嘴绝非是鼓励人们吸烟，恰恰相反，是为了尽可能地保护人们健康。产品取名为"忍·戒"也明确表达了鼓励戒烟，关爱自身和他人健康的用意，因此请不要误解此设计的初衷。

第五，时尚炫酷。不同年代对"时尚"的理解均有差异，在当前的设计中通常会采用带有强烈对比的元素，利用流行的造型符号，大面积使用高纯度的色彩，以"撞色"的设计手法强调视觉冲击力，或是使用对比色、互补色等设计技巧来满足此类风格的需要。但时尚炫酷不等于流行媚俗，并非所有的流行元素都可以直接用于博物馆文创产品之中，需要在设计时做出必要的取舍和适当的调和。

第六，清新可爱。各类调研数据均明确表明目前博物馆文创产品的消费群体正整体呈现出低龄化的趋势，并且中青年女性占有较大比例，清新可爱风格正是针对这部分人群的审美需求而采取的设计形式。设计注重从青年群体的审美视角出发，采用轻柔、委婉、有趣、可爱的表达方式，着意突出年轻化、时尚化、个性化的表现。坊间所称的"卖萌"即对这种设计风格的戏称，在设计这类产品时要特别注意与"低俗""恶搞"之间的界限问题，并且应意识到此种设计风格是为了满足一部分人群的审美需求，仅仅是博物馆文创产品中的一类，而绝不是主流。

（有关"新奇科技"风格的论述请见P124。）

3. 文化价值：文创产品的核心

随着生活水平的提高，人们对功能性产品寄予了更高的期望，希望它能带来更多的精神层面的价值，这种"消费升级"强烈刺激着博物馆文创产品设计的发展。作为人类文明精华的聚集地，博物馆文物资源中蕴藏着大量可供开发的价值点。对文化价值的表达也成为在其他类产品设计中从未有过的强制性要求，脱离了文化资源的文创产品设计必然是"无源之水，无本之木"。

资本有三种基本形态：经济资本、文化资本和社会资本。而文化资本的显性作用就是可以通过教育、出版、销售转化为经济资本，其隐性作用是可以通过知识和培训转化为社会资本，构建以信任、规范、网络互动为基础的良好投资环境。[1]博物馆中蕴藏的各类文化资源即可被视为全人类的"文化资产"，需要通过恰当的产业运作来将其转化为"文化资本"，投入经济活动中，兑现其应有的价值。在这个过程中，博物馆文创产品可以被视为一种"文化容器"，储藏了大量的文化信息供人解读与品鉴。

文化是产品内涵的延续，从文化资源中寻找灵感，将产品作为文化的载体，这是国内外文创产品设计始终遵循的思路。有别于其他产品的一个重要特征在于，博物馆文创产品并非只是解决产品好用、好看的问题，其更主要的职责是拉近文物、文化与当代人之间的距离，消除相互间的隔阂感与陌生感。这也从一个方面解释了为什么那些既有"文化范儿"又能"贴地气"的文创产品能在当前市场中受到广泛的追捧。正是由于文创产品能够贴近当代人的生活，具有较好的渗透力和感染力，因此成为展现传统文化、民族特色，助力中华文化走向世界，间接提升国家文化软实力的重要方式。

在2022年中央广播电视总台春节联欢晚会上播出的舞蹈《只此青绿》（见图2.17）尽管仅有短短的六分钟，却成为本届春晚中令人难忘的节目之一，而其创作灵感来自北宋画家王希孟的《千里江山图》卷。这幅采用"青绿法"描绘祖国锦绣河山的画作不但壮丽恢宏，画工严谨，而且隐藏在画作中的文化背景、传说故事也极易引起人们的兴趣。节目的创作者们巧妙地融入了这些细节，将中国优秀传统文化作为切入点，借用舞蹈的形式对青绿之美展开了现代演绎。

在春晚舞台上所呈现的仅仅是全剧中的一个片段，事实上这部由故宫博物院、人民网股份有限公司、中国东方演艺集团有限公司出品，域上和美文化发展有限公司联合出品的舞蹈诗剧时长共有两个小时，包括展卷、问篆、唱丝、寻石、习笔、淬墨、入画七个篇章，除了青绿、王希孟，还有展卷人、篆刻人、织绢人、磨石人、制笔人、制墨人等重要角色。完整地讲述了一位故宫青

---

1. [法]布尔迪厄. 文化资本与社会炼金术[M]. 包亚明，译. 上海人民出版社，1997：192.

图2.17　2022年中央广播电视总台春节联欢晚会舞蹈节目《只此青绿》（作者根据视频截图）

年研究员"穿越"回北宋，以"展卷人"视角"窥"见画家王希孟创作《千里江山图》的故事。

整部剧作的创意构思以传统绘画为主线，挖掘和阐述了中华优秀传统文化的时代价值，这一点在服装、道具、化妆、配乐、舞美等多个方面均得到了充分的体现。依托宋代所崇尚的雅、静、精、简等美学特点以及青绿山水画的独特配色而设计的服装造型，以古琴等传统民族乐器为主的配乐以及具有古风意蕴的舞蹈语言，共同营造出清古超逸、高华幽远的中国文化之美，以写意的方式传递出对文化的自信。

"人民有信仰，国家有力量，民族有希望。"[1]的确，文化越自信，就会越开放，就会吸收更多不同文明的优秀成果，使我们的文化更具包容性，更有生命力。

文化中蕴藏的不可量化的巨大价值通常是以无形的方式与人进行互动与沟通，人类创造的无形资产的价值总有一天会超越我们所拥有的物质数据的价值。[2]特别是在当前全球经济一体化的进程中，一些西方发达国家以其强大的资本实力和文化传播优势，借助丰富的市场运作手段，将自身大量的文化产品向全世界输出，在获得了丰厚商业利润的同时，还进行着文化的渗透与侵入，有些甚

<hr />

1. 新华网.习近平：人民有信仰民族有希望国家有力量[EB/OL]. http://www.xinhuanet.com/politics/2015-02/28/c_1114474084.htm,2015-02-28/2020-09-16.
2. 李炎，陈曦.世界文化产业发展概况[M]. 昆明：云南大学出版社，2014：41.

至威胁着他国的文化主权和文化安全。

从文化价值的层面来说，博物馆文创产品应被视为一种文化意识形态的具体表现，肩负着传播优秀文化、维护国家文化主权的重任。所以在设计中要表现出那些能满足精神、文化、道德等高层次需求的要素，以"源于生活、高于生活"的设计原则践行文创产品"以文化人"的社会功能，在内容上要重点展现中华优秀传统文化、革命文化和社会主义先进文化在新时代的价值。

从目前国内市场中各类文创产品的整体分布结构来看，其中对中华优秀传统文化价值的表现所占比重较大，体现得较为充分，而对其他两类文化价值的表现尚显薄弱。但从整体的市场环境以及政策引导上来看，革命文化和社会主义先进文化均已具备了充沛的可被开发的能量，其中如反腐倡廉、党建、国家重大纪念活动等题材均具有较大的开发价值，在接下来的产业发展中应予以重点关注。

4. 情感价值：被忽略的深层沟通[1]

近年来，我国大力推动文化产业的发展，取得了不俗的成绩，但是也暴露出文化产业在初级发展阶段存在的一些问题。特别是2014年10月15日习近平总书记在"文艺工作座谈会"上指出的：在文艺创作方面，存在着有数量缺质量、有"高原"缺"高峰"的现象，存在着抄袭模仿、千篇一律的问题，存在着机械化生产、快餐式消费的问题等。[2]

习近平总书记一针见血地指出了当前文化艺术工作中暴露出的问题。同样，在博物馆文创产品设计中也存在着诸如产品屈从于市场、形式大于内容、文化情趣低俗化、错用乱用文化元素等问题。

出现这种浮躁现象的原因是多方面的，其中"急"的心态表现得最为明显。急于搭上市场的潮流，急于兑现经济利益，甚至是急于完成考核任务……种种"急"造成了设计工作者常常处于"疲于奔命"的情绪之中，难以对文化

---

1. 本节部分内容发表于：白藕. 文创产品情感化设计研究[N]. 中国文物报，2017-11-28（3）.
2. 习近平. 在文艺工作座谈会上的讲话[M]. 北京：人民出版社，2015：9.

做出深刻的解读，这种"赶工"式的工作环境也使得情感价值在产业化过程中极度缺失。

文化情感的形成是一个缓慢的过程，是因果的关系，不知"因"而直接取得的"果"必然是盲目的，很难达到深刻传播文化信息的要求。所以在对情感进行设计表达时必先要"沉"，要以"工匠之精神"去揣摩历练，方有可能达成良好的效果。

《周易》中曾提到"观乎天文，以察时变，观乎人文，以化成天下"。其中的"化"即有感化、教化之意。文化的一个突出功能即"以文化人"，在实现这一功能的过程中，情感在其中的投入比例起到了决定性的作用，这也是文化产业不同于其他行业的根本所在。

"情感化"一词源于心理学范畴，美国心理学家唐纳德·A.诺曼（Donald Arthur Norman）曾分别探讨了情感化设计的三个不同层面，即本能层、行为层、反思层。本能层次的设计指的是产品外观，行为层次的设计与产品使用过程中的愉悦感和效率有关，反思层次设计则指产品的合理性和智能性。三个层次在产品体验里各自扮演着不同的角色，每一层次都像其他层次一样重要。对于设计师来说，每一层次都有不同的途径去实现。[1]而情感化设计能否奏效的关键在于，本能层与行为层是否调动了用户反思层上的良性情绪反应。

情感的产生往往来自人们看到产品时的第一印象，这在设计学中被称为"第一眼效应"（First Look），在心理学中则被称为"印刻效应"（Imprinting Effect）。在现实中，我们会发现普通消费者经常会用"有意思""无趣""喜欢""好看""丑陋"等感性词汇来描述对产品的直观感觉。而从专业角度来讲，这些词汇都是关于产品与消费者之间感性沟通的描述，是最为直接的情感认知结果。

这里需要说明一点，感性认知是人类认识世界的基础，由此产生了理性认知，由理性认知方可形成情感认知。感性认知与情感认知是不同层级的认知结果，二者概念不可混淆。

1.[美]唐纳德·A.诺曼.设计心理学3：情感化设计[M].何笑梅，欧秋杏，译.北京：中信出版社，2015：53.

产品在使用的过程中时时刻刻都会与使用者形成情感交互，这种借助于体验而逐渐累积起来的经验感受与反思感受，持续不断地丰富着情感内容。情感在产品中所占的比重之大甚至可以弥补产品在功能上的不足，从而在一定程度上决定了产品的市场表现。如今，在产品设计中经常被提到的"用户体验"其实很大程度上就是指"用户情感体验"。

情感价值是博物馆文创产品内在价值中最深层的属性，也是在设计中经常会被忽略的深层沟通，它来源于完善的功能、适宜的审美、深厚的文化。从情感价值层面来看，功能、审美、文化这三点皆是为情感而服务的，与情感要素之间是因果关系，是为了达到情感这一最高层价值的信息传递过程和必要方式，其最终目的是要调动人的良性体验和感受。

人们用语言互相传达思想，用艺术互相传达感情。作为传达情感的工具，文创产品兼备了商品与艺术品的双重特征。产品外在的"形、色、质"及内在的"事、意、神"等，均是决定产品能否完成情感传递这一重要使命的要素。

情感化设计是当今及未来文创产业发展的重要趋势之一。而且，在情感化设计过程中存在符合逻辑的方法，这使得设计成为必然，而非偶然。其中有几个关键点必须予以重视：

第一，要选取那些有群众基础的、有情感认同的文化符号作为开发元素，以这样的元素为"标的物"，极易引起消费者的情感共鸣。 比如"小黄鸭"是几乎每个英国人在幼年时都曾经接触过的玩具，是承载着众多人童年记忆的情感符号。1970年，歌手吉姆·汉森创作了流行歌曲《小黄鸭》更使其成为一种流行文化元素。于是大英博物馆选取了古罗马战士、维京海盗、狮身人面像等文化元素与小黄鸭这一情感载体相结合，运用"移情"的表现手法设计了多个版本，成为畅销产品（见图2.18）。

第二，必须选取具有民族代表性的文化元素。 还以小黄鸭为例，虽然在中国也拥有众多的购买者，但购买动机与英国的购买者截然不同，中国的购买者多数是出于对外来文化的新鲜感甚至是跟风购买，而并非出于对文化的情感认可或情感怀念。

图2.18　大英博物馆"小黄鸭"系列文创产品[1]

第三，在情感价值的体现中，设计师的责任极其重要，必须自始至终做出**全身心的情感投入，甚至可以将这个过程理解为创造关爱文化的过程**。毕竟设计行业本身就应该是积极而向善的，缺乏情感投入而设计的产品就像没有灵魂的骨架，容易形成"假、大、空"的现象。同时我们还要清晰地认识到，设计畅销产品并不是设计师的惟一职责，真正能够打动人心的优秀设计作品是要挖掘出那些广泛存在于历史中的亲情与友情，感人的故事，动人的情节，使人们认识到人类的历史并不是冰冷的，而是有温度的，不仅有战争与权谋、夺位与背叛，而更多的是在不断追求真、善、美的过程。

第四，在情感化的设计过程中要避免"过度设计"。所谓过度设计是指在一件产品中表达的情感达到两种以上，过多的情感掺杂反而会削弱主题，将人们引入一种令人费解的情感体验当中。因此，为了达到良好的效果，一般一件文创产品只需要明确传达出一种情感即可。

---

1. 大英博物馆官方网站 [2020-09-16]https://www.britishmuseumshoponline.org/children/games-toys.html?p=2

例如，1997年香港回归，法国著名银器品牌昆廷（Christofle）请靳埭强先生特别设计了一套纪念品以记录这历史时刻。这件名为"母与子"（见图2.19）的银器作品构思以中国的佛手为灵感，一大一小两只手叠合成相牵的造型，表现母与子手牵手、心连心的意念，将两手分开即变成精美的小容器。借助于多曲面的设计方法，使冰冷的金属材质充满了温馨的情感，意象地表达了内地与香港之间母子情深的主题内涵。

图2.19 "母与子"[1]

第五，情感价值受经济价值的影响较弱，不能以商品的市场流通价值来衡量情感价值的高低。简单来说就是便宜的产品不一定比贵的产品情感价值低，反之亦然。对其评判的主要标准还是要由产品与消费者之间的情感共鸣与互动沟通的结果来决定。

在实践中通过对以上五个要点的准确把握，不仅可以提升文创产品中情感价值的含量，提高产品的附加价值，还有利于形成独特的用户体验，突显产品的唯一性，避免出现同质化现象。并且，通过对消费群体的情感捕捉，能更有效地细分市场，提供更为精准的设计服务，践行文创产品"以文化人"的重要功能。

---

1. 周承君，何章强，袁诗群.文创产品设计[M].北京:化学工业出版社，2019: 30.

趋 势 篇

我国博物馆文创产品设计流变

我国现代博物馆文创产品设计历经几十年的发展，不仅取得了直观的成果，而且形成了独特的行业属性。随着产业的不断演化，博物馆的传统观念、管理体制及运作方式也相应发生了改变。为了能使变化的轨迹更加符合文化事业与文化产业双向发展的规律，我们要以认真的态度和科学的精神，探研博物馆文化产业的科学运作原理和方式方法，以保证产业得到全面协调发展，将文创产品做到从无到有，从有到多，从多到精。

目前，博物馆文创产品正整体处于从有到多的阶段，呈现出复杂而多样的发展格局，出现了多种发展趋势：文旅融合，以人为本，跨界合作，广义文创，由"量"转"质"，"硬""软"周边产品，开放众创，科技文创等。

其中，"新博物馆学"对博物馆职能所做出的全新定义极为关键，促使博物馆从传统的展示、收藏、研究、教育等基本职能，转向为"人"的感受和体验服务。在由"物"向"人"的转换过程中，"以人为本"的转型发展目标愈发明显，这与现代设计学提倡"为人设计"的理念具有互通性和一致性，设计学所注重的，如对观众的消费动机、消费需求、消费观念、消费体验等行为方式的研究始终贯穿其中。

随着博物馆由单向、被动的灌输式教育模式向互动式、参与式、体验式的学习模式转型，人们对文创产品的认知，也逐渐从原有的具象物质化产品向更加多元化的形式拓展，直接影响到博物馆文创产品的设计思路和产品的具体表现形式。

一、前世今生：四个发展阶段

从20世纪80年代开始至今日，我国博物馆文创产业发展大致经历了一个在客观认识上由模糊变清晰，在主观态度上由被动变主动的发展过程。在全新的产业视角下，博物馆开始重新审视自身的价值，逐渐打破了原有事业体制的窠臼，认清了文化产业不仅能丰富博物馆的社会职能，更能将收藏、保管、展示、教育、研究等传统业务加以整合与协调，是现代博物馆持续发展的必然要求和必要途径。通过不断发掘馆藏文物、图书文献、科研成果、硬件设施、人才技术等多方资源优势，与政策环境、市场环境、技术环境、人文环境等多方因素相互融合，逐渐形成了符合博物馆特色的发展格局，并且开始从必要性和可行性的角度综合分析，如何同时利用外部机遇与内部优势将文化产业做大、做强、做优、做久的问题。

特别是从2000年以来，借助于展览、活动、影视、数字信息、综艺节目等表现形式，衍生出大量多样化的物质及非物质文创产品，掀起了一阵博物馆文创热潮。博物馆从曾经的门庭冷落到如今的人头攒动，一方面得益于我国政治的稳定发展和经济建设所取得的卓越成绩，另一方面，文创产品设计行业的能量得到了有效释放，对产业发展也起到了关键性的作用。

然而在多年以前，这项被博物馆界普遍视为"旅游纪念品"的经营活动并未得到应有重视，在很长一段时间内，博物馆发展文创产品的积极性并不高。造成这种现象的主要原因可以归纳为两点，一是外部条件不成熟，二是内部体制不合理。

从外部条件来看，一个国家的人均GDP水平与国民消费层次具有直接联系，"经济基础决定上层建筑"这一客观规律使社会经济发展水平始终决定着大众对文化产品的消费热情。根据国际经验，通常认为当一个国家或地区的人均GDP达到1000美元时，可作为由物质消费转向精神消费的起点；当人均GDP达到5000美元以上时，方可促使消费升级；当突破8000美元时，人们对精神文化产品的需求意愿将明显提升，消费升级将明确显现。

以此为根据，结合国家统计局发布的信息，我国分别在2001年（人均GDP1053美元）、2011年（人均GDP5618美元）、2015年（人均GDP8066美元）达到以上三个标准。在这三个重要的时间窗口前后，我国分别发布了重要的关键性政策，如2000年发布的《中共中央关于制定国民经济和社会发展第十个五年计划的建议》，"文化产业"这个概念首次出现在中央正式文件中；2012年发布的《国家"十二五"时期文化改革发展规划纲要》，提出要"加快发展文化产业，构建现代文化产业体系"；2014年在《关于推进文化创意和设计服务与相关产业融合发展的若干意见》中，第一次将创意设计提升到国家战略层面。2015年颁布的《博物馆条例》和2016年发布的《关于推动文化文物单位文化创意产品开发的若干意见》均针对博物馆行业发展文化产业提出了明确而具体的要求。一系列重要文件的发布时间与社会经济发展的周期均高度吻合，及时调整了我国文化产业与消费升级发展的整体节奏。

从社会生产和消费的全过程看，消费升级包括了三个层次的内容：

一是消费对象升级。即以物的形态为核心的消费变革，具体包含了消费结构升级与消费内容升级两个方面。随着消费者收入水平的提升，消费结构从生存型向发展型、进而向享受型转变，由此引发消费内容中服务性消费所占的比重大幅度提高，恩格尔系数下降，这是消费升级的核心表现。

二是消费方式换代。即消费方式随生产方式和交换方式的升级而发生质变，更多地呈现出个性化消费、智能化消费、理性消费，同时消费秩序得到提升。

三是消费制度与观念改变。表现为消费者地位受到充分尊重，消费者主权得到维护。

在这三个层次中，第一、第二层次的升级直接以消费者为核心，考虑在收入提高的基础上，消费者是否愿意并且能否顺利购买到所需要的商品与服务；第三层次的升级则是第一、第二层次提升的制度与环境保障，关系到消费者需求的精神层次满足。[1]

时至今日，当我们回顾这段历史时，会发现我国博物馆文创产品设计的演变过程与消费升级中内容升级、方式升级与消费者主权维护这三个发展阶段基本一致。接下来将以"1.0"至"4.0"的分级方式，分别研究各个阶段的特征并形成对未来发展趋势的判断。

1. 混沌发展的"1.0"阶段（20世纪七八十年代至2000年）

这一阶段是我国现代意义上的博物馆文创产品设计从无到有的初始期，大致可以以20世纪七八十年代为起点。随着我国改革开放方针的实施，社会主义市场经济体制的确立，文化开始由事业向产业逐渐转变，直至2000年10月，在党的

---

1. 杜丹清. 互联网助推消费升级的动力机制研究[J]. 经济学家，2017（3）：48-54.

十五届五中全会通过的《中共中央关于制定国民经济和社会发展第十个五年计划的建议》中，"文化产业"这个概念第一次在中央正式文件中被明确提出，随之各项支持、扶植、促进、鼓励政策相继出台，相关行业在实践层面展开探索，以此为这个阶段的终止。

在这一时期中，博物馆文创产品设计开始重新审视自身的行业价值，行业定位和领域边界逐渐得到明确，并从社会分工中分离出来，重整为一个具有独特属性的行业。主要特征可归纳为以下五个方面：

第一，在行业分工方面。 专业的文创产品设计（此时尚被称为：旅游纪念品设计）机构极少，从事这项工作的多是具有旅游纪念品、礼品、工艺美术品等相关背景的企业或个人，在机构内部也没有专门从事这项业务的专业人员及岗位设置，其职责主要由工艺美术师、美工等专业背景的人员充当，造成行业标准极不规范，产品设计含量不高，伴有极强的重复性和同质化特征。

第二，在设计思维方面。 由于从业人员的背景经历造成了此时工艺美术思维远远大于产品设计思维。长期以来所形成的惯性思维占据了主导，产品描摹传统的气氛浓重，鲜见具有现代创新设计并能引领市场的作品，暴露出设计思维较弱、美工思维较强的认知层次特征。这种现象持续了相当长的时间，时至今日仍然部分存在。

第三，在设计形式方面。 受设计思维的影响，此时的设计形式多以复仿制和简单的"贴花"为主，二者均是对文物表面浅层文化信息的二次利用，鲜见具有深刻文化内涵和设计含量的产品。产品或是呈现出极为复杂的、复古的工艺性，售价昂贵；或是千篇一律的大众化产品，低端廉价，毫无设计含量可言，两极分化明显。较有代表性的产品如复仿制瓷器、书画、青铜、玉器等，或有一定实用性和纪念性的文化衫、背包、帽子、纪念章、纪念币、邮册等。

第四，在工艺技术方面。 在产业链中缺少具有现代创意设计的社会机构、技术和加工生产单位，导致创新环节力量薄弱。况且此时计算机辅助设计尚未得到普及，绘制、模型等工艺流程仍大量依靠手工完成，产品只能依赖并刻意突出传统工艺在产品中的应用，或是结合现代工艺简单制作的大众性产品，较少见到在生产工艺上有所创新的设计产品。

第五，在行业体制方面。此时博物馆事业单位特有的机制并不具备产业化运营的基本条件。由于事业经费无法直接用于产业经营，从主观上也认为开发文创产品不仅无利可图，还会增加额外的投入，无端承担了风险，大多数博物馆还尚未能认识到自身独特的产业价值及产业的未来前景。而从客观上来看，当时的博物馆资源配置中也的确缺少相关的人才、物料、场地、经费等支持产业发展的必要条件，设计工作缺少主动性，跟随市场盲动盲从，造成了这一阶段的博物馆文创产品与旅游纪念品极为相似。

此时，政策法规、理论研究、行业划分、人才培养、社会认知、意识形态等产业相关领域均处于懵懂混沌的萌芽状态，可将这一时期描述为我国博物馆文创设计发展的"1.0"阶段。

2. 野蛮生长的"2.0"阶段（2000至2015年）

从2000年开始，随着国家政策的日趋明朗，产业链中的多个行业领域纷纷发力，注意开发具有代表性的品牌或产品，从多个角度共同促进了产业的整体变革。比如2004年，由中共中央宣传部、中华人民共和国文化和旅游部、中华人民共和国商务部、国家广播电视总局、中国国际贸易促进委员会、广东省人民政府和深圳市人民政府联合主办了我国首届"中国（深圳）国际文化产业博览交易会"（简称"文博会"）。"文博会"不仅是UFI[1]认证的综合性文化产业博览交易会，还是被列入《国家"十一五"时期文化发展规划纲要》、十七届六中全会《中共中央关于深化文化体制改革推动社会主义文化大发展大繁荣若干重大问题的决定》重点发展的展会之一。"文博会"的成功举办，标志着文化产业作为独立的行业分工已经得到了社会的广泛关注和认可。在此之后，各个城市纷纷举办类似的文创行业展会，一直延续至今。

在行业政策方面，从2008年开始实施的全国博物馆、纪念馆向社会免费开放的政策，极大地激发了公众参观博物馆的热情。客流量的急速增长，彻底激活

---

1. UFI是国际展览联盟（Union of International Fairs）的简称，现已改名为全球展览业协会（The Global Association of the Exhibition Industry）。

了这个沉寂已久但又充满潜在活力的市场。2015年3月20日开始实施的《博物馆条例》再次强调"国家鼓励博物馆挖掘藏品内涵，与文化创意、旅游等产业相结合，开发衍生产品，增强博物馆发展能力"[1]，对博物馆开展文创工作给予了明确肯定。

这个时期，我国大部分博物馆均以不同的形式参与到文创产业的发展中，文创产品整体市场容量显著提升，对设计的需求量大增。也正因如此，业界普遍认为文博产业是一片充满机遇的"蓝海"，那些对传统文化优质资源觊觎已久的互联网巨头和社会资本纷纷把商业的触角延伸至这一领域，致使大量的资本涌入这片价值洼地之中。

但通过对这一阶段博物馆文创产业实践活动的观察和相关理论研究分析，我们可以看出，除了一些大型博物馆表现较好以外，多数博物馆的文创设计仍停滞在简单粗糙的层次，整体停留在"有但不精"的阶段中。产品普遍出现了种类单一、缺少新意等问题，同质化、低水平重复性设计现象特别突出，产品结构存在"人有我有，人无我无"的现象，暴露出此时试探性设计行为较多。另外，普遍对文化内涵挖掘不足，与现代文化需求与审美需求存在错位，间接导致了在此阶段初期，公众对博物馆文创产品设计的群体性认知度、认同度均不高。除了从业者的创意设计能力亟须增强以外，还有市场定位模糊，对市场发展趋势缺乏研判，产业发展思路混乱，理论研究受制于学科分类等种种问题，均有待从产业发展角度进一步做出精细化、精准化的研究和落实。

虽然这些现象不完全是由文创产品设计水平所引发的，但我们从中能看到，在这段时期，我国各级博物馆文创产品设计工作整体处于缺乏理论指导、无序发展的"野蛮生长"状态中，各个博物馆间的割裂式、碎片化发展态势明显，一些资源丰富的大型博物馆多是凭借综合优势取得了阶段性的成功，而并非完全依赖于创意设计所引领的产业优势。这种状态也证明了此时产业仍然整体处于初期发展阶段。主要特征有以下七个方面：

---

1. 中国政府网.博物馆条例（国务院令第659号）[EB/OL].http://www.gov.cn/zhengce/2015-03/02/content_2823823.htm, 2015-03-02/2020-12-18.

第一，**在行业政策与体制方面。**此时的政策法规大多带有较强的宏观性，对产业发展的细节描述并不十分清晰，又源于博物馆固有的行业属性，受制于非营利机构和国有公益性事业单位的体制定位，对发展文化产业的可行性和必要性仍存疑惑，并且在政策落实上有相互矛盾之处，造成了在事业与产业的业务分割上存有较大争议。特别是"收支两条线"的特殊财务制度在用于产业经营时应该如何落实，经营资金从哪里来，经营收入到哪里去，以及博物馆内部从事相关工作的人员编制、职称评定等具体问题都没有得到明确的情况下，各个博物馆凭借着各自对政策的理解开始了探索与实践。

第二，**在理论研究方面。**此阶段的初期较多集中于对宏观政策的解读研究，从理论上探讨博物馆发展文化产业的意义、原则和必要性等内容，对实操环节的研究明显不足，无法对落实具体工作形成支持，导致了此时的博物馆文创设计进入自由生长时期。从2007年以后，借助于大量实践经验和实践成果，相关研究开始大幅增长，产业才开始进入了研践结合的良性发展阶段。

第三，**在行业分工方面。**此时已经出现了大量专业从事文创产品设计工作的社会机构和个人，在一定程度上弥补了博物馆自身业务能力的不足。而且有些博物馆已经意识到设计行业在产业未来发展中的重要价值，开始组建自有的设计团队，进行自主设计研发工作，行业细分化趋势开始显现，产业链模式初步形成，为后续发展做出了必要的铺垫。

第四，**在设计思维方面。**此时大多数的产品已具有了一定的现代设计思维，开始强调以博物馆藏品为价值导向展开设计开发工作，但整体仍未脱离旅游纪念品的模式，相似的设计思维和设计方法不可避免地导致了抄袭、模仿现象的出现。

第五，**在设计表现形式方面。**以独立的实物型文创产品为主，设计工作的价值主要体现在对单件、单一产品的塑造，纠结于对产品的实用性、审美性的表现，对更深层次的文化价值、情感价值的深挖再造工作仍显匮乏。在此阶段出现了一批具有较强博物馆独属性的文创产品，标志着产业定位得到了初步明确，如台北"故宫博物院"的"朕知道了"纸胶带（2013年）、北京故宫博物院的"朝珠耳机"（2014年）等均带有极强的博物馆文创产品属性。"虽有热点但难成体系"是这个阶段的另一个特征。虽然市场中热点产品层出不穷，但"单打独斗"的产业格局也显示出此时的设计思维局限在以单品形式刺激市场的层级中，基于"大文创"（广义文创）设计概念的产品还未规模性出现。（关于"大文创"的内容请参见P103。）

第六，在工艺技术方面。有了较大突破，一些特殊而新颖的生产工艺出现在设计中，特别是一些带有新时代特色的科技加工手段被应用于产品之中，如激光雕刻、3D打印[1]、互联网应用等，跨行业、多元化发展的趋势初步显现。

第七，在产品的品类方面。相较于"1.0"阶段，产品的品类大幅增加，品质大幅提升，产品的整体市场容量和销售额成倍增长。但"量增质不增"仍是主要问题，并且知识产权保护意识尚未得到普及，行业相互之间的"借鉴"行为屡见不鲜。

在这个阶段中，除了少数博物馆仍然处于犹豫状态以外，大部分国有一级、二级博物馆均已开始有所作为。虽然起步时间参差不齐，采用的方式也各具章法，但行业整体已经明显步入了准备期、探索期、实践期。2000至2015年可被视为产业发展的"2.0"阶段。

下面我们将国博文化产业发展历程作为一个大型案例，通过"2.0"和"3.0"两个发展阶段的贯穿性分析，简要回顾这两个发展阶段中的实际情况。首先来看在"2.0"阶段的发展状况。

国博是我国文化文物单位中较早践行文创产业的先行者之一，发展历程与大时代背景相契合，较有典型性和代表性，可视为我国博物馆文创产业整体发展的缩影。如果从单项设计工作角度回顾这段历史，大致可分为初始（2009至2013年）、转变（2014至2016年）、发展（2016年至今）三个时期。每个时期的战略发展各有侧重点，采用的设计策略各有不同，文创产品设计工作在各个阶段呈现出明显的趋向，所产出的产品也具有不同时期的特征。

2009年，国博筹备并创立了专职从事文化产业运营管理的正处级部门——文

1.3D指"三维数字化"。3D打印即快速成型技术的一种，是一种以数字模型文件为基础，运用粉末状金属或塑料等可粘合材料，通过逐层打印的方式来构造物体的技术。

化产业发展与管理中心。2010年3月，部门工作正式启动。当时正处于我国博物馆文创产业发展初期，值得借鉴的成功经验不多，部门又是初创时期，基础薄弱，工作中面临诸多难点，集中体现在"人、钱、地、物"四个要素上（见表3.1）。

表3.1 国博文创产业发展初期面临的主要问题

人	钱	地	物
从事文创产业的人员严重缺乏，特别是在文创产品设计人才方面	用于文创产业经营的资金从哪里来，经营的收入到哪里去的问题	用于文创产业经营的场地（包括线上与线下）问题	用于经营与开发的生产资源和产品来源问题

这四个要素无论当年还是现在，都是博物馆发展文创产业所必须具备的最为基本的条件，这些问题得不到有效解决，产业将无法出现实质性的改变。为了拓展工作思路，部门对多家单位的文创理念、销售营销策略、产品种类、产品价格、宣传策略、合作方式、机构设置、人员安排、奖励办法等逐一进行了详细研究和比较，分析了当时国内文博系统文化产业发展的状况。在对市场与自身能力综合评估的基础上，决定采用合作设计研发为主、自主设计研发为辅的策略方式，开发出了首批具有国博特色的文创产品。**这些产品主要包含了两种设计思路。**

一种是对文物进行复制、仿制。除了传统的复仿制思路以外，还采用了一些现代工艺和材料替换的设计方法。这类产品多不具备现代意义上的实用功能，仅供赏玩与收藏之用，基本沿用了传统工艺美术品的设计思路，创意设计含量相对较低，设计的价值主要体现在对原文物造型的精准还原和材质工艺的合理运用上。

另一种则是采用了现代的设计思维和方法，将文物原有特征和文化内涵融入现代实用功能性产品中。这种设计思路也成为后续工作中的主导思想。比如以"法华菊花纹瓶"（见图3.1）为元素设计的"素三彩菊花首饰套装"（见图3.2.1）和"素三彩菊花茶具"（见图3.2.2）、以"松石绿釉凤凰牡丹纹梅瓶"（见图3.3）为元素设计的"芙蓉碧玉瓶"（见图3.4）等。特别是以清乾隆时期的"粉彩镂空夔龙纹转心瓶"（见图3.5）为元素设计的"夔龙转心杯组"（见图3.6），除了具有滤茶等基本功能外，在杯垫的设计中还特意降低了材料的密度，使其具有了可吸水的功能，解决了饮茶过程中的细节问题。

图3.1 （明）法华菊花纹瓶[1]

图3.2.1 素三彩菊花首饰套装 材质：陶瓷

（设计创意：白藕，设计生产：法蓝瓷实业有限公司）

图3.2.2 素三彩菊花茶具 材质：陶瓷

（设计指导：白藕，设计生产：法蓝瓷实业有限公司）

---

1. 中国国家博物馆. 中国国家博物馆馆藏文物研究丛书·瓷器卷（明代）[M]. 上海：上海古籍出版社，2007：
　204.

图3.3 （清）松石绿釉雕凤凰牡丹纹
梅瓶[1]

图3.4 芙蓉碧玉瓶

（设计指导：白藕，设计生产：法蓝瓷实业有限公司）

图3.5 （清）乾隆 粉彩镂空夔龙纹
转心瓶[2]

图3.6 夔龙转心杯组

（设计创意：白藕，设计生产：立晶窑）

---

1. 中国国家博物馆.中国国家博物馆馆藏文物研究丛书·瓷器卷（清代）[M].上海：上海古籍出版社，
   2007：182.
2. 吕章申. 中国国家博物馆（中文版）[M]. 北京：长征出版社，2011：130.

出于对品牌运营的长期考虑，部门在初期便创立了国博第一个自有的文创品牌"国博文创"，较早地意识到品牌在未来产业发展中的重要战略价值。

从以上这些产品的设计中我们可以看出，这一阶段的设计方式主要是将文物的具象信息简单加工后放置于现有的功能性产品中，仅仅运用了表面装饰即"贴花"设计方法，设计思维仍然停留在借用文物表面浅层信息的原始设计层次上，在功能性、创新性和对文物内涵的深刻表现上均有不足。以今日对博物馆文创产品设计的要求来看，设计思维、设计理念、设计手法均已稍显陈旧，却印刻着那个时代整体对博物馆文创产品的普遍认知程度。

在2009至2013年的这段时期内，国博基本完成了文创设计开发的制度建设和人员调配，初步掌握了博物馆文创产品设计开发的基本规律与方法要领，摸索出一套较为完整、清晰的工作思路。

第一，必须要对馆藏文物文化有深入的了解，方能在产品设计中做出恰当的应用；

第二，必须要了解市场需求，了解消费者心理，受众目标群体明确，做到"有的放矢"；

第三，必须要利用现代设计的思维方式，结合当代人的生活和审美，使产品能够真正融入人们的生活中去；

第四，必须要选择恰当的工艺表现形式，通过对成本的控制，促成文化与市场之间的精准对接；

第五，设计工作在产业链中的覆盖范围应该进一步扩大，为提升整体产业水平提供支持。

在如今看来这些已经是最基本的常识性认知，在当年却是通过无数次的设计实践而得来，这些经验的累积直接影响到日后设计工作的发展。

此期间所采用的设计模式主要包括：与社会各类机构或个人展开合作开发设计、自主研发设计、授权设计、直接采购或代销设计成品等多种方式。设计工作主要包括产品设计及加工生产、馆外展示设计、馆内实体店设计、宣传资料的设计制作等。在设计思维与设计方法的应用上仍处于探索阶段，设计师人力、能力不足是当时的主要问题，经营场所主要依靠馆内的实体店和多个销售点，模式仍是传统线下实体柜台的销售方式。工作重点围绕着如何解决初始阶段文创产品在"量"上整体不足的问题。历经四年左右的时间，文创产品基本是从无到有，并达到了近3000种的规模，品类包括纪念品、瓷器、贵金属、书画、剪纸、珐琅、玉石、青铜、木质、丝质、儿童玩具、文具、饰品、邮品、随展品等。其中自主开发、联合开发的产品与合作代销的商品各占50%左右的份额，一些产品至今仍保持着较好的销量。

整体来看，这一阶段的工作为国博培养了第一批本馆文创设计工作者，设置的组织构架一直沿用至今，为后续发展摸索了经验，提供了基础。

2013年5月，在原有基础上，经过一系列整合重组与人员调整，国博正式成立了"经营与开发部"。此时的工作重点开始转向解决文创产品"质"的问题。所经营的产品可大致归纳为四类：第一类是与国博展览、藏品相关的复制品和工艺品，也有部分其他博物馆或较成熟的行业产品；第二类是文博、美术类图书等印刷出版物和电子出版物；第三类是与馆藏文物相关的各类现代文创产品；第四类是为观众提供便利的商品及服务。

这四类产品的设计开发工作主要依托于新组建的产品设计部。设计部共配有九位专职设计人员，分别有各自擅长的设计领域及设计分工，在模式上也由原来的多种设计开发模式并存，转为自主设计开发模式。在设计方法上，由分散的感性设计转变为集中的理性设计，更加重视设计方法学的实践应用，注重前期调研和数据分析，以此为依据为产品设计开发提供可量化支持。

比如通过对观众数量的分析，我们发现从2012年开始，国博每年的客流量基本保持在700万人次以上。虽然逐年呈现增长，但增长的幅度并不明显，可以大致估算出国博的客流总量应在每年700万至800万人次。按照不同参观目的，国博观众结构大致分为三类，第一类是以游览为主的普通消费群体，该群体没有明确的目的性，但受到博物馆得天独厚的地理环境影响，参观之余会随机浏览文创产品；第二类是具有强烈个人喜好或观展目的的群体，会对特定类型或题材的展览和产品产生浓厚兴趣；第三类是以藏家或文化人士组成的专业群体，有明确的消费选择和审美倾向。这些数据对评估文创产品市场总量和细分观众群体，从而展开针对性设计，具有至关重要的意义。

从2012至2016年国博的销售数量统计结果来看，基本保持了年均10%以上的增长速度，但五年间整体客流量却相对稳定，也就是说，参观客流向消费客流的转化率有所提高，或者是单客的消费数额在增长。这个现象很大程度上得益于此阶段社会整体对博物馆文创产品的关注度有所提升，同时也是设计水平提升与产品数量增长的市场反映。

从2013年开始，在外部环境与相关政策的影响下，大宗礼品销售额明显萎缩。面对这样的市场环境，国博及时将文创产品设计策略调整为重点研发单价低、购买频次高的产品类型，通过提升设计附加值的方式确保了产品"低价不低质"。也正是由于重点设计了低价位的产品，产品的整体价位结构发生了变化，从此奠定了国博文创产品价格分布的整体框架体系。这也是前文中提及的"博物馆文创产业发展需要密切关注外围环境的变化趋势，以便及时调整自身的发展策略"的一次具体实践。

此时国博观众消费结构大致可划分为：低（100元以下）、中（100元至999元之间）、高（1000元以上）三个层次。如图3.7所体现的是某年中各个消费群体的占比情况，其中低消费人群占42%，中等消费人群占36%，高消费人群占22%。中低消费人群共占消费市场的78%，是绝对的主力消费群体。虽然各个年度数据略有差异，但整体保持随

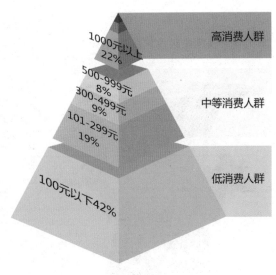

图3.7　国博文创产品消费群体结构划分

着价格上升消费比例逐层递减的特征，这种消费构成使国博文创市场消费人群结构呈现出明显的金字塔形特征。

以2015年国博文创产品（不含图书类）各个价格区间销售占比分析为例，100元以下的产品占全年销售的52%。而从5000元以上的产品仅占3%，1万元以

上的产品仅占1%的数据上来看，此价位段的产品显然已经远离了国博市场消费群体的接受范围，不具备作为常销产品进一步设计开发的价值（见图3.8）。

对市场数据的提取与量化分析，为设计工作提供了较为清晰客观的指导，在此基础上，设计部集中精力围绕着中低价位的文创产品展开了真正意义上的自主研发工作，以每年大约300件新品的速度，设计出具有国博特色的大量文创产品（其中部分参考文物及相关设计见图3.9至图3.13）。

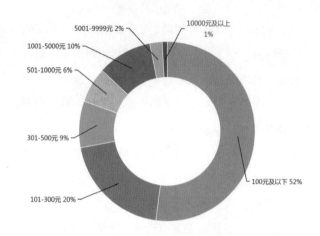

图3.8　2015年国博文创产品价格区间销售占比图

图3.9　（商）四羊方尊[1]

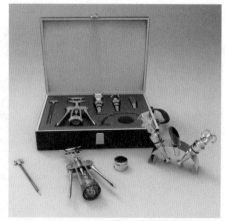

图3.10　"四羊方尊红酒具套装"设计效果图

[设计指导：白瓅，艺谷（深圳）科技发展有限公司设计供图，2014年]

---

1. 吕章申. 中国国家博物馆（中文版）[M]. 北京：长征出版社，2011：27.

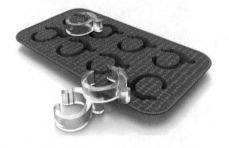

图 3.11 "凝结的历史——文物冰盒"设计效果图
（参考文物：红山玉龙和后母戊鼎）

[设计指导：白藕，艺谷（深圳）科技发展有限公司
设计供图，2014 年]

图3.12 （清）玉镂雕双螭纹"宜子孙"佩[1]

图3.13 "宜子孙"红木腕表（男款）设计效果图

（设计师：白藕，2016 年）

---

1. 中国国家博物馆. 中国国家博物馆馆藏文物研究丛书·玉器卷（明代）[M]. 上海：上海古籍出版社，2007：340.

2015年，国博设计部重新规划了国博文创的品牌形象，设计了"国博衍艺"主标识并正式注册为商标，同时还制定了品牌VI系统，包括标准字、标准色，包装标准，展览设计标准等，为文创产品的对外宣传、展示工作提供了统一的品牌形象，整体提升了国博文化产业的专业度和知名度。

2013至2016年是国博文创产品设计策略的重要转变时期，围绕着品牌建设的整体思路，从产品品质、VI形象、展览展示等多个角度逐步完善了文创设计的专业水平。依据科学的设计方法和设计程序研发了千余款具有自主知识产权的方案，大大提升了产品附加值。这是践行自主设计策略的重要实践阶段，培养了一批具有独立设计能力的文创产品设计师，为此后能够承接"国礼"等重要设计任务储备了力量。

但遗憾的是，由于种种原因，许多设计出色且前期调研反馈良好的产品止步于打样阶段，最终未能进入市场销售环节，暴露出这个时期事业单位在产业运营中的种种羁绊。

3. 清晰有序的"3.0"阶段（2016至2025年）

在2016年5月11日，由文化部、国家发展改革委、财政部、国家文物局共同提出的《关于推动文化文物单位文化创意产品开发的若干意见》经国务院批准。[1] 这份被业内简称为"36号"（文件编号：国办发〔2016〕36号）的文件，对博物馆开发文化创意产品的市场主体、研发途径、品牌建设、营销推广、支持政策、人才培养、激励机制、收入分配等细节问题做了全面指导和规范，将博物馆文创产业发展推入了"快车道"，2016年也因此被作为我国博物馆行业全面进入文创时代的重要时间节点。

2017年2月22日，国家文物局发布了《国家文物事业发展"十三五"规划》，其中提出了2020年发展目标是要打造50个博物馆文化创意产品品牌，建成

---

1. 中国政府网.国务院办公厅转发文化部等部门关于推动文化文物单位文化创意产品开发若干意见的通知（国办发〔2016〕36号）[EB/OL].http://www.gov.cn/zhengce/content/2016-05/16/content_5073722.htm,2016-05-16/2020-12-18.

10个博物馆文化创意产品研发基地，文化创意产品年销售额1000万元以上的文物单位和企业超过50家，其中年销售额2000万元以上的超过20家。[1]

2021年5月24日，中央宣传部、国家发展改革委、教育部、科技部、民政部、财政部、人力资源和社会保障部、文化和旅游部、国家文物局共同发布了《关于推进博物馆改革发展的指导意见》，其中从加强分类指导，优化体系布局，夯实发展基础，提升服务效能，创新体制机制，释放发展活力，优化发展环境，加强改革保障等多个方面提出了具体的指导意见。还明确提出了"到2025年，形成布局合理、结构优化、特色鲜明、体制完善、功能完备的博物馆事业发展格局，博物馆发展质量显著提升，在弘扬中华优秀传统文化、革命文化和社会主义先进文化，构建公共文化服务体系、服务人民美好生活，推动经济社会发展、促进人类文明交流互鉴中的作用更加彰显"[2]的总体发展目标。

从2016年颁布的"36号"文件为始，直至《关于推进博物馆改革发展的指导意见》中提出2025年的整体规划目标为止，一系列高级别政策文件的发布，表明了政府对博物馆文创产业的重视程度日益加深。与之前发布的宏观指导性文件不同，此间发布的各项政策中出现了更多的具体数字、时间、措施、目标等客观而明确的内容。同时结合各个博物馆的实践成果，清晰地表明了此时我国博物馆文创产业已经进入了深层次落实阶段，产业开始由纵向垂直发展转向横向广深发展阶段，行业整体步入理性而冷静的发展时期。此阶段可被视为产业发展的"3.0阶段"，如今我们正处在这一阶段中，可以观察到博物馆文创产品设计正呈现出覆盖领域更广，传播力更强的发展特征。具体可归纳为以下四点：

第一，以产业链和"大设计"思维为导向展开的设计开发逐渐成为主导。这种"组合拳"式的产业发展模式集合了多种资源，重视博物馆文化价值的系统化、规模化输出，突显了整合利用和整体营销的价值，而不再是单独的割裂式的发展。此时，仅仅凭借某一件产品的热销所换取的市场热度"点"，已经难以长

---

1. 国家文物局官方网站.关于印发《国家文物事业发展"十三五"规划》的通知文物政发〔2017〕4号[EB/OL]. http://www.ncha.gov.cn/art/2017/2/27/art_2237_43663.html,2017-02-27/2020-12-18.
2. 国家文物局官方网站.关于推进博物馆改革发展的指导意见.[EB/OL].http://www.ncha.gov.cn/art/2021/5/24/ art_722_168090.html,2021-05-24/2021-06-18.

久维持产业的发展，必须要深入挖掘各项资源优势，以全产业链的视角将现代文创产品设计理念注入其中，设计开发出接地气、有特色、艺术性与实用性并存的文化创意产品"线"，再将这些"线"通过有计划、有策略的布局形成网状的结构——广域的"面"。通过这种"点、线、面"相结合的布局方式，形成在横向上产品覆盖面域分布广，在纵向上产品类别结构线长且深，在局部上单件产品热点多、亮点多的整体特征。这种产业思维构成了当今乃至未来一个时期内博物馆文创产品设计发展的整体框架。

第二，产业的整体容量不断增长，产业的外沿也因此而拓展。科技类、设计类、加工类等行业纷纷纳入博物馆文创产业链中，承担了大量的专业技术型和劳动密集型工作，产业链结构变得更加庞杂。从产业发展角度来说，占有社会资源越多，涉及行业越广，其产出的产品类型也会越丰富，专业程度也会越高，对发展也就越有利。博物馆通过"跨界""嫁接"的合作方式不断扩容着产业链，使文创产品变得更加多样而新奇。（关于"跨界合作"的内容请参见P97。）

第三，产业格局明显呈现出从单一产品竞争向全产业竞争的发展趋势。不再局限于"一物一品"的设计表现，而是更加注重对文化内容、服务营销、跨界传播、科技应用等产业链中多个环节的合力发展。这一时期有大批的博物馆采用了开设网络商店、手机APP、微博、微信公众号等方式扩展传播渠道，并借助展览、影视、综艺节目、IP授权等形式开始尝试从产业链上游环节带动文创产品设计的发展，跳脱出实物产品的窠臼，更趋向于多样化、分散化、轻量化的表现，设计工作也由设计"产品"转向设计"项目"。并且，科技在文创产品设计中的介入程度逐渐加深，借助于"云技术"、AR、VR、MR等科技领域的成果，使"多感知"技术的应用发展趋势初步形成，"体验"设计的价值开始逐渐受到重视。（相关内容请参见P124、P248以及P312。）

第四，产业发展格局逐渐有章可循。虽然现代意义的博物馆文创产品设计在我国的发展时间极短，在政策法规、理论研究、行业标准、业内共识等方面均未得到完善和有效落实的情况下，此阶段初期行业整体呈现出散、乱、杂的业态现象。但是在最近几年的发展中，一些博物馆率先做出了改进，使行业逐步转向

"有章（规律）可循、有法（方法）可依"的规范化、理性化发展路线，并根据整体策略布局采用了"步步为营"的方式，有计划、有章法地规划着工作的推进。（相关内容请参见P189。）

这一阶段，文创设计工作从无序化向有序化发展，业务领域逐渐由单一产品设计向整体产业设计拓展，行业容量得到了进一步充实，产业细分化、跨行业发展的趋势已经明确显现。一系列的产业特征表明，我国博物馆文创设计正在逐步升级、转型，并建立起行业的优势，设计在产业中的引领价值越发突出，依照设计思维建立起来的产业格局也更具有生命力。

我们继续以国博在此阶段中的发展情况为例。此时的国博已经将带有经营属性的业务完全授权予了"国博（北京）文化产业发展中心"进行运营。上一阶段采用的自主设计发展策略积累了大量具有自主知识产权的文创产品，使产业具备了进一步向商业化运营的资本。

从2014年开始，国博即酝酿着线上电子商务模式，经过近一年的筹备，在2015年8月27日入驻"天猫商城"并开始试运营，5个月后（2016年1月28日）"中国国家博物馆旗舰店"正式运营。开设网络商店的方式，一方面顺应了市场的整体发展趋势，拓展了展示、宣传和销售的渠道；另一方面，也希望能借助线上平台的优势与更多优质的社会设计力量开展合作。同年，国博与阿里巴巴集团、上海自贸区共同打造了"文创中国"项目，构建起一个涵盖设计、生产、运营、销售的线上线下联动发展的文化传播平台，通过互联网技术拓展无形资产的价值，积极整合社会资源展开跨界合作，重新规划了文创产业的发展方向与方式。

设计工作也开启了全新的阶段，开始转向授权开发、合作开发、自主开发等多种综合模式的探索，涉及领域更加广泛，由此也带来了更为多样化的产品形式。与各类行业领域展开合作，弥补了自主设计的局限性，以借用"外脑"的方式从多个角度为国博提供了大量的设计方案。最重要的是设计视点也因此而改变，从原有的馆内单一视点"从内向外"看待国博文化转变为从社会多个视点"从外向内"看待国博文化，由剖析自身转为由第三者来解读，这种"旁观者清"的设计格局往往能产出意想不到的设计成果。

在众多的合作中，国博与肯德基的授权合作影响范围较广，持续时间较长。2018年，双方展开了"国宝耀中华"主题活动，在全国5000家肯德基店铺同步推出了国博文创产品，在北京、上海、广州、深圳等19个重点城市还分别设计了以国博文物为主题的店面，并且将活动开始的时间选在农历新年，打造了一次新春文化活动。2019年，双方又以"指尖上的中华"为主题继续合作，将我国非物质文化遗产融入活动中。

除了设计商业文创产品以外，更能体现设计价值和设计师能力水平的莫过于完成重要的大型设计任务。2017年，国博接到了为"上合峰会"设计国礼的工作任务。得益于前一阶段中自主研发设计策略的积累，此时国博已经具有了独立设计研发的实力。这是国博首次将文创产品设计作为价值点向馆外输出，不仅展示了自主设计研发水平，更集中展示了国博所代表的国家级文化文物单位的综合实力，无论工艺手段、还是设计思维，体现的是国博水平，展示的是国家形象，亮出的是中国名片，为国博赢得了声誉。[1]这项工作也是"走出去"策略的重要实践内容之一。（相关内容请参见P248。）

2019年，国博接到了由文化和旅游部资源开发司开展的"创意进景区"活动任务，此次活动是为了配合文旅融合而展开的一项跨行业、跨地域的实践工作，是将文创设计作为价值输出点而展开的文化和旅游之间的互补型合作，又一次以设计工作为核心兑现了产业的价值。通过此次项目合作，我们探索了"博物馆+旅游景区"的产业协同发展模式，摸索出一套有实用价值和实战意义的方法，为产业融合发展做出有价值的探索。（相关内容请参见P261。）

这个阶段是国博文创产品设计大发展时期，与自主设计阶段侧重于人员资产配置的策略有所不同的是，通过采取合作、授权等"轻资产"的设计策略，引入了多方设计力量，显著提升了文创产品的整体数量，产出了大量的热点产品，凝聚了各类行业设计师的创意技能与文化修养，使设计成为重要的价值输出点。得益于线上线下双渠道的协同发展，产业结构变得更加立体化、多元

---

1. 中国国家博物馆官方网站.国家博物馆获外交部和中共山东省委、山东省政府致信感谢[EB/OL].http://www.chnmuseum.cn/zx/gbxw/201807/t20180706_2053.shtml，2018-07-06/2020-10-02.

化。设计工作开始逐渐由对"物"的设计转向对"事"的设计，从对产品内部要素的探究转向对产品外围要素的拓展，从狭义的"产品"设计转向广义的"产业"设计。

至此，我们将已经发生的历史和正在发生的现实归整为三个发展阶段，并分别描述了各个阶段的发展特征。接下来将根据目前已知的各类线索对未来发展做出趋势性的预判。

4. 值得期待的"4.0"阶段（2025年以后）

所谓"4.0"阶段实际上是一个模糊的表述，泛指在未来发展中可能会出现的种种现象。当然，通过"已知"对"未知"进行判断，或多或少都会存有一些主观成分受限于作者本人的认知水平的情况，在此只是尽可能地参考数据、政策、实践成果等事实对趋势展开设想，而真正能够准确回答未来发展问题的恐怕只有时间。

《关于推进博物馆改革发展的指导意见》提出的总体目标是："到2035年，中国特色博物馆制度更加成熟定型，博物馆社会功能更加完善，基本建成世界博物馆强国，为全球博物馆发展贡献中国智慧、中国方案。"[1]依据这样的目标设定和现有的发展轨迹，我们可以预见在未来，设计所关注的问题已不能简单地局限在本馆文创产品的狭义范围内，而是要用联动发展的思维对那些产业发展中的现象和产业链相关环节的变化及时做出反应与调整，特别是要关注那些随着时间推移逐渐开始对产业发展趋势产生深远影响的七类要素。

第一类是观众要素。观众是博物馆除藏品资源之外的另一项重要资源，其稀缺性不亚于各个博物馆的文物藏品，特别是在文创产业的未来发展中其价值将更为显要。

根据国家文物局发布的数据显示，2015至2019年我国博物馆参观人数分别为7.81亿人次，8.51亿人次，9.72亿人次，11.26亿人次，12.27亿人次，年增长分

---

1. 国家文物局官方网站.关于推进博物馆改革发展的指导意见[EB/OL].http://www.ncha.gov.cn/art/2021/5/24/art_722_168090.html,2021-05-24/2021-06-18.

别为8.96%、14.22%、15.84%和8.97%，年平均增长率约为12%。如果以2019年参观人数12.27亿人次为基数，按年平均增长率12%计算，到了2025年，观众总量可能达到每年约24亿人次。这还仅仅是对线下观众规模的预估，线上参观数据则更为可观。

2020年，一场突如其来的疫情使国内旅游产业受到了前所未有的冲击。据文旅部发布的抽样调查数据显示：2020年度国内旅游人数28.79亿人次，比上年同期减少30.22亿人次，下降52.1%。国内旅游收入2.23万亿元，比上年同期减少3.50万亿元，下降61.1%。[1]2021年，国内旅游总人次32.46亿，比上年同期增加3.67亿，增长12.8%。恢复到2019年的54.0%。[2]2022年一季度，国内旅游总人次8.3亿，比上年同期减少1.94亿，下降19%。[3]

在此期间，全国博物馆也采用了临时闭馆、限制参观人数等必要的防控措施。随着线下观众的锐减，实体博物馆变得门可罗雀，从表面上来看，仿佛又回到了2008年《全国博物馆、纪念馆向社会免费开放的通知》发布之前的业态面貌，实则不然。此时与彼时的根本区别在于，经过了十几年的数字化建设，如今的博物馆已经具有了"双线作战"的能力。国家文物局局长刘玉珠在2020年"5·18国际博物馆日"开幕式致辞中提道："在抗疫期间，全国博物馆推出2000多个线上展览，总浏览量超过50亿人次。"线上展览在脱离了实物展品和实体环境的状态下继续履行着文化传播的职责，这也使得我们对观众的概念有了新的认识，由线上线下所共同构成的流量群体需要引起足够的重视。

况且，自2015年以来，我国就以平均每2天新增1家博物馆的速度持续发展。截至2020年底，全国备案博物馆已有5788家，这种高速发展的态势无疑会继续刺激观众人数的"暴增"。这些发展趋势足以迫使博物馆要将注意力从对"物"的关注转向对"人"的关注。

---

1. 中华人民共和国文化和旅游部官方网站.2020年国内旅游数据情况[EB/OL].http://zwgk.mct.gov.cn/zfxxgkml/tjxx/202102/t20210218_921658.html,2021-02-18/2022-04-24.

2. 中华人民共和国文化和旅游部官方网站.2021年度国内旅游数据情况[EB/OL].http://zwgk.mct.gov.cn/zfxxgkml/tjxx/202201/t20220124_930626.html, 2022-01-24/2022-04-24.

3. 中华人民共和国文化和旅游部官方网站.2022年一季度国内旅游数据情况[EB/OL].http://zwgk.mct.gov.cn/zfxxgkml/tjxx/202204/t20220418_932508.html,2022-04-18/2022-04-24.

观众是具有最诚实消费品质的群体，其消费行为会对文创产品做出最直接的客观评价，无论设计师自认为设计如何优秀，最终产品无人问津也是枉然。在"以人为本"的思想指导下，人的所思、所想、所知、所行、所需、所欲都可以通过文创设计加以实现。服务好观众资源，利用好观众资源，培养好观众资源，管理好观众资源，都将是博物馆未来发展中的重要课题。

第二类是科技要素。在未来，博物馆仍然可以是传统的，但博物馆文创产品却必须是锐意创新的。 伴随着科技的不断进步，大数据、虚拟现实、3D打印、"元宇宙"等已知的与未知的高新技术应用必然会日益广泛，直至深度融入人们的日常生活之中。借助科技生成的文创产品也将展现出多元化的形式，科技要素在文创设计中的比重将持续增加，"文创+科技"的发展势必会带来传统博物馆难以实现的文化传播和体验效果。运用信息网络技术和大数据系统的智能运算分析，还可以为文创产品设计提供更为科学精准的定位，从而辅助提升设计的效率，用"芯算"代替"心算"也必将成为现实。

第三类是融合要素。 主要体现在两个方面。

首先是在体制融合方面。博物馆产业与事业在运营体制上相互分离，在业务内容上相互支撑的趋势将表现得更为明显。博物馆必须采用产业化运营模式，方可化解事业体制中存在的各类非市场化因素，实现行业内各个博物馆间的相互依托，促进各类文化的交融与互通，修复相互割裂的产业链，构建起"资源通融、内容兼顾、宣传互融、利益共融"的融合发展业态模式，体制融合后的博物馆文创产业也将跳脱出现有的狭隘产业范畴。

其次是在产业融合方面。历经了"混沌发展期"和"精细化分工期"之后而形成的融合发展，是产业走向更为成熟阶段的标志。此时的博物馆实物型文创产品仅仅是整体构成中的一类，并且所占比重一定会趋于稳定，取而代之的必会是那些经过产业深度融合后发展起来的更具有产业价值、社会价值、经济价值的多元化产品。如今，博物馆已然开始尝试通过与教育业、传媒业、服务业、旅游业、娱乐业、制造业等各个行业的深化融合，借助数字虚拟、影视动漫、游戏娱乐等形式产出了更新颖多样的文化产品。通过这种不断"出圈"的产业合作，文化将会以更易于接受的方式融入人们的生活中，对文化的解读将更为全面而透彻，传播效果将更加显著，为提升生活品质、推进社会进步发挥应有的作用。这一优势也必然会使博物馆文创产品成为产业中不可或缺、不可替代的类型。

第四类是平台要素。博物馆对发展文化产业的理解不能停留在文物库房"保"与"藏"的概念层次上，仅仅依靠提供文物素材、资源以供社会使用的发展模式势必将会得以改观。应意识到博物馆的价值不仅来自藏品的数量和质量，还需要把更多的注意力集中在如何能将藏品充分转化利用，使文化得以更有效地传播上，这对于产业发展来说才更具价值，这也使博物馆的另一项特征——"平台"特征展现了出来。

平台的价值在于，可以合理调配各行各业的优势资源，为产业发展提供源源不断的活水，搭建平台所采用的具体模式则展现出博物馆的多样性特征，比如展览展示平台、信息共享平台、IP授权平台、融媒体合作平台等，借助于开放式、共享式平台展开交流合作，可以使博物馆文化产业的覆盖领域向所能涉及的全产业链发展，这也是产业向广深发展的必由之路。

此时的思维模式也将面临重大的调整，文创产品这一概念将更加泛化，涉及的领域将进一步拓展至建筑空间、地方非遗、乡村旅游甚至社区建设等，设计师的职业价值将得到进一步提升。（设计师这个职业最大的价值在于思维创造力，其次才是技术层面的应用问题，发挥好设计师的创新创意思维才是对这个行业的最大运用和尊重。）借助于平台的建设，博物馆将获得社会力量的广泛参与，由此也会呈现出"人人皆为设计师"的众创设计趋势，设计思维则会以群体性的形式得到更广泛的普及，这将使博物馆文创设计获得永续发展的资本。（相关内容请参见P117和P258。）

第五类是品牌要素。品牌是产品的灵魂，是形成差异化竞争的重要标志。它不仅代表了产品的品质与形象，还可以辅助消费者做出选择，增加顾客的"黏性"和忠诚度。同时也是各个博物馆明确自身定位，实现独特价值，触发情感因素的重要途径。根据品牌建设的需要，设计风格定位将被进一步明确，品控也会更加严格，设计质量因此得到相应提升，产品相互重叠的现象将基本消除或得到缓解，差异化的产品与服务将创造出更多全新的无形资产。

需要澄清的是，这里所说的品牌并非要求一定要注册一个独立的商标，而是强调在品牌的约束下对产品价值进行全方位的管理与提升，为参与商业竞争，向更广阔的国际市场发展储备必要条件。

第六类是知识产权要素。虽然博物馆对大多数藏品享有物权，但根据文物而设计衍生出的产品知识产权却不见得归博物馆所有，毕竟文物是属于全人类所共有的，博物馆只是代为收藏与管理的机构。无论是现在还是未来，博物馆文创产品均散发着"诱人"的商业价值，各类机构间对文创产品设计知识产权的争夺必将愈演愈烈。博物馆应尽早将此项工作作为长久发展的重点加以战略布局，在合理利用法律法规的前提下进行知识产权的自我保护。

第七类是均衡要素。区域发展不均衡的现象有望在这一阶段得到缓解，依据政策要求、市场需求、自身追求，各级博物馆均会根据各自不同的文化特点制定相应的发展策略，寻求独立的解决方案。这种主观"求活"的行为必然会导致文创产品向更加均衡化发展的客观结果。一方面，博物馆将展现出各自独立的产业个性，使本就具有地域特色的各类文化均有机会释放出各自的能量，从而彻底摆脱"千馆一面"的发展局面；另一方面，在融合发展的前提下，博物馆文创行业将会出现"和而不同"的产业格局，最终达成文化市场整体繁荣发展的总体目标。

以上七类要素不仅在当前阶段就已经有所体现或是正在形成，并且在未来的一段时期内也将会对产业发展产生持续性影响，刺激博物馆这个既有意识形态属性又有市场经济属性的独特行业不断演化。但从博物馆文创产品设计角度来说，无论其呈现出何种要素特征，均须牢牢把握住整体脉络，坚持守正创新的发展原则才是根本。

表3.2 我国博物馆文创产品设计各个阶段特征汇总简表

发展阶段	设计产业特征
1.0阶段 混沌时期 20世纪七八十年代 至2000年	1. 具有现代意义的博物馆文创产品设计行业开始在我国出现 2. "文化产业"概念正式定名定性 3. 专业的文创产品设计机构极少，相关岗位由具有类似背景的人员担当 4. 行业规范尚未建立，重复性和同质化特征明显 5. 产品延续传统的气氛浓重，设计思维较弱，美工思维较强 6. 设计形式以复制、仿制和简单的"贴花"为主，停留于对文物表面浅层文化的二次利用，产品两极分化特征明显

发展阶段	设计产业特征
1.0阶段 混沌时期 20世纪七八十年代至2000年	7. 较少见到基于生产工艺设计上的创新性产品，设计难以实现质的突破 8. 从主观认识到客观条件均不成熟，造成设计工作缺少主动性 9. 博物馆普遍对自身独特的核心价值和产业未来前景认识模糊，造成博物馆文创产品与旅游纪念品相互混淆
2.0阶段 野蛮生长期 2000至2015年	1. 我国博物馆文创产品设计整体处于初期发展阶段 2. 政策矛盾、体制掣肘、理论研究不足，造成产业进入自由生长时期 3. 社会资本开始大量介入，专业从事文创产品设计工作的社会机构开始出现，行业的细分化趋势显现，产业链模式初步形成 4. 设计强调以博物馆自身藏品为价值导向，专业人员的介入带来了一定的现代设计思维，但仍不可避免地存有抄袭、仿制的现象 5. 以单独的实物型文创产品为主要表现形式，设计思维局限在以单品刺激市场的阶段中，"大文创"设计概念尚未规模性出现 6. 产品的工艺、材料、技术等均已有了较大突破，品类大幅增长，品质大幅提升，并出现了一批具有博物馆行业特色的文创产品
3.0阶段 理性发展期 2016至2025年	1. 博物馆文创产业进入深层次落实阶段，开始由纵向发展转向横向发展，行业整体步入理性发展期 2. 在设计思维上，以产业链价值、"大设计"思维为导向展开的设计开发成为主导，重视博物馆整体营销，而非单独割裂 3. 产业整体容量不断增长，拓展了产业外延，产业链内部构成更为复杂 4. 从单一产品竞争转向全产业竞争，更加注重对文化内容、服务营销、跨界传播、科技应用等产业链中多个环节的合力发展。产品形式跳脱出实物表现的窠臼，更趋于多样化、分散化、轻量化的表现形式 5. 行业逐步转向"有章（规律）可循、有法（方法）可依"的规范化、理性化发展路线
4.0阶段 2025年以后	1. 我国博物馆行业将从国内向国际发展，将中国文化价值惠及全世界、全人类 2. 设计需要用联动发展的思维对那些产业发展中的现象、产业链相关环节的变化及时做出反应与调整 3. 观众资源的价值将进一步提升。服务好、利用好、培养好、管理好观众资源将是未来博物馆文创产业发展的重要课题 4. 科技要素在文创产品设计中的比重增加。在未来，博物馆仍然可以是传统的，但博物馆文创产品却必须是锐意创新的，"文创+科技"的发展势必会带来传统博物馆难以实现的文化传播和体验效果 5. 融合发展将成为重要的产业特征。博物馆产业与事业在运营体制上相互分离，在业务内容上相互支撑的趋势将表现得更为明显。通过与各类行业的深化合作与融合，不断产出新颖多样的文化产品，进一步增强文化传播的效果 6. 借助平台的优势展开交流与合作，将使博物馆文化产业的覆盖领域向广域发展，博物馆价值得到进一步发挥，并获得社会力量的广泛参与，设计思维会得到更广泛的普及，众创设计将使博物馆文创获得永续发展的资本 7. 品牌的价值将受到更大的关注，设计风格进一步明确，品控更加严格，设计质量提升，产品相互重叠的现象将基本消除或得到缓解，同时差异化的产品与服务将为博物馆创造全新的无形资产 8. 对知识产权的争夺将愈演愈烈，博物馆应将此项工作作为长久发展的重点要素加以战略布局，在合理利用法律的前提下进行知识产权的自我保护 9. 区域均衡发展使博物馆展现出独立化、个性化的产业特色，彻底摆脱"千馆一面"的困境，实现文化市场整体繁荣发展的目标

二、文创产品的传播与表现

中华传统文化是我们向世界展示文化独特魅力的坚实根基，博物馆文创产品更是承载了传播文化的责任，肩负着由"传"至"达"的使命。讲好中国历史文化故事，体现社会主义核心价值观，是对新时代博物馆文创产品设计的根本要求。如何将中国文化中博大精深的思想理论加以展现？如何做到深入浅出、清晰准确地传达文化信息，避免文化误读，争取最广泛的接受与理解？实际上这些问题都是对文物"藏"与"展"之间关系的辨析。

博物馆学中讨论"藏品"较多，而论及"展品"较少。藏品是内向性的，只有将藏品放置于展览之中转化成为展品——被观看的对象，藏品才具有外向的、对于公众的价值。[1]这种价值转化的规律也同样适用于博物馆文创产品。

博物馆文创产品的传播媒介作用极为特殊，通过运用互动、体验、服务等多种形式将文物展品信息分层分解，从多个角度阐述展品价值。对观众而言，这无疑拓宽了了解文物的渠道。作为一种能够被带走的"展品"，观众有机会根据自己的兴趣进行选择，从被动的接受式传播转变为主动的选择性传播。

通过调研发现，绝大多数消费者都不会将博物馆文创产品视为简单的日常用品，而是更注重通过对产品的关注和学习，进一步了解其中蕴含的文化信息（见表3.3）。

表3.3 购买博物馆文创产品之前或之后，您是否会了解产品中的文化历史信息？[单选题]

选　　项	比例（%）
会去主动了解	79.17
好看就行，不关注其中的文化信息	12.92
没注意过	5.83

---

1. 巫濛，白藕.历史类博物馆展览的基本逻辑与建构方式[J].博物馆管理，2021（2）：49.

这个学习的过程包含了"顺向"与"逆向"两种行为方式。顺向学习较为常见，是指消费者通过预先学习相关知识，了解文化背景之后对相关文创产品产生兴趣，其中包括了查阅资料、参观展览、知识沉淀等短期积累和长期积累的方式。逆向学习则是指消费者通过对文创产品的解读，逆向推导出对相关文化的认知，这是一种极为特殊的传播方式与消费行为。

无论哪种方式，在设计时都需要先对传统文化中包含的历史意义与人文内涵进行深度准确的提炼，将传统文化思想与当代产品形式进行恰当的融合、创新性的重构和创造性的转化。**在设计表达上必须要做到深入浅出、清晰准确才能争取到最广泛的理解与接受，使受众在享受纯正传统文化熏陶的同时，潜移默化地成为其中正能量的受益者、继承者、传播者。**博物馆文创产品正是以这种独特的方式来提升文化的传播效能，间接增强文化的软实力。也由此延伸出文旅融合、以人为本、跨界合作、狭义与广义、由量到质、硬周边与软周边、众创设计、科技文创等多种发展趋势。

1. 诗与远方：文旅融合后的新业态

2018年3月13日，国务院机构改革方案提出将组建文化和旅游部，不再保留原文化部和国家旅游局。2018年4月8日上午，文化和旅游部正式挂牌。这一历史性事件标志着文化与旅游在产业实践层面将走向深度融合。而在此之前，由于受产业发展、学科分类以及行政管理分割等历史因素的影响，旅游产业与文化产业之间一直是以"二元"的形式存在。随着此次合并重组，各级行政机构改革将深入推进，从管理体制和顶层设计层面为两大产业融合发展奠定了制度保障，形成文化产业在未来"一元"发展的新业态。

然而，目前在对"旅游纪念品"与"博物馆文创产品"两种业态异同的认知上仿佛仍需厘清。我们在调研中发现，绝大多数受访者均认为二者之间的确有显著不同，是两种完全不同的产品类型（见表3.4）。但当进一步追问"具体有哪些不同"时，大多数受访者仅能表达出：价格、文化含量、便于携带等几项浅显的差异来。

表3.4　您认为"旅游纪念品"与"博物馆文化创意产品"是：　[单选题]

选　　项		比例（%）
不同类别的产品，各有各的属性		82.08
完全相同的同一类产品		12.08
不清楚		3.75

　　其实从本质上来说，旅游纪念品也是一种文化产品，对其进行的消费实质上也是一种文化消费。旅游产业与文化产业本为一家，只是在表现形式和业态资源等方面有所差异。

　　在形式上，博物馆更倾向于通过人工营造的展厅、活动等方式与观众建立沟通，会应用到大量的人工材质和科技手段，人为因素介入较多；而旅游景区则更注重天然景观或文化景观赋予人的感受，因此在人工刻意介入时需要更加谨慎。

　　在空间上，博物馆通常处于建筑物之中，空间相对紧凑，所包含的文化内容密度更高，信息量更大，对文化信息的传递更为清晰明确，系统更有序，目的性更强，参观者的心态更倾向于"学"；而在旅游景区中普遍存在的空间广度特征从一定程度上稀释了文化的密度，信息量大幅降低，也使旅游者的心态更倾向于"游"。

　　在资源上，博物馆文创产品受限于文物藏品所包含的信息，注重"物"与人之间的理性沟通交流；旅游景区则受限于地域景观资源，更强调"景"带给人的情绪感受和心灵触动。

　　在消费上，由于博物馆观众通常带有较强的观展目的和文化需求，在消费中会有较为明确的既定选择，分散性消费的形式也使消费观念较为理性；而旅游景区的游客消费则具有更强的随机性，特别是在团队旅游中的集中消费行为，经常会产生非理性的冲动性消费。

　　结合这些特征分歧，博物馆应发挥文化资源优势，以文化资源提升旅游产品的文化内涵和质量；旅游产业应发挥市场规模优势，以市场资源来拓展文创产品的传播和消费，即**"以文化为核心内容，以旅游为表现形式"**而展开的一系列

资源优势互补型合作，将成为文旅融合发展的主要基础。 在这种新型的产业链模式中，博物馆可作为上游产业负责提供文化资源和信息，注重文化传播所产生的社会效益；而旅游行业可作为下游产业，注重文化价值的市场转化。设计工作则处于中间环节，协调两种业态各自的优势，承担连接上下游的职能。这种环环相扣的协同发展模式，修复了原有的碎片化发展格局。

事实上，随着近几年参观人数的激增，博物馆的旅游特征早已显现，这就对设计工作者提出了更高的要求，不仅要关注博物馆文创产品自身的特征，还要将关注点延伸到文旅融合所形成的产业变化上。通过对旅游营销环境、营销策略、消费心理等方面的学习和借鉴，进一步拓展产业的外延领域，发挥博物馆作为上游产业对整个行业的引领和带动作用，最终形成相互融合的新产业链模式。

目前，一些文化单位也已经展开了相关的实践工作，并取得了显著的成果。例如北京恭王府博物馆、杭州中国丝绸博物馆等单位通过加强与旅游机构的协作，调整了文创产品的设计思路，使其更具有文化旅游的特色，产生了较好的社会效益和经济效益。成都杜甫草堂从1998年至今，特色旅游纪念品开发年销售收入平均增幅21%，固定资产规模从437万元增加到5000余万元。成都武侯祠博物馆则凭借良好的口碑，对"锦里文化休闲一条街"加以开发，以武侯祠为核心，将吃、住、行、游、购、娱结合在一起，实现了效益最大化。[1]

特别是恭王府博物馆，依托自身国家5A级旅游景区和国家一级博物馆的双重身份，将"康熙帝御笔福字碑——天下第一福"作为重要的文化资源，运用当代设计手法转述中华民族千年祈福文化，对文旅融合背景下的产业发展做了积极的探索。2021年新春，恭王府博物馆与小罐茶联名推出"天下第一福"新年定制礼茶（见图3.14）。同年7月，又由北京国际设计周组委会办公室主办，联合北京市旅游行业协会"北京礼物"品牌管理中心、京东零售共同发起了文创设计大

---

1. 祁述裕、赵一萌、杨传张. 文化文物单位发掘文化资源、开发文化创意产品的理念与思路[J]. 浙江工业大学学报（社会科学版），2016（2）:128–134.

图3.14 恭王府与小罐茶联名推出的"天下第一福"新年定制礼茶[1]

赛，面向全球公开征集恭王府博物馆新文化IP设计。截至2022年7月，大赛官网访问量已突破100万次，获得近200家媒体的相关报道以及50余所设计类院校的支持，最终征集有效作品9444幅。

　　在这些案例中，贯彻的是由产业合作来带动各类文创产品的繁荣，是典型的由"大产业"带动"小产业"的发展理念，打出的是标准的"组合拳"。既发挥了旅游产业地理、环境、客流等资源优势，又弥补了自身产业中缺少具有深刻文化内涵特色旅游产品的短板。而文化文物单位则借助旅游产业的种种硬件资源，改善了自身发展中市场覆盖面窄、销售渠道单一的缺陷，达到了双赢的合作效果。这种以产业资源整合、文旅融合思维为基础的市场发展趋势，在未来工作中值得期待。

---

1. 恭王府博物馆官网.恭王府×小罐茶2021新品发布会举办[EB/OL].2021-02-01[2022-07-25].https://www.pgm.org.cn/pgm/wfdt/202102/d6c64087f2f1496db93eff0d58910603.shtml.

2. 从"以物为本"到"以人为本"

在政策倡导与社会需求的双重激励下，博物馆文创产品在近年来受到了前所未有的关注。2008年颁布的《全国博物馆、纪念馆向社会免费开放的通知》更是直接激发了公众参观博物馆的热情，参观人数急剧增长，促使博物馆职能由传统的为"物"服务转向为"人"的需求、感受和体验提供服务。

早在1989年，皮特·弗格（Peter Vergo）就率先提出了"新博物馆学"的概念，指出新博物馆学是一种对"旧博物馆学"、博物馆内部与外部专业普遍而广泛的不满的陈述……旧博物馆学的疏失在于太重视博物馆的方法，而忽略了它的目的。新博物馆学的观念是相对于"传统"博物馆学的观念而言的，并尝试对过去的概念做一番全面的检讨与批判。它的重心不再置于传统博物馆一向奉为准则的典藏建档、保存、陈列等功能，转而关怀社群与社区的需求，成为博物馆经营的最高指导原则。[1]这个概念将传统博物馆以"物"为中心的宗旨转型为以"人"为中心，从而打破了博物馆长期以来"有古无新""见物不见人"的惯习。传统上围绕藏品展开的收藏、保护、研究、陈列、展览等职能，不再理所当然地居于博物馆业务的中心，而是代之以公众教育和服务等立足于观众展开的职能。[2]在这个思潮的影响下，博物馆职能实质上已经发生了从"教化"向"学习与体验"的转变，从单向的灌输式教育模式向互动式、参与式、体验式的学习模式转型。这种转变的核心基础与产品设计中所注重的"以人为本"的设计理念相互一致。

依托于这种趋势，我国博物馆文创产品在历经了多年的发展之后逐渐形成了自身特有的体系，将文化优势与当代传播形式相互连接形成互补，使博物馆高高在上的传统形象得到了活化，拉近了文化与公众的距离，逐渐趋于平易近人，成为继展览、讲座、讲解等传统形式以外的又一重要文化传播方式。因此，**现代博物馆除了"收集、保藏、修护、展览、研究、教育、娱乐"七项基本职能以外，还应将"文创"加入其中，以适应新的发展格局。**

---

1. 甄朔南.甄朔南博物馆学文集[M].北京：中国大百科全书出版社，2008：88-89.
2. 陈凌云.博物馆文化创意产品开发研究[D].上海：上海大学，2018：43.

3. 跨界合作：博物馆也"出圈"

社会经济、科学技术的持续发展以及信息网络逐步实现全社会覆盖，促使各行业和机构间的合作日趋广域化、深层化。如今，博物馆文化产业的整体规模在不断扩大，仅仅依靠自身的设计力量已远远不能满足发展需求，需要从单一发展向多元化发展转型。

早在2016年5月11日发布的《关于推动文化文物单位文化创意产品开发的若干意见》就已经对这个问题做出了明确的阐述，提出要"发挥各类市场的主体作用。鼓励众创、众包、众扶、众筹，以创新创意为动力，以文化创意设计企业为主体，开发文化创意产品，打造文化创意品牌，为社会力量广泛参与研发、生产、经营等活动提供便利条件。鼓励企业通过限量复制、加盟制造、委托代理等形式参与文化创意产品开发。鼓励和引导社会资本投入文化创意产品开发，努力形成多渠道投入机制"。[1]

在2021年5月24日发布的《关于推进博物馆改革发展的指导意见》又再次提出要"鼓励社会参与。发展壮大博物馆之友和志愿者队伍，构建参与广泛、形式多样、管理规范的社会动员机制。推动博物馆公共服务市场化改革，引入竞争机制，鼓励社会力量参与展览、教育和文创开发。实施'博物馆+'战略，促进博物馆与教育、科技、旅游、商业、传媒、设计等跨界融合"。[2]

可见，国家在制定政策时就已经充分考虑到，在我国现阶段各类博物馆并不一定都适合采用某种单一模式开展文创工作，而更应该秉承实事求是的态度，结合自身的实际情况，充分调动社会资源，由专业的人来做专业的事，借力成长。

除了自主设计，还需要积极探索与馆外设计企业、院校等机构的合作模式，博物馆则是通过搭建平台、监督管理、IP授权等多种方式参与其中，充分灵活地运用现有政策，采取多种形式来积极推进文创产业的发展，比如文创设计联

---

1. 中国政府网.国务院办公厅转发文化部等部门关于推动文化文物单位文化创意产品开发若干意见的通知（国办发〔2016〕36号）[EB/OL].http://www.gov.cn/zhengce/content/2016-05/16/content_5073722.htm,2016-05-16/2020-12-18.
2. 国家文物局官方网站.关于推进博物馆改革发展的指导意见.[EB/OL].http://www.ncha.gov.cn/art/2021/5/24/art_722_168090.html,2021-05-24/2021-05-30.

盟、文创设计实训基地等形式，都有利于将设计产业链向纵向链条与环型链条发展，对产业整体发展形成多点位支持。

从狭义的角度来看，多元化发展的优势在于能够快速弥补博物馆自身设计力量的不足。通过与社会资源建立合作，积极动员社会力量的参与热情，不但能增加馆藏资源的利用率，使长期"沉睡"的文物发挥其应有的价值，加大文化的普及力度，而且这种资源互补的形式往往能够产生内容更加深刻、形式更加新颖、服务更加完善的设计成果。当然也可以采用成立专门的独立设计开发经营机构，培养设计力量和设计团队，使自主研发能力和经营能力得到稳定提升。

以北京故宫博物院为例，近几年来的文创产品发展得到了普遍的关注，其涉及的内容涵盖了文创产品研发、数字展示（包括智能手机应用程序和实体数字展示项目）、图书出版等多个类别。在设计研发策略上，故宫采取的是多元化合作模式，广泛动员了社会力量参与。合作单位擅长的设计领域不同，使文创产品的整体结构呈现出多元化发展的态势，既有能满足高端消费人群艺术品收藏的需要，也有能适应普通大众文化消费需求的产品。在与数字科技的结合上同样形成了多样化的成果，如故宫系列APP已经拥有"胤禛美人图""紫禁城祥瑞""皇帝的一天"等各类数字化文创产品。在图书出版方面，《故宫日历》在2014年销售突破22万册，2016年版通过与三联韬奋书店等实体书店和网络平台的跨界合作，进一步拓展了市场空间，取得了不俗的销售成绩。

近年来全国类似的案例还有很多，但无一例外均采取了多元化的发展模式。值得注意的是，博物馆对合作厂家的资质必须要有严格的审核，对合作的条款要有严格的把控，以确保自身的知识产权、经营销售权等相关权益得到应有的保障。

作为重要的文化机构，博物馆不仅占据着文物资源的优势，在其他方面，如品牌资源、场地资源、学术资源等都有独特的先天条件。具象的实体"纪念品"已经很难承载和展现如此多样的资源，因此，在形式上越来越多地呈现出跨界合作的趋势。

除了设计研发实体产品这一主流方式外，通过IP资源的授权运营管理，广泛探索与影视行业、互联网技术、时尚品牌、教育、旅游、餐饮、社交等行业领域的结合模式，可大量衍生出博物馆综艺节目、博物馆动漫游戏、博物馆直播应用、博物馆商业展览、博物馆教育旅游、博物馆游艺活动、博物馆主题餐厅等丰富多样、灵活多变的形式内容。这些广义上的博物馆文创产品已经深度融入社会生活的方方面面，"博物馆＋"的设计模式已然成为供给侧改革文化产品的重要方式。[1]

2017年一部反映梵高生平的影视文创作品《至爱梵高·星空之谜》（*Loving Vincent*）受到了广泛的关注。整部影片采用了梵高独特的绘画风格作为演绎元素，耳目一新的观影体验使影片获得了良好的票房与口碑。在制作过程中，动用了来自15个国家的125位画师，参考梵高的120幅原作而创作的1000多幅手绘油画被加工成为65000帧画面，再加上演员表演拍摄成的853个镜头，最终以每秒12帧的播放速率成就了一部90多分钟的连贯故事。在制作过程中，为解决资金的来源问题，制作方还曾采用网络众筹的形式，展现出现代文创产品在与文化、文物、艺术、传媒、金融资本等各个行业间的跨界合作特征。

在2019年的七夕节，"中国探月"与糖果品牌"Crafted"进行了跨界合作，推出了"星空棒棒糖"系列食品类文创产品。产品从创意设计到开始销售仅仅用了不到30天的时间，上线当天就销售了10万份。此款产品还推出了可根据需要生成产品图像的私人定制服务。而在此之前，"中国探月"的衍生品以邮票、金币等传统纪念品为主。2020年7月2日，"中国探月"又与麦当劳公布了双方合作的"点亮梦想"活动计划，将在全国各地收集孩子的梦想画作，并通过与中国探月的合作，让这些画作随着年底进行的"嫦娥五号"工程登上月球。[2]这是一次明显的借用跨界合作思维进行的产业升级，在获得了良好经济效益的同时，进一步提升了品牌形象和知名度。

我们可以发现，文化类产品的传播及表现形式并非一成不变的，只要注意保持文化历史的真实性与尊严性，避免低俗、恶搞等过度娱乐化方式，就可以打破常规固化的思维，将跨界合作运用于文创设计中。这种"出圈"的"玩法"将

---

1. 陈凌云. 博物馆文化创意产品开发研究[D]. 上海：上海大学，2018：58.
2. 央广网.中国探月携手"点亮梦想"共筑少年航天梦[EB/OL]. http://www.cnr.cn/rdzx/cxxhl/zxxx/20200706/t20200706_525157425.shtm, 2020-07-06/2020-10-21.

极有可能产生意想不到的效果。

千篇一律的实物文创产品已然使公众产生了审美疲劳，而实用性差、开发成本高、趣味感弱、缺乏互动体验等瓶颈问题，更是时刻阻碍着博物馆文创设计的发展，对创新的无止境要求使文创设计工作者的压力陡然增加。因此更加需要我们及时调整创作观念，采用跨界合作的方式来广泛凝聚多方力量，借用各个领域的优势在传播方式及表现形式上不断创新，激发社会大众的创意思维，鼓励自发的互动分享，促进信息交流与传播。以"合作共创"的产业思维提高民众的参与热情，让更多人融入博物馆文创中，拓展设计的维度，打破当前实际工作中的种种困局。

虽然在目前的认知中，博物馆文创产品仍是以有形产品为主，但无形的数字化文创产品在传播方面的优势将使其影响力日益扩大，特别是那些受众群广泛的大众传播媒介和自媒体。这也从一个方面证明了**设计应该遵循"有限理性"的原则，（设计的目的）并不是寻找"最优解"，而是在寻找"满意解"**[1]**，在博物馆文创产品设计中往往没有"最优解"，为大众提供令人满意的产品才是产品设计的最终选择。**

清华大学文化经济研究院和天猫联合发布的《2019博物馆文创产品市场数据报告》显示：2019年，天猫上有交易的博物馆跨界产品和品牌数均超过了100%的增长，相比2017年，博物馆跨界文创产品销售规模增长了2.5倍。通过与各类品牌的跨界合作而产生的衍生品占整体博物馆文创产品市场份额的72%，[2] 也就是说，博物馆跨界衍生品的规模已经是博物馆独立开发产品的2.6倍。

表3.5简单收集整理了近年来世界各地博物馆与各类品牌之间的部分跨界合作活动。从这些活动中的差异化表现形式我们可以看出，博物馆文创产品除了常规的具象实物表达方式以外，还蕴藏着极强的跨界衍生能力，这个趋势将在未来的发展中得到进一步体现。

---

1. 柳冠中. 事理学方法论[M]. 上海：上海人民美术出版社. 2019：77.
2. 腾讯网. 2019博物馆文创市场数据报告[EB/OL]. https://xw.qq.com/cmsid/20200310A0MU2D00，2019-08/2020-03-15.

表3.5 近年来世界各地博物馆与各类品牌的部分跨界活动表（作者根据资料信息整理）

年份	合作机构	传播方式	表现形式
1999—2007	北京故宫博物院 星巴克咖啡	在北京故宫博物院内开设星巴克咖啡连锁店	餐饮连锁店
2006	美国自然历史博物馆 二十世纪福克斯电影公司	电影《博物馆奇妙夜》（Night at the Museum）	电影
	卢浮宫艺术博物馆 哥伦比亚影片公司 索尼电影娱乐公司	电影《达·芬奇密码》（The Da-Vinci Code）	电影
	卢浮宫艺术博物馆 哥伦比亚制片公司	电影《卢浮魅影》（Belphégor - Le fantôme du Louvre）	电影
2009	卢浮宫艺术博物馆 麦当劳	卢浮宫博物馆内开设麦当劳餐饮连锁店，以"炸薯条的气味很可能会飘过《蒙娜丽莎》的鼻子"作为广告语	餐饮连锁店
2011	莫斯科普希金博物馆 迪奥（Dior）	迪奥的灵感（Inspiration Dior）	展览
	中国国家博物馆 路易·威登（Louis Vuitton）	艺术时空之旅——路易·威登展	展览
2015	美国大都会博物馆	主题为中国"镜花水月"慈善舞会。邀请众多中国明星参加，展示大都会收藏的中国元素服饰	公益活动
	上海玻璃博物馆	建造"爱庐彩虹礼堂"作为婚礼礼堂。对老旧厂房的改造，建成"璟庐水晶厅"，供婚礼宴会之用	人造景观
2016	苏州博物馆 阿里巴巴	苏南建筑文化时装秀	公益活动
	北京故宫博物院 中央电视台纪录频道 清华大学新闻与传播学院清影工作室 杭州潜影文化创意有限公司	《我在故宫修文物》纪录片	纪录片
	北京故宫博物院 杭州潜影文化创意有限公司	《我在故宫修文物》大电影（Masters In The Forbidden City）	电影
2017	米兰布雷拉艺术博物馆 意大利女装品牌GIADA	GIADA秋冬时装秀发布会	时装发布会

年份	合作机构	传播方式	表现形式
2017	中央广播电视总台 央视纪录国际传媒有限公司 北京故宫博物院、上海博物馆、南京博物院、湖南省博物馆、河南博物院、陕西历史博物馆、湖北省博物馆、浙江省博物馆、辽宁省博物馆	文博探索节目《国家宝藏》第一季	综艺节目
	中央广播电视总台 央视纪录国际传媒有限公司 北京故宫博物院、山西省博物院、河北省博物馆、山东省博物馆、广东省博物馆、四川博物院、云南省博物馆、甘肃省博物馆、新疆维吾尔自治区博物馆	文博探索节目《国家宝藏》第二季	综艺节目
	中宣部 国家文物局 中央电视台纪录频道 中国国家博物馆、故宫博物院等文博单位	《如果国宝会说话》百集纪录片	纪录片
	故宫书店 必胜客 摩拜单车	"我在必胜客读故宫""一骑悦读，获得朕能亮"等系列活动	互动活动
	北京故宫博物院 稻香村	"极好的·点心"限量礼盒	食品文创产品
	北京故宫博物院 稻香村	限量中秋月饼"掬水月在手" "肉松蛋黄小螃蟹月饼"	食品文创产品
	北京故宫博物院 保利剧院	话剧《海棠依旧》	话剧
	上海博物馆 上海音乐厅"铜乐工坊"	"百物之声"音乐会	音乐演出
	上海博物馆 上海评弹团	"吴门书札弹唱"	评弹演出
	浙江省博物馆 浙江昆剧团	配合"盛世天子——清高宗乾隆皇帝特展"演出的昆曲《牡丹亭·游园惊梦》	昆曲演出
2018	北京故宫博物院 稻香村	"宜入新年"故宫糕点礼盒	食品文创产品

年份	合作机构	传播方式	表现形式
2018	中央电视台少儿频道 洛阳博物馆、邯郸市博物馆、宝鸡青铜器博物馆、荆州博物馆、宁夏固原博物馆、苏州博物馆	全国首档大型益智类博物馆文物知识节目《赢在博物馆》第一季	综艺节目
	中国国家博物馆 肯德基	"国宝耀中华"活动	主题餐厅
	中国国家博物馆 欧莱雅	限量口红	文创产品
2019	中央电视台少儿频道 陕西历史博物馆、山西博物院、吉林省博物院、广东省博物馆、重庆中国三峡博物馆、南京博物院	全国首档大型益智类博物馆文物知识节目《赢在博物馆》第二季	综艺节目
	腾讯视频 三星堆博物馆、金沙遗址博物馆	"修复文明遇见文明"H5手机互动产品	数字文创产品
	故宫出版社 奥秘之家	《谜宫·如意琳琅图籍》图书游戏	综合文创产品
	北京故宫博物院 卡夫食品有限公司奥利奥品牌饼干	"宫廷御点中华六味"限定礼盒	食品文创产品
	中国国家博物馆 北京地铁一号线	国博地铁专列	跨界传播

4. "小文创"与"大文创"：一枝独秀还是遍地开花

在产业发展的早期阶段，对博物馆文创产品的认识普遍停留在旅游纪念品、工艺美术品、艺术复仿制品等传统概念中，很多人认为博物馆中只要有了这些"文创产品"就等同于有了"文化产业"。随着产业深化，越来越多的例证表明，博物馆文创产业的内容绝不仅是围绕着文物元素开发某件产品那么简单和单一。如果从广义上来理解，我们会发现这实际上是由"大产业带动小产业、大产品带动小产品"相互联动的"链条式"发展模式，更应该采用纲举目张的原则来重点关注那些处于产业链上游的，更接近博物馆核心价值的大产业、大产品。目前在业内较为普遍的做法是依靠各类不同形式的展览、活动来刺激和带动文创产业的整体活化和发展。

近几年在博物馆文创行业内出现了"大文创产品"与"小文创产品"的提法，显然，这并非科学的分类方法，其指代的范围也相对模糊，但从目前来看这种表述已在行业中广泛使用并被逐渐认可，因此在本书中沿用了此种说法。

实际上，业内的"大文创产品"（实质为：广义文创产品）与"小文创产品"（实质为：狭义文创产品）是对产业升级阶段的一种模糊化表述，所关注的问题是在产业发展过程中原有的文创产品发生了质的变化，出现了更加丰富的表现形式和传播渠道，进而影响到产业链的整体发展。这其中至少包括两个方面：

第一，在表达的内容方面。大文创产品指代的是那些覆盖面相对较广且被普遍认可的主流文化意识形态；小文创产品则是指那些受众群体相对较少，市场认可度相对较低，有些甚至包含了一些"亚文化"内容的产品。

第二，在产业的涵盖范围方面。大文创产品指那些产业链更加完整、更具竞争力、综合性更强的产品类型，如实物展览、数字展示、图书出版、教育活动、信息服务等，涵盖了从内容创作生产到创意设计服务的各类产品，几乎包括了博物馆能为社会提供的一切具有创造性内容的产品与服务，其表现形式可以是有形的，也可以是无形的。而小文创产品通常指那些依据单一文化元素开发的单件产品或是简单的套系类产品，其主要特征是产业链短且散，多数情况下是以独立的产品形式存在于市场中。

目前，我国多数博物馆文创产品还是以小文创的形式存在。其优势在于较短的产业链所带来的易操控性，涉及的专业领域较少，人员投入规模较小，资金占用及投入较低，整体操作难度相对不大，较适用于产业发展的初期阶段和产业规模较小的市场状态中。但随着产业的快速升级，其中的弊端逐渐显露出来，这些在产业发展初期的种种优势逐渐转化为劣势，最为明显的市场表现即产品的"同质化"现象，而小文创产品所具有的几个特征正是直接或间接造成这种现象的根源。除此以外，小文创产品在市场中所表现出来的低频次消费和偶发性消费也是由于短小的产业链在消费环节的前端与末端缺少辅助环节衔接而造成的。种种迹象表明，这种模式已经对产业发展形成了桎梏，使其不再是产业进一步扩张和升级的主要驱动力。

大文创产品的概念正是在这种环境背景下产生的，所针对的是文创产品在升级过程中引发的种种矛盾，特别是在产业发展中逐渐显露出的综合性和产业链外延的问题。大文创产品对博物馆文创产品的内容重新作了定义，将文创产品的概念拓展延伸至包含了展览、社教、学术、科技、授权、信息等博物馆所能涉及的各个业务领域。

在此以"大英博物馆100件文物中的世界史"（A History of the World in 100 Objects）全球巡展为例，对大、小文创产品互协发展的产业模式进行简单的分析。

作为博物馆文化创意产业实践的先行者，大英博物馆不仅策划推出了大量的高水平展览，同时还设计研发了众多的文创产品。

从2010年1月18日开始，大英博物馆与英国国家广播公司（British Broadcasting Corporation，BBC）合作推出了名为"用100件馆藏文物讲述世界历史"的系列节目。BBC作为此次活动的宣传平台，将每件文物制作成15分钟的独立单集，进行了连续播出，一直制播到2010年10月18日。节目一经推出便受到社会高度关注，当时在英国曾出现1100万人同时收听的盛况，形成了全民效应。BBC第4频道（BBC Channel 4）还专门为节目制作了官方网站，据大英博物馆官网显示，截至2015年，全球累计已有超过4000万人次下载了此节目。

同时，大英博物馆与企鹅出版集团（Penguin Group）合作出版了同名书籍（国内译名为《大英博物馆世界简史》），由大英博物馆当时的馆长尼尔·麦格雷戈（Neil MacGregor）亲自撰写，并且动员了100多位馆内人员与400多位专家共同参与，一经上市便迅速成为畅销书。

在此基础上，大英博物馆又对此产品进一步深度开发，推出了同名展览，并以巡展的形式向全球进行推广。分别于2014年在阿布扎比酋长国、2015年在我国台湾地区的台北"故宫博物院"、2015至2016年在日本的东京、九州、神户等多个国家和地区进行了巡展，成为近年来国际博物馆界的热门话题，进一步提升了产品的知名度。

在2017年，这个现象级的展览终于来到了中国大陆，先后在中国国家博物馆和上海博物馆（以下简称：上博）分别展出。其中在上博的展览时间为2017年6月29日至2017年10月8日，在为期102天的展览中共吸引了38.4万人次的观众参观。

此次展览除了展品外，另一个被热议的话题集中在文创产品方面。上博通过授权合作的形式研发和引进了160余种文创产品，产品的来源有四个渠道，分别为大英博物馆、美国大都会博物馆、德国柏林博物馆和上博自主研发设计。其中由上博自主研发的文创产品有50余款，共引入了近10家社会机构参与，历时半年时间。

从文创产品的整体销售情况来看，开展仅18天销售额就已突破300万，全展期累计销售额达1700余万元，这是上博以往特展文创销售的5倍左右，也是目前（截至2021年12月）国内博物馆同展期临展的销售纪录。

在临近闭展时，上博还特意策划了一场名为"大英展最后100分钟"的主题活动，由上海师范大学表演系的师生排演了一幕原创情景剧，展现了文创产品的多样性。

为了体现以文物沟通全世界的办展理念，此展每到一处都会邀请当地承接展览的博物馆从自身馆藏文物中选择一件，作为第101件展品与100件文物共同展出，这也成为这个展览的惯例。而此次上博并没有采用常规的方式来选取本馆的文物藏品，而是将展出的100件文物影像重新组成了一个二维码（见图3.15）。据上博介绍，按照策展方的要求，第101件展品应是一件结合展览所在地，反映人类历史且具有代表性的物品。之所以选择二维码是因为在中国，二维码已成为深刻影响当代社会的重要媒介，其应用的普遍性已经成为人们生活中不可或缺的存在，可以说是当下信息化时代的结晶，所以选择它作为当代生活的标志。[1]同时，上博也将这件特殊的展品加以开发利用，获得了不错的销量和口碑（见图3.16）。

---

1. 澎湃新闻.大英博物馆"浓缩世界史"上海启幕，第101件文物是二维码[EB/OL].https://www.sohu.com/a/152708809_260616?_f=index_recom,2017-06-28/2020-03-16.

图3.15 "第101件展品"由100件文物组成的二维码

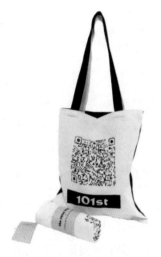

图3.16 根据"第101件展品"设计的文创产品

通过这个案例，我们可以总结出以下六点经验：

第一，学术研究成果是博物馆吸引观众的核心内容。作为巡展，"大英博物馆100件文物中的世界史"无疑是成功的，而其成功背后的首要原因是对世界范围内各类文化、文物的研究成果。从横向上来看，在800余万件馆藏品中精选出来的100件文物涵盖了世界上五大洲的各类文明，极具广度上的吸引力。从纵向上来看，通过对人类200万年来真实存在过的历史遗物所展开的深入研究成果，激发了人们对自身文明探索的好奇心。每件文物的研究中都带有极强的故事性和代表性，显示了学术研究的深厚功力，几乎每一位观众都能从展品中找到与自身相关的文化基因，这也是最为吸引观众的一点。

第二，产业链整体联动探索了博物馆文创产品的发展方向。此次展览的一个突破是对博物馆进行了整体的产业联动，将展览作为了博物馆的首要文创产品，即"大文创产品"的概念，并辅以实物文创、食品文创、图书、纪录片等多种手段，以这种"小文创产品"的形式对展览内容进行丰富和润色。同时，还将考古研究、展览展示、社会教育、文创设计等多个产业链环节进行了整体联动，形成合力，将博物馆文创产品的外延进行了展开与放大，完成了一次强势的文化输出，显示出"以物述史、传统再造"的独特魅力，为文创产品向系统化、多元化发展提供了良好范例。

第三，**整体运营设计为文创产品销售提供保障。**通过此次展览的运营策划过程，我们可以清晰地看到，在正式以展览形式推出之前，大英博物馆设计了多种形式对市场进行了多个轮次的反复试炼，为展览广泛宣传造势，充分"预热"。分别采用了广播、图书、展览三种不同的传播形式，将文物信息分解为声音、图文、实物三种不同的认知状态，以层层递进的方式由"虚"向"实"逐步推出，充分调动起大众的好奇心和求知欲。这种类似"饥饿营销"的方式将观众群体牢牢地进行了提前锁定，确保了最终产品——"巡回展览"的社会知名度，设计清晰的运营模式也成为此次展览成功的重要保障。这种"大文创产品"的整体运营设计思路非常有效，且具有借鉴意义。

第四，**深入挖掘设计细节，合理利用隐性价值。**从上博的这站巡展中我们还可以看出，展方对市场中的隐性价值的发掘和利用，这里仅举两个细节方面的例子。

第一个细节是在对第101件展品的选择上，将所有文物的剪影制作成二维码的形式不仅新颖并且实用，一方面可在广告、媒体、招贴、宣传册等处用作宣传，其出镜率之高、识别度之强甚至超过了文物展品本身。另一方面可作为开发元素加以利用，衍生出来的文创产品不仅具有唯一性，而且相较于将文物图片简单复制的常规方式来说，利用二维码自身所具有的装饰性所创造出的文创产品显然更具有科技感和时代感。

第二个细节在于临近展览结束前所策划的"大英展最后100分钟"的主题活动，不仅对展览过程作了整体回顾与总结，还借用了艾宾浩斯"间隔重复记忆法"再次加深了人们对展览的印象，而且抓住了人们的怀旧情结，带动了展览最后一轮的文创产品销售高潮。通过对时间节奏的把控，深度挖掘了这种隐性的社会价值和商业价值。

第五，**常规的文创产品设计带动了非同寻常的销售。**虽然此次展览的文创产品是一大热点，至今仍保持了多项业内纪录，但从设计品类上来看并无太多新奇之处。杯子、T恤、提包、饼干、巧克力等，无一不是日常生活中的常见品类。正是由于产品具有这种常规性的特征，消除了消费者在功能认知上的障碍。

从设计方法来看，多数产品采用的是平面贴图、原物复制等较为初级的设计方法，设计出的文创产品趋于具象表现，但所需的知识储备量较低，符合巡回展览中大多数首次接触文物的观众的理解能力和短期感官记忆要求。所以，设计方法本身并无"高低贵贱"之分，做出最为适合的选择才是根本。

在产品的定价上，十几元至上千元的产品定价结构将消费层次拉开，满足了不同的消费需求，低价位的产品显然能降低观众的消费心理压力。其中售价1000多元的"孔雀饰品"是此次文创产品中价格最高的，但从开展仅20天就销售了30多件的情况来看，此次商品定价整体幅度在消费者可接受的范围内，基本符合市场的承受度。

正是由于在设计品类、设计方法、市场定价这几个重要环节准确把控，符合了临展文创产品设计的基本原则，再加上展览自身的品牌号召力和影响力，此次展览的销售业绩远远超出了预期。

第六，市场长效机制难以有效建立。虽然此次临展在文创产品方面取得了一定的成绩，但也暴露出我国博物馆文化产业中现存的一些问题，集中表现在文创产品设计开发机制难以持续发展上。

展览热度的提升并没有使上博在后续的工作中持续发力，而是将文创产品工作的时间节点划在展览的结束点上。这使得本已被催生起来的市场热情并没有得到完全兑现，浪费了市场中的存余价值。而相较于保守的博物馆行业来说，商业市场中的各类社会企业都纷纷嗅出了其中的商机，积极做出了反应。

时隔一年，在2018年7月1日，一家名为"大英博物馆官方旗舰店"的网店在天猫开业试运营，运营方为上海品源文华市场营销策划有限公司。作为第一家进驻天猫的海外博物馆，网店上线仅两周即冲上行业日销第一名。至7月16日，共有近16万人涌进店铺，30余款商品售罄，日销售额近30万元。9月11日，该旗舰店正式上线并参与天猫专享日主题活动，店铺"粉丝"数量已达21万人。在此后一年的时间里，共吸引了超过70万"粉丝"并引起了众多海内外媒体的报道，一度成为社会热点。[1]

---

1. 中国授权展官网.大英博物馆是如何突破消费场景和商业模式的？[EB/OL].http://www.chinalicensingexpo.com/ppdt/241.html,2018-09-21/2020-10-11.

在此次事件中，博物馆基本是做了引路人和铺路人的工作，暴露出目前博物馆行业中的纵向产业链短、环向产业链不完整、缺乏深度发掘市场潜力的条件和能力的问题。在"不以营利为目的"的行业定义以及事业单位属性的双重规范限定下，博物馆在发展文化产业的过程中，必然会损失一部分甚至是大部分的经济利益。在运营体制未完成全面市场化转型之前，博物馆与社会公司之间尚难在全产业层面展开竞争，这也是目前我国博物馆文创产业中一个极为关键的现实问题。

从短期来看，"大文创产品"概念虽然是现阶段乃至未来一段时期内的发展趋势，但从长远来看，它还是将发展的范围限定在博物馆行业内的各项业务领域之中，这还远远不是博物馆文创设计的最终发展目标。在未来，"大文创产品"的概念将会进一步演化，成为"文化+创意+设计+博物馆+……"的树状发展结构，这其中文化是根基，创意与设计是主干，博物馆与各类行业的合作交织成枝干，而最终所形成的有形或无形的多元化文化产品则是繁茂的花与叶。

5."量变"与"质变"

量质互变规律是唯物辩证法的基本规律，它揭示了事物发展量变和质变的两种状态，以及由于事物内部矛盾所决定的由量变到质变，再到新的量变的发展过程。[1]

如前文所述，国博在2013年以前主要解决的是文创产品数量上的问题，而从2013年开始则更加重视对文创产品设计品质的追求。这种变化发展趋势，一方面是由量变到质变的客观规律所决定的。国博从2009年就开始建立设计研发团队，以平均每年近千件设计方案的规模历经了多年的发展，锻炼了队伍，摸索了经验，并通过与社会各类企业建立合作关系，使产业链不断地拓展与完善。正是这种建立在"量"上的积累使设计能力逐渐提升，形成了"主观想开发，客观能开发"的有利局面，文创产品在品质与数量上都有了显著改观。

---

1. 王锐生，薛文华. 马克思主义哲学原理[M]. 北京.高等教育出版社，1993: 152.

另一方面，从行业的整体发展趋势上来看，同行业间的相互竞争也迫使文创产品由"量"向"质"转化。随着全国各地的博物馆纷纷推出各自的文创产品，使产品市场总量出现了大幅增长。但遗憾的是，其中充斥着大量缺乏创意的产品，影响到产业整体健康发展。

　　国家鼓励发展文创产业的目的之一，是希望通过调整供给侧改革以满足人民精神文化生活的需要，但缺乏创意的低劣文创产品反而造成了各类资源的严重浪费，对精神文化建设产生负面影响，这显然与初衷相背离。2017年，单霁翔曾提出，北京故宫博物院下一步开发文化创意产品要从"数量增长"向"质量提升"转变。[1]可见，从重视数量到重视质量已经成为博物馆对未来发展趋势的普遍认知。

　　一般来说，工业化生产模式下的产品为了达到较低的生产成本，会采用加大生产数量的方式，通过"量"的增长实现产品"价"的降低，以提升市场竞争力和市场占有率。在这样的诉求下，产品往往会表现出标准化、无差别的特征，对于一般产品来说，这种特征不见得是劣势，反而有可能成为在某一产业发展阶段中市场竞争的优势手段。但对于文创产品来说情况则恰恰相反，因为差异化设计才是其重要的核心竞争力。

　　随着信息获取渠道的拓宽与旅游产业的发展，如今的消费者可谓见多识广，对文创产品的精神、文化、审美、功能、质量等方面的要求越来越高，这从一定程度上正在"倒逼"文创产品必须做出相应的改变。在实践工作层面，借助于各类研究成果的持续深入，设计依据不断丰富，产品中的文化内涵也更为深刻和理性，科技水平的进步更为文创产品增添了多样化的表现形式，随之制作工艺也越来越精致，价格越来越亲民。相较于前些年，可以说在设计上已经完全具备了满足消费升级的条件，以下两条客观因素无疑会使产品从深度到广度得到全面的提升。

　　第一，文化内涵向深度"质变"发展。国家文物局曾经在2009年组织

---

1. 郑荣健. 故宫文创产品要从数量增长向质量提升转变——访全国政协委员：故宫博物院院长单霁翔[N]. 中国艺术报，2017-03-11（2）.

了一次全国博物馆文化产品开发情况的调研，结果表明当时我国大多数博物馆的文化产品开发能力不足，产品缺乏特色，品类单调，与旅游景点所经营的商品大同小异，有的甚至粗制滥造，缺乏足够的吸引力。有专家表示，我国博物馆文化产品的开发、经营还处于起步、探索、培育的发展初级阶段，整体水平还不高，而且基础比较薄弱，与发达国家的博物馆文化产品开发相比，差距很大。[1]

而在近几年的文创产品设计中，博物馆已经开始重视并克服了早期对文化元素表象进行简单模仿、重复的设计表达方式，逐渐转向对文化元素内涵的创新性设计上。在内容上，除了关注文物自身的故事，还衍生出新的寓意等深层次的文化线索，并在表现时跳脱出文物造型、色彩、纹饰等方面的局限，以"借物传意"的设计形式来表现深层文化内涵，使产品具有了独特性和唯一性。

下页这件"金枝玉叶相片树首饰架"（见图3.18）的设计就强调了传统文化寓意在现代工业产品中的表达。作品选择"马头鹿角形金步摇"（见图3.17）为原型，在突出鹿角形态的同时刻意弱化了烦琐的细节，将文物特有的金叶造型设计为可摘取的叶状照片框，采用磁力连接，可穿金属链佩戴使用，鹿角底座则可单独作为首饰架使用。由于鹿角的造型具有很强的脉络感，与家族族谱的形式非常近似，在悬挂家人照片时可根据血缘或辈分的关系分别悬挂，形成独特的使用体验。器物采用锌合金材质，表面电镀工艺，降低了成本；而加大底座的配重，则保证了产品的稳定性，因此既可作为实用品，也可作为软装配饰品。整件作品在保持原文物艺术性的同时，融入了现代实用功能及装饰性，强调了家族文化与祝福的含义，将传统文化以现代符号的形式具象地呈现在人们生活中。

第二，产品品类向广度"量变"发展。 2017年1月，文化部公布了包括国家图书馆、故宫博物院、中国国家博物馆、中国美术馆、文化部恭王府管理中

---

1. 刘修兵. 博物馆文化产品开发路漫漫[N]. 中国文化报，2010-02-23（2）.

图3.17 （北朝）马头鹿角形金步摇[1]

图3.18 "金枝玉叶相片树首饰架"设计效果图

（设计师：白藕，作品获得"2017 年中央文化管理干部学院双创人才优秀创意作品奖"。）

心、中央美术学院美术馆、中国美术学院美术馆共7家文化文物单位为文化创意产品开发试点单位，同时还公布了55家备案的文化文物单位和文化创意产品开发试点单位，加上2016年11月国家文物局公布的92家试点单位，共有154家文化文

1. 中国国家博物馆. 中华文明: 古代中国陈列文物精萃[M]. 北京: 中国社会科学出版社，2010: 550.

物单位成为文化创意产品开发试点单位。其中博物馆95家，图书馆37家，美术馆22家，博物馆占试点单位总比的61.7%。

对这些试点单位的调研数据显示：从文创产品数量上来看，2016年故宫博物院文创种类达到9170种，销售收入超过了10亿元。截至2017年年初，中国国家博物馆开发文创产品达到3000余款，其中以国博文物藏品为元素开发的达到600多种，拥有自主设计版权的1800余款。其他试点单位2016年共计开发文创产品种类达到10296种，相较2015年，环比增加2421种，增幅达30.76%。

从文创产品经营收入来看，除中国国家博物馆与北京故宫博物院以外，其他试点单位在2015至2016年两年间通过文创产品共获得经营收入5.65亿元。其中2015年和2016年的相关经营收入分别为2.58亿元和3.06亿元，年度环比增加48009.12万元，增幅高达18.62%；试点单位的文创产品经营收入均值分别为290.16万元和344.2万元。但同时也有数据显示，截至2016年12月，全国共有4526家博物馆，被国家有关机构认定具有文创产品开发能力和产业规模的有2256家，而这其中实现盈利的只有18家，不到1%的比例。[1]

我们可以看到，近些年来博物馆文创产品虽然在广度上呈现出大幅的增长态势，品类从传统的以观赏、收藏、纪念等作为产品价值导向，逐渐转向到涉及生活中衣、食、住、行、用、赏、玩等方方面面的产品形式。但总体上来说，产品仍处于起步、探索、培育的初级阶段，整体设计水平较低且发展不均衡，与发达国家和地区相比尚有差距。

例如我国台湾地区的台北"故宫博物院"，年均艺术衍生品营业额大约在4亿至5亿元人民币，年均参观人数约400万至500万人次，相当于人均消费约100元人民币。截至2019年年初，我国大陆地区博物馆数量共有5354家，年参观人数已达10.08亿人次。如果根据这个人均消费数据进行简单估算，即使我国大陆地区人均消费能力仅有我国台湾地区的39.7%（参照2019年国家统计局两岸人均GDP数据：中国人均GDP为7.1万元人民币，中国台湾地区人均GDP为17.88万元

---

1. 范周.2018中国文化产业年度报告[P].北京：知识产权出版社，2018：295-307.

测算），我国大陆地区博物馆文创产品每年的整体市场规模也应达到约400亿元人民币，而目前只开发了其中的10%左右。这种粗糙的算法虽然极不科学，但仍能大致看出我国博物馆文创市场的整体规模概况。

在面对这样一个具有广阔发展空间的市场时，如果采用单品单件的设计开发思路就显得有些"杯水车薪"。所以要提倡采用产业思维，重点关注那些能够批量带动增长的领域，将产品所涉及的品类、行业逐渐拓宽，使"量"不断向广度发展。同时要在产品"质"的深度方面给予足够的重视，二者结合方可促使整体市场达到一定的品质和规模。

6. "硬周边产品"与"软周边产品"

"硬周边产品"（Core Hobby）与"软周边产品"（Light Hobby）的概念最早源自于国外动漫产业的衍生品。在原始定义中，以纯观赏、收藏为目的产品类型被称为硬周边产品，如动漫模型、"手办"（Garage Kits，GK）等。此类产品几乎没有任何实用价值且价格相对较高，针对的多是发烧友、收藏者等小众群体；而以动漫形象衍生出的具有一定实用性的产品，如文具、服饰等商品则被统称为软周边产品，此类产品品类繁多，数量庞大，价格相对较低且实用性突出，因此具有更加广泛的受众群体和传播渠道。

当这两种概念被引入博物馆文创产品中，则分别对应的是"复仿制产品"和"创意产品"两类。博物馆的"硬周边产品"是指那些以纯观赏性、装饰性、收藏性为目的，对文物具有高还原度的"复仿制品"。此类产品能对文物进行深度的还原，甚至达到以假乱真的程度，但其普遍具有的实用价值不突出、价格昂贵、受众群小、流通性差等种种劣势，使其关注度在当前消费市场中呈现逐渐下降的趋势。而针对这些劣势发展起来的博物馆"软周边产品"则指的是那些借用文物形象而设计的具有实用性的各类创意型产品。通过对文化元素的二次设计而衍生出的产品，不仅能打破原有文物在形式和功能上的种种束缚，更加符合当代人的审美及日常需求，还能通过产业化批量生产的方式降低成本，使消费者买得起、用得起，因此迅速成为博物馆传播文化的重要载体和主要形式。

此前曾有报告显示，家居日用品、文化娱乐用品是博物馆文创产品中的核心类型，占比超过产品总量的80%。[1]在本书的研究过程中进行的一项市场调研也同样显示出这个趋势（见表3.6）。调研显示有62%的受访者选择了"日常生活用品"类，有一半以上的受访者选择了"文具用品"类，此外，"服装配饰""家居陈设"选择占比也超过了30%。这些受关注度较高的品类都属于"软周边产品"范畴，需要借助创意设计将唯一的"藏品"转化成广泛的"商品"。

调研中选择了"文物复制品"这一"硬周边产品"的消费者有24.17%，这说明，约有四分之一的消费者仍然对此类产品有所青睐。因此我们可以断定，文物复制品虽然具有"硬周边产品"的种种缺陷，但在博物馆这一特殊的市场环境中却是一类传统的特色商品，在未来相当长的一段时期内仍是难以割舍的品类。

表3.6 博物馆文创产品品类关注度调研表（多选题）

选 项	比例（%）
日常生活用品（手机壳、包、杯、扇子等）	62.08
文具用品（本、尺、笔、书签、胶带等）	50.42
服装配饰（围巾、耳饰、首饰等）	37.08
家居陈设（装饰画、花瓶等）	32.5
DIY体验商品（自己动手体验的产品）	26.25
书籍、读物	25.83
文物复制品	24.17
玩具	14.58
图书音像制品	12.5
高档艺术品	11.67
特色食品	11.25
化妆品	7.08
电子产品	5.42

1. 腾讯网. 2019博物馆文创市场数据报告[EB/OL].https://xw.qq.com/cmsid/20200310A0MU2D00，2019-08/2020-03-15.

7. 满足你的设计梦：开放版权与"众创"设计

博物馆历来重视对文化资源的保护，但随着社会的发展，对文化资源的合理开发与有效利用问题成为新时代博物馆所要共同面临的新课题。特别是在文创产品的设计开发中，中外博物馆普遍面临着品类单一、供应链薄弱、版权保护缺失等难题。在保证文物安全和知识产权的前提下，如何能创造出数量更多、层次更丰富、内容更深刻的文创产品，从而使更广泛的人群了解博物馆文化？除了跨界合作以外，开放版权或许是适应发展趋势的另一个途径。

版权的有限开放，可以被视为博物馆践行文化传播职能的一种形式。将文物元素、研究成果、技术规范甚至是发明专利等，向社会公众提供有条件或无条件使用，以此来激发整体社会的参与热情和创造力，可使文物的历史文化价值得以更广泛的传播。

2016年12月6日，国家文物局、国家发展和改革委员会、科学技术部、工业和信息化部、财政部共同印发的《"互联网+中华文明"三年行动计划》对博物馆数字化发展提出了战略部署，指出：作为国家"互联网+"战略的重要组成部分，"互联网+中华文明"也是"稳增长、调结构"中的重要一环，在"创新、协调、绿色、开放、共享"的发展理念下，对打造大众创业、万众创新和增加公共产品、公共服务"双引擎"，主动适应和引领经济发展新常态，形成经济发展新动能，实现经济提质增效升级具有重要意义。到2019年末，初步构建文物信息资源开放共享体系，基本形成授权经营、知识产权保护等规则规范。[1]

2012至2016年，国务院统一部署开展了第一次全国可移动文物普查。2017年4月7日，国务院第一次全国可移动文物普查领导小组办公室和国家文物局共同发布的《第一次全国可移动文物普查工作报告》披露的数据表明，全国可移动文物共计10815万件（套）。此次普查通过采集27项收藏单位信息和15项文物基础信息，建成了国家文物资源数据库，登录文物照片5000万张，数据总量超过

1.国家文物局官方网站.国家文物局、国家发展和改革委员会、科学技术部、工业和信息化部、财政部 关于印发《"互联网+中华文明"三年行动计划》的通知[EB/OL].http://www.ncha.gov.cn/art/2016/12/6/art_2318_23562.html,2016-12-06/2021-01-15.

140TB，基本建成了全国文物大数据体系。普查按照统一标准为每件文物赋予永久、唯一的22位数字编码，建立起文物实物、藏品档案、电子信息关联一体的"文物身份证"编码和数据管理系统，全面夯实文物基础工作，初步建立可移动文物数据社会服务和共享机制。[1]

此次普查将文物转化为数字化影像，为资源统一管理利用、开发设计、确权、授权等工作打下了基础。借助于数字版权与互联网技术的应用，以数字化信息的方式向公众分享藏品资源，已经成为当前的主要趋势。博物馆作为物权所有者，持有藏品的数字文档、影像资源等版权，通过直接授权或间接授权的方式进行开发和利用，并以产权交易的形式获取相应的回报。此举可为博物馆文创设计工作带来两方面的改变，一是通过便于查询的大数据为设计开发提供参考依据；二是可以调动社会力量的积极参与，解决文创设计供应链的问题。

我国台湾地区的台北"故宫博物院"在2015年年报中显示，其2014年度出版品授权、图像授权及品牌授权所得的签约金总计约6000多万新台币。在2017年，台北"故宫博物院"开放了7万张普通像素的图片，民众可通过官网的"Open Data专区"进行免费下载。另有1640张较高像素的图片，可在同一专区的"精选图像下载"一栏中下载，且这一部分的图片每一季都会再增加500张。其中就包括了翠玉白菜、肉形石、毛公鼎、王羲之《快雪时晴帖》、怀素《自叙帖》、莲花温碗等馆藏文物精品。公众在下载和使用这些文物图像无需申请、不限用途、无需付费。台北"故宫博物院"发表的声明中表示："文物图像免费开放目的是让数码典藏成果分享给大众使用，扩大博物馆公共化效益，更希望借此吸引、鼓励和促进参与博物馆文创产品开发的企业，更多地投入博物馆文创产品开发，加强文化产品品牌竞争力。文物不应只在博物馆里，而应是全民共享的文化资源，是可以转化为财富的资源。"这也是博物馆落实公共文化政策的一项具体措施。

---

1. 国务院第一次全国可移动文物普查领导小组办公室，国家文物局.第一次全国可移动文物普查工作报告[EB/OL].http://www.ncha.gov.cn/art/2017/4/7/art_1984_139379.html,2017-04-07/2021-01-15.

在国际上，则更早地显现出这种共创共享的发展趋势。2001年，由斯坦福大学法律系教授劳伦斯·莱斯格（Lawrence Lessig）创立的"知识共享"（Creative Commons，CC）正式运营，这是一个非营利性的公益组织，主要宗旨是为了增加创意作品的流通和普及或作为其他进一步创作或共享的资源基础。该组织提供了一种名为"无权利保留协议"（Creative Commons Zero，CC0协议）的授权方式，最初版本在2002年12月16日发布。2006年3月29日，知识共享中国大陆版（CC China）2.5协议在北京中国人民大学举办的"简体中文版知识共享协议发布会暨数字化时代的知识产权与知识共享国际会议"上正式发布。

纽约大都会艺术博物馆参与了此项协议，并于2017年初，免费向公众开放了该馆37.5万件藏品的高清图像资源版权。任何用户都可以直接从官网平台上免费下载，不受限制地使用和分享。而且还提供了藏品的作品名称、创作时间、作者信息、材质、尺寸等详细资料信息。

荷兰国家博物馆也将超过15万幅高清图片向公众开放，以供公众收藏、下载，甚至进行再创作。博物馆还专门设立了"荷兰国家博物馆工作坊奖"（Rijksstudio Award）以鼓励优秀的创意作品。馆长维姆·贝维斯（Wim Pijbes）认为：公共收藏领域的艺术作品版权限制应该被取消，让大众自由使用，至少保证在文化方面的用途。文物藏品是全人类的财富，博物馆只是代管者，开放藏品的高清图像，开放使用版权，无疑能够促进博物馆文化资源的利用和转化。

此外，哈佛大学燕京图书馆开放了35.3万卷中文善本古籍的高清图像，意大利乌菲齐艺术博物馆开放藏品资料图像的分辨率已经高达4000万至1.5亿像素。还有如华盛顿美国国家美术馆、美国现代艺术博物馆、洛杉矶盖蒂博物馆等都先后加入了该协议。截至2019年5月1日，"知识共享"官方网站提供参与"CC0"授权协议的图片已经超过了3亿张。

显然，逐渐开放藏品资源已然成为一种发展趋势，其重要意义在于通过资源共享的方式鼓励社会多方广泛参与，借助"共享、共创、共赢"的力量共同传播文化信息，完善博物馆在产业中的价值定位。对于博物馆文创产品设计工作来说，版权开放的实际意义可体现在以下四个方面：

第一，**社会效益方面**。利用博物馆在文化文物资源开发中的物权优势，加快文化文物的普及宣传工作，将资源优势兑现为社会价值。

海量的藏品规模奠定了博物馆在文创产品设计中的物权优势，使其在设计开发中成为各类文化资源的版权主体。但如果采用传统的方式加以展示，则受制于资金、场地、时间、观众流量等诸多因素的限制，不仅展示传播的效果极不稳定，而且效率低下，致使大量"沉睡"于库房中的藏品难以在短期内"苏醒"，丧失了与公众进行面对面交流的机会。

近几年，各个博物馆通过采用扫描、摄影等方式对藏品进行了数字化加工、归类存档等大量卓有成效的工作。这些数字图像资料可以借助各类媒体、移动终端把传统的参观模式转化成随时随地赏析的形式，成为有效解决文物"藏在深闺人未识"的良策，是博物馆馆藏资源"开放"和"保护"得到平衡的良方。

第二，**经济效益方面**。版权开放能够加深社会公众对文物的了解，激发主动参与的热情，在社会效益被有效激发的前提下，可以进一步展开对经济效益的转化工作。

例如台北"故宫博物院"从2010年便开始持续举办"国宝衍生商品设计竞赛"活动，通过对文物的版权释放与文创设计竞赛相结合的形式，长期向社会公众征集设计方案，并对其中的优秀方案进行汲取和商业转化。其中根据人气藏品"翠玉白菜"为主题而衍生的"翠玉白菜伞"就是由一位年仅16岁的高二学生所设计，在经过商业化运作后，一经上市便得到了消费者的青睐。可见，对博物馆自身来说，版权开放不仅可以获得社会效益，同时也是收获经济效益的一种途径。

第三，**设计工作方面**。版权开放可以从一定程度上化解在文创设计工作中无图可用、无信息可查的尴尬局面，是解决馆藏文物保护和利用之间矛盾的有效方式，同时也为文化文物得以迅速而广泛的传播提供了可能。

开放版权的核心意义在于动员全社会的力量共同参与到博物馆文创产品设计中来，将传统的以专业人员为主的"独创"开发模式转变为以公众广泛参与的全新"众创"模式。甚至可以策划如"创意市集"之类的活动，将规模进一步扩大，同时也使博物馆履行了文化资源"取之于民，还之于民"的社会公益职能。这将有助于进一步加强博物馆文化传播的效能，在实现博物馆自身"小我"发展的同时，激活群体性的创新意识，最终实现社会整体良性持续发展的"大我"目标。

第四，开放版权的边界问题。 博物馆在开放文化资源时须注意尊重藏品原件的所有权、数字藏品版权、商标标识以及博物馆标志等相关权益。文物藏品由于时代久远，许多作品著作权中的部分权益已经不在保护期限以内，但仍然要注意保护署名权、修改权和作品的完整权。特别是要对博物馆藏品的产权及相关权益进行诠释和梳理，在充分"确权"之后方可进行版权的开放利用。

目前，除了"CC0"授权协议是主张版权人对作品不保留任何权利以外，其他的各类版权开放方式都有相应的限制条件。（值得注意的一点是，由于中国大陆并不允许著作者放弃自己的署名权，任何情况下引用版权作品的最低限度是注明作者，因此"CC0"协议并没有中国大陆版本。）

与"CC0"协议相对应的还有一种被称为"CC"（Creative Commons）的授权协议，两者不同之处在于，"CC"协议并非一种无条件的授权，其中有明确的四个授权要素，分别为署名、非商业性使用、禁止演绎和相同方式共享，各自代表了一定的授权权限（见表3.7）。而且，这四个要素相互交叉构成了六种授权条款，各条款分别约束了不同的授权行为（见表3.8）。

表3.7　CC授权协议中的四种不同权限

全称	英文	缩写	说　明
署名	Attribution	BY	允许他人对享有著作权的作品及演绎作品进行复制、发行、展览、表演、放映、广播或通过信息网络向公众传播，但在这些过程中必须保留对原作品的署名
非商业性使用	Non Commercial	NC	允许他人对享有著作权的作品及演绎作品进行复制、发行、展览、表演、放映、广播或通过信息网络向公众传播，但仅限于非商业性目的
禁止演绎	No Derivs	ND	允许他人对作品原封不动地进行复制、发行、展览、表演、放映、广播或通过信息网络向公众传播，但不得进行任何形式的改编、演绎、创作
相同方式共享	Share Alike	SA	允许他人在遵守与原作品相同的授权条款的前提下使用由原作品产生的新作品

表3.8　CC授权协议中的六种授权条款

授权类别	授权条款
署名	该项许可协议规定他人必须标明原作者姓名，方可对原作进行发行、编排、节选等
署名+ 非商业性使用	该项许可协议允许他人基于非商业目的对作品重新编排、节选或者以作品为基础进行创作。尽管新作品必须注明原作者姓名并不得进行商业性使用，但无需在演绎作品上使用与原作相同类型的许可条款
署名+ 非商业性使用+ 相同方式共享	该项许可协议规定他人必须注明原作者姓名并在以原作为基础创作的新作品上适用同一类型的许可协议，就可基于非商业目的对作品进行重新编排、节选或者以原作品为基础进行创作
署名+ 禁止演绎	该项许可协议规定他人必须完整使用原作品并保留原作者的署名，就可基于商业或者非商业目的对原作品进行再传播
署名+ 非商业性使用+ 禁止演绎	该项许可协议规定他人只要注明原作者姓名就可以与他人共享原作品，但是不能对作品做出任何形式的修改或者进行商业性使用
署名+ 相同方式共享	该项许可协议规定只要他人在基于原作品创作的新作品上注明原作者姓名并在新作品上使用相同类型的许可协议，就可基于商业或非商业目的对原作品重新编排、节选或者以原作品为基础进行创作

　　然而，知识产权保护所强调的垄断性与博物馆定义中的公共性原则相互矛盾，博物馆用馆藏文物进行商业活动这一行为也曾经引起过广泛的质疑，实际上这是一个对藏品使用界限的问题。

　　我国大部分博物馆均属于公益性文化事业类单位，其属性决定了藏品必须要对社会开放，公众均可对其进行再创作。在这个前提下，博物馆中的藏品资源显然已经成为一种公共资源。而博物馆通过"二次加工"得到藏品的各类原始信息，包括以语言、文字、图片、声像等不同形式记载的文物状态、特征及其与客观环境之间的联系，或是基于文物形成的各类研究成果，经过加工处理并通过各种载体表现出来的有形的或无形的信息等，都可被视为博物馆自身的版权资源。将这些信息资源与大众共享，可以使公众对藏品有更深入、更丰富的了解，也使博物馆履行了社会公益职责。

　　如前文提及的几家博物馆均未对开放版权的文物资料收取费用，属于无条件供公众使用，遵循了博物馆的公益属性。但是，如果进一步分析这些率先在线上免费开放的信息资源我们就会发现，大部分数据图片的分辨率远远达不到制作高清晰产品的要求，如需更高质量的资源仍需单独申请甚至付费。可见，在免费开放的同时，各个博物馆在资源的公共属性、知识产权、经济效益之间已经做出了必要的权衡。

不可否认，开放版权是把"双刃剑"，在开放的同时也要强调监督管理。对博物馆来说，其文化资源的产权仍然需要依据相关法律法规程序进行，至少要经历创权、确权、授权、维权的过程。那些基于文物元素进行的二次设计创作必须受到知识产权的保护，这也是有利于设计产业良性发展的有效的、必要的措施——毕竟创意设计与知识产权是分不开的，没有对知识产权的保护，何谈设计创新？

虽然开放版权的发展趋势已然显现，但国内市场环境的特殊性决定了在具体实践中仍需谨慎。博物馆需要通过监管的方式维护和保障博物馆文化产品创作方向的正确性，要认识到对资源的创作和演绎都是有前提的，有约束的，不能曲解藏品原本所要表达的思想内容，不能违背其中的精神内涵，更不能以低俗、恶搞的方式损害文化的本质。例如北京故宫博物院通过设立法律处，组建专业的法律顾问团队以解决版权纠纷中涉及的问题，一旦发现侵权行为会主动联系侵权方，要求其立即停止侵权行为。[1]这种严格的监管措施不仅履行了作为公共资源收藏者、管理者和发布者的博物馆的责任和义务，也维护了其自身的权利和利益。

文物是人类历史变迁的见证物，是具有公共性质的；而知识产权则具有垄断性，属于私权的范围。博物馆作为文物的收藏机构，也是为社会服务的公共机构，如何平衡两者之间的关系，如何解决文物信息输入与输出的问题，如何把控文物信息资源开放边界的问题，这些都是博物馆在开放版权时所要面对的现实情况。[2]

---

1. 侯伟. 故宫博物院开发文创产品的秘诀[EB/OL]. http://www.iprchn.com/Index_NewsContent.aspx?newsId=94783,2016-08-02/2019-12-17.
2. 本节中部分信息引用自：文博圈.台北"故宫"放大招：7万张文物图像免费商用[EB/OL].https://www.sohu.com/a/156711167_488370.2017-07-13/2019-11-03.
   知乎. 知识共享（CC协议）简单介绍[EB/OL]. https://zhuanlan.zhihu.com/p/20641764.2016-03-29/2019-11-03.

8. 文创的另一个维度：科技创新

一个行业的创新是多方面的，包括理论创新、体制创新、制度创新、人才创新等，其中科技创新的地位和作用十分重要。简单来说，科技包含了科学与技术两个概念，科学解决理论问题，技术解决应用问题，二者均是人类在认识世界、改造世界过程中所积累下来的知识体系和生产工具。

科技为人文学研究提供新的理论工具、研究材料和技术手段，科技的进步是一个不断增量的过程，是一个不断进步的过程。因此，无论是在过去、当今还是未来，设计的发展均离不开科技创新的引领。在文创设计的知识体系中，我们应将科技作为重要的环节加以重视和利用，并且将科技文创产品单独划分为一类。

特别是在当前的形势下，博物馆文创产品正在由低成本竞争向质量效益竞争转变，而科技中所含有的代表未来发展趋势的高新技术，正是驾驭这种转变的核心要素之一，因此，在设计中应包括对人类科技文明的表现。通过与科技相互结合，以普及科学知识、弘扬科学精神、传播科学思想、倡导科学方法为目标，突出产品的科技性、文化性、艺术性、互动性和实用性，这将有助于拓展设计思路，激发创新创意活力，丰富产品品类，对打破僵化的产品设计格局，创造差异化发展模式有极大益处。

中国科协发布的《2020年度事业发展统计公报》显示，目前我国拥有各级科协3097个，包括中国科协机关及直属单位、省级科协、地级科协、县级科协，其中直属单位2016个，各级科协从业人员37431人。仅各级科协和两级学会举办的青少年科普宣讲活动就有60288场次，青少年科普宣讲活动受众人数高达4.2亿人次。[1]

显然，这是一个定位相对精准并且具有极强发展潜力的市场，但由于科技类文创产品对设计师理工知识的要求较高，而我国设计专业教育曾大量采用文科专业体系，这在一定程度上限制了当前设计从业人员的专业结构，使科技类产品

---

1. 中国科学技术学会. 中国科协2020年度事业发展统计公报[EB/OL]. https://www.cast.org.cn/art/2021/4/30/art_97_154637.html,2021-04-30/2021-05-18.

的设计开发具有一定的不确定性。

科技类文创产品的设计不仅要突出审美、艺术、实用等基本功能，还要兼顾科学原理在其中的体现，甚至需要做大量的实验，因此设计过程通常更为耗时耗力。在解决科技类文创产品设计问题时，首先要解决专业设计人才队伍的培养建设问题，以各个领域的工程师与具有美学训练基础的设计师组合搭配成的设计团队，或许是能暂且打破目前困局的方式之一。

根据产品的不同特点，我们可将科技文创产品大致划分为以下四类：

第一，科技应用类产品。这类产品是指通过科技手段生成的，或是利用科学概念达到良好展示效果的文创产品，是具有技术内核的科技产物，能解释科学原理或科学技术的应用。

《中国制造2025》是由国务院于2015年5月印发的部署全面推进实施制造强国的战略文件，是中国实施制造强国战略第一个十年的行动纲领。[1]其中，将智能制造技术列为五大工程之一。下页图中这件根据中国科技馆展品而设计的"自动化生产线"（见图3.19）就是这类特殊的科技应用类文创产品，也是智能制造技术的重要体现。

其中包括了两种类型的产品：一是按照工艺流程将生产线上的机器联结起来，形成包括上料、下料、装卸和加工等全部工序自动控制、自动测量和自动连续的生产加工流程，是一件真实的自动化生产线机械设备。二是观众可以看到产品从无到有的自动化加工全过程，从而了解自动化生产线高效、有序的生产方式，并通过自助下单的形式最终加工出一件观众可以购买的定制化文创产品。这种产品的特殊之处即在于不仅仅是让消费者购买到一件产品，更是将产品的加工全过程展现在观众面前。这种真实的感官体验对观众来说充满了未知和好奇，在惊喜之余能够增长知识，并留下深刻的体验记忆。但对于大多数博物馆来说，限于场地、安全等客观条件的制约，导致此创意的概念性较强，但可以作为一种优秀的设计思路加以借鉴学习。

---

1. 周苏，王硕苹. 创新思维与方法[M]. 北京：中国铁道出版社，2016：42.

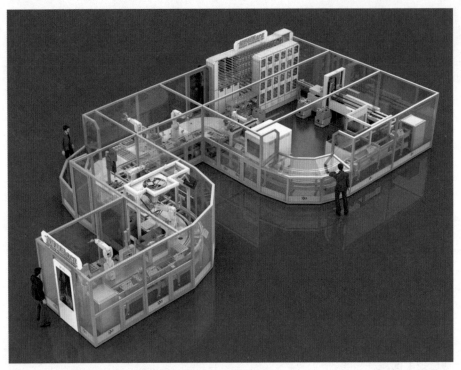

图3.19　中国科技馆文创产品"自动化生产线"概念效果图

（设计源自中国科技馆展品　陈明晖供图）

　　另一件名为"燕舞莺飞"双轴飞行器的设计，注重了科技与传统文化的结合，其市场切入点是目前飞行器产品中缺乏中国文化特色和针对儿童的设计。产品造型参考了中国传统工艺风筝，选取带有吉祥寓意的"春燕"为外形元素，结合了双轴飞行器的技术。双轴飞行器的技术难点在于飞行时的稳定性，需要设计师精通空气动力学原理，使飞行器自身飞行姿态与两个螺旋桨产生的动力达到平衡。这件产品的两个螺旋桨采用的是电机直连的机构方式，当遥控改变电机转速时，飞行器将获得上升或下降的力，从而调整自身飞行姿态（见图3.20）。

　　随着磁悬浮列车这种新型交通工具的出现，通过磁力克服重力使物体悬浮的技术逐渐为世人所知。利用这项技术而设计的台灯、香炉、音箱、地球仪等生活日用品在普通人看来，是一类既神奇又兼具实用性的科技产品。

P128这件"福山·磁悬浮蓝牙音箱香具"取源于《山海经》《史记》《列子》《十洲记》等历史文献中关于"方丈、蓬莱、瀛洲"三座仙山的记载,"人间仙境""三山五岳"及中国园林中"一池三山"的营造法式均源于此说。以此为文化背景,作者受到了传统盆景形式的启发,通过与磁悬浮技术的结合使香盒能够漂浮于空中并缓慢旋转,借助于蓝牙音箱的功能,将缥缈、空灵的感受以物化的形式表现了出来,使功能、审美、文化三重属性在一件器物中得到了融合,使用者可以同时调动视觉、听觉、嗅觉等多重感官,共同营造出独特的文化美感。

图3.20　中国科技馆文创产品"燕舞莺飞"双轴飞行器效果图

（图片由厦门亦翰文化传播有限公司提供）

作者根据史料中所记载的三座仙山各自不同的特点,分别设计了烟盖的形式,以"3D"打印作为成型方式。方丈,文献记载为"岛有龙及金碧辉煌的宫殿",因此设计为金色的晶格体加以概括;蓬莱,文献记载为"外有圆海绕山,唯飞仙能到其处",因此设计为光滑陡峭的三座山体,同时也对应了"三峰为山"之说;瀛洲,文献记载为"出泉如酒,饮之长生",因此设计为模拟液体流动的状态,以示"琼浆玉液"。三件产品的磁悬浮发生器底座设计为统一的模具,既突出了套系感又有利于批量生产,最大限度地控制了生产成本(见图3.21)。

第二,科技元素类产品。这类产品中虽然包含了科技类的元素,但不需要直接展示科技技术或科技原理。产品更关注于展示科技之美或科学家的魅力,并通过与艺术、工艺的结合,形成能够激发艺术鉴赏力,弘扬科学精神的文创产品,比如将科学家本人的形象或是代表几何原理的图形、符号、公式等设计成图案元素用于产品之中。

方丈　　　　　　　　蓬莱　　　　　　　　瀛洲

图3.21 "福山"磁悬浮蓝牙音箱香具概念设计效果图

（作者：白藕，周茜。作品获得 2020 年"第一届金芦苇工业设计奖"优秀概念设计奖）

　　科学不仅是人类生产生活、发明创造的基础，还是一切美的根源。加强科技人才队伍建设，推进自主创新，人才是关键。没有强大的人才队伍做后盾，自主创新就是无源之水、无本之木。[1]的确，社会的发展，科技的进步均离不开一个最值得尊敬和铭记的群体——科学家。大力弘扬科学家精神不仅仅是这个时代的号召，更应该成为日常教育的重要组成部分，开发与之相关的文创产品可以让科学家的形象和精神更加深入人心。

<hr />

1. 人民网-中国共产党新闻网.习近平叮嘱加快科技人才建设：功以才成，业由才广[EB/OL].http://cpc.people.com.cn/xuexi/n1/2016/0611/c385474-28425138.html,2016-06-11/2020-07-02.

这件参考"齐彦槐制天球仪"的外观造型而设计的"求良日"天气预测球（见图3.23）纪念了清代科学家齐彦槐。设计师在玻璃球体容器中注入了含有硝酸钾、氯化铵、乙醇、樟脑等物质的溶液。由于这种液体会根据外界的温度变化而产生多种不同的结晶体，因此在19世纪的欧洲曾被作为预测天气的仪器使用。虽然现代科学研究已经证实了其预测准确度不高，但同时也说明了科学实际上只是人类对自然的阶段性认知，永远会存

图3.22 （清）齐彦槐制天球仪[1]

图3.23 "求良日"天气预测球设计效果图

（设计师：白藕，2015 年）

1. 中国国家博物馆官方网站.http://www.chnmuseum.cn/zp/zpml/201812/t20181218_25675.shtml.

在局限性。因此，这类已经被证明为"不科学"的成果仍可作为人类探究自然过程的实际物证加以利用。近几年，利用这一科学原理设计的文创产品开始大量出现，取得了不错的市场效果。（见图3.24、图3.25）

图3.24　中国国家博物馆小鹿风暴瓶天气瓶[1]

图3.25　大英博物馆盖亚·安德森猫风暴瓶[2]

---

1. 京东中国国家博物馆旗舰店[EB/OL].[2022-07-25]. https://item.jd.com/10021479114394.html?cu=
   true&utm_source=www.baidu.com&utm_medium=tuiguang&utm_campaign=t_1003608409_&utm_term=44
   6022c650ff4f9dba70495584dec206.
2. 京东大英博物馆官方旗舰店[EB/OL].[2022-07-25].https://item.jd.com/67644188129.html?cu=true&utm_
   source=www.baidu.com&utm_medium=tuiguang&utm_campaign=t_1003608409_&utm_term=091b4d38f7b3
   49368525792f6a4d92ed.

第三，科技实践类产品。通过亲自动手进行互动体验以启迪创新精神的文创产品，总会激发人们的兴趣和潜能。这类产品如同是科学实验，提倡以手脑并用的形式来加深对科技的理解，通常会以多件套的组合形式呈现，如以"乐高"（LEGO）为代表的插接类益智产品即属于此类。这一类型的产品不仅在市场中存量较多，而且在每年各类产品设计竞赛中均有大量的优秀设计作品出现。

虽然科技实践类产品数量众多、创意独特，但通常是对现代科技的表现，而对博物馆来说，还应重视对传统科技的表达，寻求可被现当代接受的形式，展现历代曾对人类文明进步起到推进作用的各类科技成就。比如榫卯是中国古代建筑、家具等木质器物的主要结构，利用这种独特结构设计文创产品能够直观地体现出中国传统文化中的科技智慧。此外还有如"华容道""九连环""鲁班锁"等，这类传统益智类产品之所以在当今社会中被"冷落"，其根本原因均在于没有找到适宜的现当代表达方式，一味地、单调地延续传统必然会失去大量的当代受众。

第四，3D打印类产品。严格来说，3D打印技术属于科技应用类产品，但由于近几年的发展速度迅猛，已经成为具有独立产业链的行业，因此将其单列进行讨论。

3D打印技术是一种能够快速成型的"增材"制造技术（Additive Manufacturing，AM），在制作工艺方面的创新被作为第三次工业革命的重要生产工具。不同于传统的计算机数字控制加工技术（Computer numerical control，CNC），3D打印技术是以数字化模型为基础，借助3D辅助设计软件在电脑中建立三维模型，再通过专业的3D打印机使用金属、塑料等材料以逐层堆积的方式构造物体。该技术的最大特点在于，可以将传统加工工艺难以实现的造型予以快速而准确的成型，在不借助任何额外的机械加工和模具的条件下，就可以直接生成复杂形体，极大缩短了产品的制造周期，在小规模生产中所展现出低廉的生产成本和快速成型的工艺特点使其具有极强的市场竞争力，这对于文创产品设计特别是在模型"打样"阶段具有显著价值。

"打样"是在产品设计中研究系统、过程、事物或概念的一种表达形式，通常是根据实验、图样而按比例制作的产品样品。在传统的生产方式中，模具的开模通常费用较高，周期较长。为了降低产品量产的风险性，在多数情况下首先会制作出等比例的模型，对设计加以验证评估，之后再进行正式模具的制造和产品批量生产。文创产品打样模型可分为草图模型、展示模型、样机模型三种类型（见表3.9）。

表3.9　文创产品打样模型分类

类型	说　明
草图模型	和概念草图一样，是设计师对产品造型的整体感知和初步构思，是设计师表达设计概念想法的最简单、最直接的探索方式。通过草图模型可以对设计进行推敲和修改完善，为进一步深入探讨设计细节奠定基础
展示模型	需要表达出产品的真实外观形态，完整展现设计师的设计意图。通常制作材料与最终产品所用材料有所不同，通过模拟真实材料的质感和效果可达到节约模型成本的目的
样机模型	是在工业设计领域普遍采用的检验设计成果的方法，也是在产品量产之前制作的完全符合产品生产技术和工艺要求的模型。模型不仅要具备真实的产品外观，同时必须具备产品所具有的一切功能

无论是哪种模型，其制作工艺方法均会与规模化流水线生产有所不同，目前基本要靠分模制作再人工组装，全过程主要依靠手工完成，对人员的技术水平要求高，制作周期长，精度很难把控，因此单件成本极高。

相对于传统模型制作来说，3D打印技术具有成本低、加工快、精度高等特点，并且可以借助于专业的三维设计软件建立数字模型，对产品的造型进行反复的推敲和检验。常用的软件有3DMAX、RHINO、MAYA、C4D、ZBRUSH、SOLIDWORKS、PRO/ENGINEER、AUTOCAD等。软件版本随着升级，对3D打印机的支持越来越友好，如今有些软件甚至已经可以直接支持3D打印格式。

目前，3D打印可分为生物打印、熔融沉积成型、光固化成型、选择性激光烧结等多种技术类型，但由于各项技术仍处于高速发展期，更新迭代较快。相对较为成熟稳定的技术有表3.10所列几种类型。从技术可行性和市场普及率来看，较适用于文创产品设计工作的是光聚合技术（DLP）和热挤压技术（FDM），两种技术的优劣对比见表3.11。

表3.10　3D打印常用技术类型表

技术类型	采用技术	适用材料
挤压	熔融沉积式热挤压技术（FDM）	热塑性塑料，共晶系统金属、可食用材料
线	电子束自由成型制造（EBF）	几乎任何合金
粒状	直接金属激光烧结（DMLS）	几乎任何合金
	电子束熔化成型（EBM）	钛合金
	选择性激光熔化成型（SLM）	钛合金，钴铬合金，不锈钢，铝
	选择性热烧结（SHS）	热塑性粉末
	选择性激光烧结（SLS）	热塑性塑料、金属粉末、陶瓷粉末
粉末	石膏3D打印（PP）	石膏
层压	分层实体制造（LOM）	纸、金属膜、塑料薄膜
光聚合	立体平板印刷（SLA）	光硬化树脂
	光聚合技术（DLP）	光硬化树脂

表3.11　两种常用技术优劣对比

技术类型	优　势	劣　势
光聚合技术（DLP）	精度高，通过后期的手工打磨与着色等工序基本可以达到产品级的外观质量，适合制作雕塑、手办等复杂的三D成品，价格相对合理	在生产过程中会产生刺激性气味，需要专门的独立封闭空间方可使用，对打印产品的尺寸有限制，目前业内应用较多的是成品在60cm以内的3D打印设备，如大于此尺寸则需要分开切割打印后再组装成完整的成品
热挤压技术（FDM）	设备的机械结构简单，对使用场地几乎没有特殊要求，如果使用PLA、ABS、碳纤维等作为打印材料，可以说是现有3D打印技术中性价比最优的，这种技术也是最先走入民用层级的3D打印技术	由于采用的是逐层堆积的增材成型打印方式，打印速度相对较慢，精度较低，壁厚不均匀，表面光滑度欠佳，需要在后期进行精细打磨等加工工序，且材质硬度不高，耐热性能普遍较差，通常在70℃以下，使用材料受限，以碳纤维和塑料为主

　　从发展趋势来看，3D打印技术可以应用的范围将超乎现有的想象，比如美国陆军已经开始在战场上使用一种价值550美元且仅有背包大小的3D打印机，以便生产损坏的武器零件、加快补给速度，还能根据战场实际需要快速生产各类工具。看过电影《007大破天幕杀机》（*Skyfall*）的观众或许能猜到，影片中詹姆斯·邦德驾驶的阿斯顿·马丁DB5不是一辆真车，但很少有人知道这辆逼

真的汽车其实是在德国用3D打印机打印出来的，而不是通过传统的人造板和胶水制作的。[1]

2022年8月，为纪念《侏罗纪公园》上映30周年，非常博物馆（Very Museum）在获得环球影业的正版授权下，设计推出了限量版侏罗纪公园30周年纪念系列雕塑产品。其中一款"象蚊琥珀雕塑"采用了Stratasys J850 Prime 3D打印机，使用了VeroClaer、VeroCyan-V、VeroMagent-V等材料，完成了全彩多材质材料打印，将存有恐龙基因的古老蚊子以最真实的形态进行定格。金黄色的琥珀结晶亦呈现出轻盈通透的真实质感，精细且完美地还原了所有设计细节。[2]多材多彩一次性打印一直是3D打印技术中的一个难点，虽然这件产品从一定程度上对此项技术进行了探索，但在市场普及上仍需时日。

3D打印技术总体属于一种相对节约的生产模式，具有极高的开发潜力和市场应用前景，并有向民用发展普及的趋势。在目前的实际应用中其优势与劣势均展现得较为明显（见表3.12）。

表3.12　3D打印技术优势与劣势对比表

技术优势	
在节约能源和环境保护方面	打印过程中所产生的废料较少，提高了材料的利用率，而且使用的材料多具有可降解或可回收再次利用的环保特性
在生产周期控制方面	可以直接将计算机制作的数字化模型快速转化为实物模型，极大地提升了生产效率
在成本控制方面	由于不需要车、铣、磨、刨等传统加工工艺流程或任何实物模具，节省了设备与人员所占用的生产空间和人工投入，并且能一次性直接打印出组装好的产品，进一步节省了生产组装的时间和人工成本
在操控性方面	发展趋势之一即向民用层普及，因此在操控性上各个厂商均将界面友好的一键式操作定为发展目标，使用户不需要较多的知识积累即可操作设备

1. [英] 约翰·霍金斯（John Howkins）. 新创意经济 3.0[M]. 马辰雨，王瑞军，王立群，译. 北京：北京理工大学出版社，2018：3.
2. 3D 打印科技微信公众号 .10 例——3D 打印博物馆 [EB/OL].2022-10-27[2022-11-07].https://mp.weixin.qq.com/s?__biz=MzkwMzMzOTgwMA==&mid=2247491844&idx=1&sn=3cafcb43115e875351b1187e6beec010&chksm=c0956b73f7e2e265eb31503c3b1872d27672666ed800c19e58a972498673639adc6526077540&scene=21#wechat_redirect.

技术优势	
在普及率方面	2016年我国开始兴起3D打印教育，3D打印技术成为培养中小学生全面素质的教育途径之一，这为该项技术在未来的普及打下了一定的基础。随着厂商的逐渐增加，市场竞争日见激烈，致使材料、设备的成本及市场价格相较于前几年均有了大幅度的下降，我们可以预见在不久的将来，3D打印机将如同今日的家用打印机一样，成为人人均可买得起、用得起的普及型设备

技术劣势	
在打印材质的使用方面	用材极为受限。由于增材加工制造技术对材料性能的要求高，研发难度大，目前能用于打印的材料非常有限，主要是塑料、树脂、石膏、砂浆和金属等几类，且一些材料的打印成本较高（如金属类），并在化学性能（如耐高温、绝缘性等）方面仍不稳定
在精度与强度方面	以3D打印技术制造的模型在精度（如尺寸精度、缩胀精度、表面精度等）与强度（如材料的刚度、耐疲劳性等）方面尚不能令人满意，因此还不能完全取代传统的减材制造技术
在大批量、规模化生产方面	目前毫无优势可言，传统的生产加工模式仍是主导，只有在个性化、定制化、快速化成型方面，其优势方可得到充分体现
在处理复杂的颜色材料方面	难以处理复杂的颜色材料是这项技术的一个短板，目前多数3D打印机仅限支持单色、单料的打印工作，打印的成品需要后期手工上色。虽然在2015年由微软（Microsoft）主导而创立的"3MF联盟"（3D Manufacturing Format Consortium）制定了"3MF"这一新型3D打印文件格式，对传统的STL、OBJ等文件格式做出了重大改进，已经可以支持全彩色、纹理和透明材料的物理3D模型，但在硬件普及方面还尚需时日，短期内还不能彻底解决一次性打印多材多色的问题
在核心技术方面	相关核心技术的知识产权、专利权大多分别掌握在国外的多家企业和研究机构中，这从一个方面限制了行业在我国的普及发展

　　能够快速而高效地完成手工或传统加工方式难以实现的工艺，是3D打印技术的一个重要优势，虽然目前在文创产品设计工作中仅仅是在打样环节及一些特殊的产品设计中适用，应用范围尚显狭窄，但作为对传统生产制造技术的补充，其发展速度和市场前景却极为可观。

　　我们可以试想，如果3D打印机在民用层面得到了普及，那么3D数字模型将可以替代目前绝大多数实体文创产品，用户只需下载相应的三维数据，就能在家中打印出完整的实物产品，还可以通过对模型的编辑修改进行二次创作，由此而带来的消费体验具有极强的期待性和想象空间，是值得重点关注的一类科技应用。

在目前的实际应用中已经出现了一些技术设备与产品。比如3D巧克力打印机是一种可以把文物的3D数据作为原型，在极短的时间内生产出造型各异的"文物"巧克力的机器设备。作为这个时代的创新事物，本身具有很强的技术内核，观众在参观了博物馆丰富的文物藏品之后，可以通过这种新奇的方式来增强观展效果。

三、观众消费行为是如何引导设计的[1]

观众是构成博物馆的重要因素，是博物馆的直接体验行为人的集合体。[2]从客观上看，凡是参观过博物馆陈列展览或者巡回展览、参加过博物馆各种教育服务活动的社会公众都是博物馆观众。那些还没有参加过以上各种博物馆活动的社会公众应视为潜在的观众、明天的观众，需要努力争取的观众。从微观上看，在观众统计中，那些仅仅为公、私事务来博物馆的人不能计入观众之内。[3]

观众同时也是博物馆文创产品的潜在消费者，了解观众的构成情况有利于在工作中准确把控文创产品的设计定位。观众的消费行为始终可以被视为对博物馆文创产品发展状态的一项客观评估。通过对消费行为进行分析，我们可以透视到社会民众对文化的理解、对博物馆的综合评价，以及消费水平、审美层次、生活状态、产品需求等相关信息。这就大大提升了博物馆文创设计工作的价值和意义，**它已经不再是简单地设计一件功能性的用品，而是成为一种能够运用多种形式与人进行深层次对话沟通的方法。**

1. 本节部分内容发表于：白藕. 观众消费行为引导的博物馆文创产品设计趋势[J]. 博物馆管理，2021（4）：27-40.
2. 史吉祥. 博物馆观众研究是博物馆教育研究的基本点——对博物馆观众定义的新探讨[J]. 东南文化，2009（6）：95-99.
3. 王宏钧. 中国博物馆学基础[M]. 上海：上海古籍出版社，2001：306.

通过分析这些数据，我们可针对观众的不同层次、收入水平、消费习惯、职业、年龄等特征有侧重地安排产品设计的品类、功能、风格、价格、服务以及营销策略等。这种用户分析是设计专业特别是产品设计专业尤为强调的方法之一。

比如2019年，国博共开放了285天，入馆观众参观量为739万人次，其中男性观众占比46.85%，女性观众占比53.15%。从时间数据上来看，7月是观众接待量最高的月份，达到了931385人次，而全年最大的接待日则出现在2月7日，达到了68027人次。

通过对全年观众流量构成特征及参观高峰时间段的掌控，我们可以对设计工作的时间节点进行合理的规划。比如可以将推出当年当季新品的时间点定在参观高峰到来之前，并且提前几个月做好新产品的宣传预热工作，以求效益最大化。

按照年龄构成的统计数据，我们可以将国博的观众划分为三个部分，一是41岁以上的中老年观众，占整体观众的37.74%，二是25至40岁的中青年观众，占比为37.7%，三是24岁以下的青少年观众，占比为24.56%（见图3.26）。在此数据基础上可以进一步分析各个年龄层的消费偏

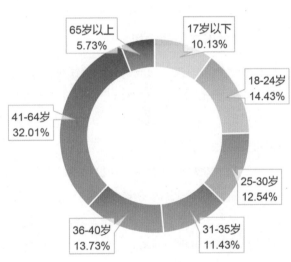

图3.26　2019年中国国家博物馆观众年龄分布比例

好、价值取向、价格接受程度等，从而得到与设计工作相关的信息，对不同年龄层的观众群体进行有针对性的设计开发。[1]

1. 本节数据来源于：中国国家博物馆官网. 2019年度中国国家博物馆数据报告[EB/OL]. http://www.chnmuseum.cn/zx/gbxw/202001/t20200123_191603.shtml,2020-01-21/2020-02-19.

此处仅以最基本的性别与年龄作为分析思路。实际上对观众群体的划分存在多种方式，如地域文化、宗教信仰、观展目的、教育背景等，均可作为细致分类条件。博物馆可根据各自不同的市场环境分析研究观众的消费行为特征，如消费动机、消费需求、消费观念等，为文创产品设计工作提供精准的定位依据。

观众的消费行为是一种客观存在，在过程中会受到诸多因素的影响和制约，在研究时需要长期跟踪，收集大量的客观数据，同时也要做出主观的判断。如果完全依据市场数据所提供的信息，很容易使设计思维陷入迎合消费、追逐销量的混乱逻辑中；而脱离市场一味强调"引领"的作用，容易导致"曲高和寡""自娱自乐"的不良后果。因此在设计中必须要协调好"迎合"与"引领"结合度的问题，在"迎合"中逐渐"引领"，在"引领"中略有"迎合"方为佳策。

1. 如何激发潜在消费动机

虽然博物馆的观众构成具有广泛性和普及性的特征，但无论是哪一类观众群体，来博物馆参观时必然带有一定的目的性和期待性，这是一种隐性的、潜在的消费动机，往往需要借助于外界因素的激发才能表现出来。通常情况下，能够激发消费动机的外界因素主要包括两类情况：

一类是观众对产品本身的评价标准。今日的消费者在购买博物馆文创产品的动机方面发生了明显的变化，借助于网络信息技术和电子商务的发展，现在的消费者甚至根本不用亲自来博物馆参观，仅仅凭借着各类渠道所获取的信息和主观意识的判断即可完成消费。这种购物方式彻底颠覆了以往人们所认为的"博物馆文创产品消费必须要依赖于实地参观体验"的传统认知，消费者即使在没有任何参观经验作为支持的条件下也可以产生消费行为。

在这种新型消费动机的形成过程中，由于受博物馆实体环境、展览质量、观展体验等客观因素影响较少，消费者个人主观因素影响更显突出，对产品的判断依据主要来自消费者自身的价值评判经验，与其他日常产品的评判标准基本一致，主要集中在产品的美观、质量、价格、功能等一些产品通用因素上。相对来说，这类人群对博物馆文创产品中的文化内涵普遍停留在浅层认识上，消费动机也由此呈现出更加多样化的趋势。

另一类是观众通过对博物馆进行实地参观与了解之后，对文化文物相关的文创产品形成兴趣进而产生消费行为。其决定因素不仅包括了文创产品自身的文化、创意、审美等本体要素，还与博物馆的环境氛围、参观体验等外围客体要素息息相关。通过对多家博物馆消费者的实地调研，我们发现大多数游客都是在参观游览后由于整体体验良好或是对某种文化、某件文物的印象深刻，激发了对其做进一步了解的心理情绪，进而对相关的文创产品产生了消费欲望。相对于前一种方式，这种消费动机的形成过程较为传统，其中伴随着较多的体验成分，情感的投入比例更大，更易受到外界客观因素的影响，消费者对文化的认识与理解也更具深刻性。

对大多数博物馆来说，所面对的观众是一个庞大而复杂的群体，他们的参观目的各不相同，可大致分为学习研究、个人兴趣、旅游观光、家庭教育等。通过调研分析我们发现，对于大部分观众而言"个人兴趣"在其中的占比极高，达到了72.69%，而以"购物休闲"作为主要目的的观众仅占5.04%，是本题各选项中的极小值，进一步证实了仅以购物为主要目的而来博物馆的观众少之又少的现状（见表3.13）。

表3.13　博物馆观众的参观目的

选　项	比例（%）
个人兴趣	72.69
学习研究	55.46
旅游观光	28.99
家庭教育	26.47
工作需要	21.43
陪同他人	14.71
购物休闲	5.04

观众在博物馆的消费行为可以被分为两个层次。针对博物馆文物藏品、文化氛围、兴趣爱好而产生的"一次消费"，是观众来博物馆的主要目的和必然发

生的消费行为，含有大量的主动成分；而对博物馆文创产品或其他附加服务的消费行为可被视为观众的"二次消费"，是观众额外的消费行为，不必然发生，存有被动的成分。所以，究竟如何激发观众的潜在消费欲望，合理调动其"二次消费"的需求成为一项需要重点研究的内容。

通过进一步对"影响博物馆观众消费动机因素"的调研我们可以看出，虽然其中的各个选项因素可能同时存在于消费者自身的评价体系中并共同发挥作用，但从各项数据的占比排序来看，消费动机显然受"设计创意有吸引力""有文化内涵、有寓意""有纪念意义和收藏价值""与文物展品关联度较高"等因素的影响较大，可以认为这几个选项就是最根本的刺激要素。而对"有实用价值""价格合理""有质量品质保证""包装好""品牌知名度高""售后有保障"等这几项常规产品也同样具有的属性选择比例均不高，应能证明：**不能将博物馆文创产品的消费群体简单地等同于普通产品的消费群体，其消费动机并不是单纯的由于物质匮乏而产生的短缺性购物行为，其中更多的是受到了文化因素、心理因素、精神因素的影响，因此也会更加看重产品中的各项附加价值**（见表3.14）。

表3.14 影响博物馆观众消费动机的因素

选项	比例（%）
设计创意有吸引力	74.37
有文化内涵、有寓意	63.87
有纪念意义和收藏价值	50.84
与文物展品关联度较高	49.58
有实用价值	38.66
价格合理	34.03
美观、新颖、时尚	31.09
有质量品质保证	24.79
包装好	11.34
品牌知名度高	10.08
售后有保障	6.72

在表3.14中的各项内容仅可视为观众的浅层消费动机，而更深层次的影响因素可分为社会因素、产品因素、环境因素、个人因素四个方面。

第一，社会因素。 主要决定了消费者所关注的和最终购买的产品范围，是较为宽泛的定位因素。不同的社会分工、家庭状况、教育背景、宗教信仰、地域风俗等因素都会对消费动机产生直接影响。因此，在设计研发产品时应考虑社会需求所引出的消费动机，准确定位"为什么人而设计"的问题。比如男性白领社会阶层由于有商务着装的工作需求，相较于其他社会群体来说，对领带、袖扣等正装配饰产品有着更强的消费动机。

第二，产品因素。 这个因素几乎对所有消费行为产生影响，文创产品自身所具有的属性往往是消费者最为关注的核心内容，如文化、功能、品牌、质量、包装、价格、宣传推广等，是具有普遍性的基础内容，是文创产品设计工作中技术密集度最高的部分，也是最能体现设计价值和设计水平的因素。

第三，环境因素。 在博物馆文创产品设计中，环境因素常常被忽略。实际上在现代商业价值体系中，购物环境是极为重要的构成要素之一，直接影响到品牌形象、产品附加价值、消费者的信任度及顾客的"黏性"（依赖度）等。同理，博物馆整体环境的优劣也会直接影响观众的消费情绪、消费欲望。环境因素主要指主观与客观两个方面的影响。

主观方面，体现在人的本能体验方面，如视觉、嗅觉、听觉、体感等直接影响人本能反应的各项因素，从而间接地影响了人的情绪和心态。很难想象在一个视觉杂乱、充满了噪音或异味、体感冰冷或闷热的阴暗狭小空间中会促生出良好的消费欲望。

客观方面，观众在博物馆中参观游览的过程实际上也是在培育文化感情、酝酿消费动机的过程。比如博物馆文创产品商店的位置选择、设计风格、光照明度、色温变化、产品的展示陈列形式等，都会成为影响消费动机是否能够形成的重要因素。从经验来看，将文创商店设置在临近展厅出口或博物馆出口的位置较为合理，这也是博物馆文创商店通常被称为"博物馆最后一个展厅"的原因。

第四，个人因素。 这是观众消费动机中最难以被识别和确定的，因其受个人条件的影响极大，即便是同一分类中的人群，在消费中仍会体现出较大的差异。特别是在传统实体经营的条件下，几乎无法对影响消费的个人因素做出准确的判断与捕捉。但通过运用网络信息技术则可以对消费者的浏览、收藏、消费等行为习惯做出相对精准的采集与分析，是当前对消费行为进行研究与测评的重要技术手段之一。

在实际工作中，需要对不同群体的购物行为进行细致的梳理和归类，对消费动机做出精准的定位，提供有价值的参考依据，以便有针对性地开展设计研发工作，使文创产品具有丰富的品类以满足不同群体的消费需求，准确调动消费者的购物欲望。从这个特性来看，博物馆文创产品具有"定制"设计的性质，是专门为某个"群体"而定制的产品。

2. 消费需求对设计的影响

设计的本质是一个不断创新求变的过程，研究的是如何将产品变得更好、更具有价值（包括有形价值与无形价值）的问题，其存在的意义即在于调和各方因素的影响与矛盾，为产品提供内容和需求之间的创新性、创造性转化，为未来的发展提供从文化再造到思维创新的多维度思考模式，从而推动产业的发展和社会的进步。

在这个不断追新求变的过程中，设计师不仅要关注新技术、新材料、新工艺等方面的信息，更要关注社会发展、市场变化和消费需求之间的逻辑关系与发展趋势。其中对消费者需求的研究至关重要，需要借助心理学、调研数据等方面的知识和信息，与设计学科相互交叉进行分析研究。

（1）消费需求的理论依据

美国社会心理学家亚伯拉罕·马斯洛（Abraham Harold Maslow）在1943年发表的《人类动机理论》（*A Theory of Human Motivation Psychological Review*）中提出了"人类需求理论"，将人类的需求归纳为生理需求、安全需求、情感需求、尊重需求和自我实现需求五种层次，并且呈现逐层递进的关系，[1]从理论上

---

1. Abraham Harold Maslow.A Theory of Human Motivation Psychological Review[J].Psychological Review，1943,50:370–396.

证明了人类行为和心理活动的共同规律，以及人类的需求从低级向高级不断演化的过程。从人类社会的发展历程来看，需求层次随着经济的发展而逐步提高，高层次的需求对个体的发展更具有吸引力，而低层次的需求虽然在提高的过程中不会自动消失，但其影响力呈现出明显下降的趋势（见表3.15）。

表3.15 "人类需求理论"的五个层次

层次	内容
第一层次 生理需求	这是人类维持自身生存的最基本要求，包括衣、食、住、行等方面的要求。这些基本的生理需求是推动人们行动的最强大动力，只有这些需求达到了维持生存所必需的程度后，其他的需求才能成为新的激励因素，一旦新的需求因素被激活，这些已经得到满足的需求就不再成为主要激励因素了
第二层次 安全需求	这是人类要求保障自身安全、摆脱失业和丧失财产威胁、避免疾病的侵袭等方面的需求。人体的各个器官和人的行为共同构成了一个追求安全的有机体，是为自身寻求安全保障的工具，甚至可以把科学和人生观都看成是满足安全需求的一部分，这种"趋利避害"的需求是人类所共通的本能
第三层次 感情需求	这一层次的需求包括了两个方面的内容：一是友爱的需求，即人与人之间的关系需要保持融洽、友谊和忠诚，人人都希望得到爱，希望爱别人，也渴望接受别人的爱。二是归属的需求，即人都有一种归属于一个群体的感情，希望成为群体中的一员，并相互关心和照顾。感情上的需求比生理上的需求更为复杂，和一个人的生理特性、经历、教育、宗教信仰都有关系
第四层次 尊重需求	主要是指希望个人的能力和成就得到社会的承认，并由此而维持稳定的社会地位，关于尊重的需求又可分为内部尊重和外部尊重。内部尊重是指一个人希望在各种不同情境中有实力、能胜任、充满信心、能独立自主，体现人的自尊。外部尊重是指一个人希望有地位、有威信，受到别人的尊重、信赖和高度评价。尊重需求一旦得到满足，能够使人对自己充满信心，对社会充满热情，体验到自身的存在价值
第五层次 自我实现 需求	这是人类最高层次的需求，是指实现个人理想、抱负，发挥个人能力到最大程度，完成与自己能力相称的一切事情的需求。也就是说，人必须从事称职的工作才能使他们得到最大的快乐。为满足自我实现需求所采取的途径是因人而异的。自我实现是在努力实现自己的潜力，使自己越来越接近所期望成为的人物

同时，马斯洛还认为，一个国家多数人的需求层次同这个国家的经济发展水平、科技发展水平、文化和人民受教育的程度直接相关。在不发达国家或社会发展阶段，生理需求和安全需求占主导的人数比例较大，而高级需求占主导的人数比例较小；在发达国家这种情况则刚好相反。这表明了人们的需求层次会随着社会发展程度和生活水平的变化而变化。关于这一观点，戴维斯（K.Davis）曾对美国1935至1995年间的需求变化做出了评估（见表3.16）。通过表中的数据我们可以看到，美国人的需求层次所占比例在这六十年间发生了明显的上移，而在

表3.16　美国1935至1995年人类需求变化评估表

需要种类	1935年（%）	1995年（%）
生理需求	35	5
安全需求	45	15
情感需求	10	24
尊重需求	7	30
自我实现需求	3	26

这期间，美国的人均GDP由1935年的大约583美元上升至1995年的28 749美元，增长到49.3倍。

马斯洛与戴维斯的研究成果对消费需求的判断具有一定的借鉴意义，证明了经济基础决定了人们的需求选择，这一现象在我国也同样存在。1960年我国的人均GDP约为220元人民币，到了2019年，人均GDP增长至70,892元人民币，在这五十九年的时间里增长到322.24倍。[1]因此，根据经济发展对人类需求影响的研究，我们有理由这样认为：消费需求随着个人经济收入的提高正在整体向生理需求、安全需求以上的更高层次发展。这个判断从理论上为我国当前大力发展包括文创产品在内的各类文化消费产品的合理性提供了重要依据。[2]

（2）博物馆文创产品消费需求层次划分

既然社会发展能够带动消费需求，那么当人们从单纯追求产品的使用价值、满足生理需求、安全需求，提升到追求情感需求、尊重需求和自我实现的层面阶段，文化、精神方面的需求对消费的影响就显得格外重要了。在这个层次中，消费者不但关注产品的实用性和性价比，也会更加重视产品所带来的精神享受、审美情趣等文化层面的感受，对个性化与原创性产品的需求日益增强，消费者的艺术审美能力大大提高，更加渴望温暖、体贴、富含情感和能够代表个性价值观的产品[3]。

---

1. 数据来源：国家统计局官网[EB/OL]. http://data.stats.gov.cn/easyquery.htm?cn=C01&zb=A0201&sj=2019.
2. 本节内部分信息引自：MBA智库百科. 马斯洛人类需求五层次理论[EB/OL].https://wiki.mbalib.com/wiki/%E9%9%9C%80%E8%A6%81%E5%B1%82%E6%AC%A1%E8%AE%BA.
3. 莫逆.博物馆文创开发的核心思路与设计要点[J]. 中国博物馆文化产业研究，2015：392.

在这种消费升级的趋势影响下，根据人类需求层次理论的提法，博物馆文创产品也可以相应划分出五种不同的需求层次，分别为时尚新颖、品牌意识、审美个性、自我实现、文化归属感（见图3.27，表3.17）。

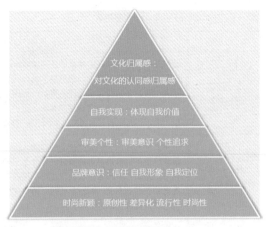

图3.27　博物馆文创产品的消费需求层次划分

与"人类需求理论"有所不同，博物馆文创产品的消费需求层次之间并非序列化的、递进化的迭代形式，其标准中也不具有明显的"已满足的需求就不再成为激励因素"的特征，五种不同的层次可以任意组合构成影响消费需求的要素。

（3）年龄对消费需求的影响

年龄的差异是除了性别差异之外的又一决定消费需求的主要因素。不同年龄的人群对产品的认知程度存有明显的差异，即便是对同一产品的评价标准也往往有所不同，因此，需要分别研究不同年龄段观众群体的关注点。

以国博2019年观众年龄数据为例，可以将其分为青少年（24岁以下）、中青年（25~40岁）、中老年（41岁以上）三个组别，我们进一步对"表3.14影响博物馆观众消费动机的因素"进行细化分析与比对，分别得出了各年龄组对文创产品的关注侧重点（见图3.28）。

从统计数据结果来看，各组虽然在"设计创意有吸引力""有文化内涵、有寓意""有纪念意义和收藏价值""与文物展品关联度较高"等四项的选择上略有差异，但都表现出极大的关注度，是被各个年龄组共同关注的四个重点要素。除此以外，各个组别还各有其侧重点：

中老年组：中老年具有丰富的生活经历，普遍对历史和传统文化有着强烈的情结，其中有许多人更是具备一定文物鉴赏力的收藏爱好者，往往对书法、绘画、陶瓷等传统工艺产品具有浓厚的兴趣，对产品的材质、工艺、功能方面要求

表3.17　博物馆文创产品的五个需求层次

层次	内　　容
第一层次 时尚新颖	新鲜事物所引发的好奇感能够使消费者产生强烈的兴趣，特别是当代青年人对于时尚的理解是要具有独特的风格，能够展示出自我个性。通过在设计中加入具有新颖时尚的流行元素符号可以使博物馆文创产品更具时代感，借用年轻人的目光重新审视传统文化的时代价值，更能激发年轻消费群体的关注。这个层次的消费需求相对简单，在设计技术上操作难度不大，因此可被视为博物馆文创产品中的初级产品类型
第二层次 品牌意识	消费者的品牌意识会通过产品的口碑、广告宣传、社会舆论等方式逐渐培养成熟，在信任品牌价值的同时对品牌的敏感度也会相应增加。品牌的价值在于能够帮助消费者达成自我认可，塑造自我形象，获取优越感的同时还有定位社会地位和群体划分的作用，代表着消费者渴望社会意义上的身份认同。博物馆文创产品所具有的文化符号和孤品性质对品牌价值的塑造具有一定的优势
第三层次 审美个性化	人类对美的追求可以被视为永恒的、长盛不衰的消费心理，精美的商品往往能直观地激发出购物欲望，消费者仅凭借主观审美意识对商品形成的判断就足以促成最终的消费行为。个性化的审美也是消费者实现自我消费意识的初级阶段，在这个层次中，功能、时尚、品牌等要素成为基础的筛选条件，消费者脱离了"时尚新颖"与"品牌意识"两个大众观念的束缚，对个性化独特审美风格的追求表现得更加明确，显示出消费者已经开始具有真正意义上的独立消费意识
第四层次 强调自我实现	这一层次的消费者普遍具有探索、发现、实现自我价值的消费观念，对产品的功能、技术、质量、价格等因素的重视程度开始降低，转而更加关注产品中的特殊之处是否能与自我价值观相吻合，通过使用特殊的产品来实现与其他人的差异，希望以此来吸引关注和得到认可。因此，这个层次的产品设计中要充分考虑满足消费者自我实现的需求，以积极的文化信息去引导消费者追求自我，实现自我，同时实现民族文化的活力和凝聚力。[1]在设计中通常会采用"定制化"的设计方式来满足此层次消费者的需求
第五层次 文化归属感	在社会生活中，人们都会不自觉地对周围的人群进行分类并希望加入自己认可的群体当中，不同的社会群体具有不同的行为模式、思想观念和文化认同。当文创产品中镌刻着的民族血脉和文化信仰与人们的意识形态产生共鸣的时候，这种认同感和归属感就会产生。特别是在产品的使用过程中，消费者能够获得长久的文化归属感和心理满足感，这也是文化产品的独特魅力所在

更高，并且消费行为通常比较理性，消费心态较为平和，具有传统务实的消费观。有超过30%的被调研者对产品"有质量品质保证""价格合理""有实用价值"三个选项投入了较高的关注度。

中青年组：中青年具有一定的社会阅历，经济独立且购买力强，消费范围广泛，消费态度相对较为谨慎务实。调研中"有质量品质保证""品牌知名度

---

1. 赵凌宇. 基于中国传统文化应用视角下的产品设计创新研究[J]. 吉林省教育学院学报，2016（7）：181.

高""售后有保障""包装好"等几项的极小值数据均来自这个组别，可见中青年组对产品价值的取舍有着较为独立的见解，对博物馆文创产品核心价值的关注超过了对附加价值的关注。

青少年组：青少年普遍具有很强的接受新事物的能力和好奇心，喜欢追随时尚潮流，追求新颖而富有创意的事物。在参观博物馆时精力充沛，有强烈的参与意识，容易被展览和讲解的内容所感染。阿里数据公布的《2018年天猫博物馆文创数据报告》显示，在博物馆文创产品的线上用户中，"90后"占据了53%的比例，其中仅"95后"便占有高达30%的用户比例。[1] 可见，青少年是当前博物馆文创产品的线上重要消费群体，相信随着年龄的增长也会成为未来主要的购买力量，同时他们也是最有可能自发地实现博物馆文创产

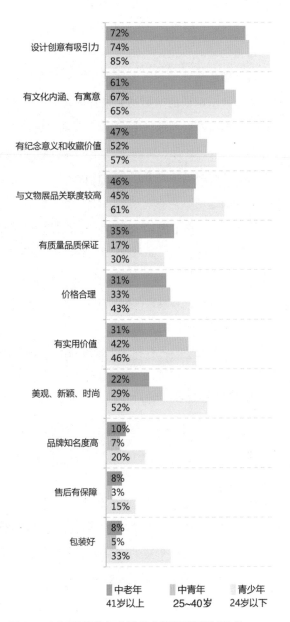

图3.28 各年龄段消费者对博物馆文创产品的侧重点比较

1. 中文互联网资讯网.阿里数据：2018年天猫博物馆文创数据报告[EB/OL].http://www.199it.com/archives/893520. html,2019-06-19/2020-12-28.

品传播功能的群体。虽然他们经济尚未完全独立、不具备较强的购买力，消费的稳定性也普遍较差，但消费需求却非常旺盛，容易受到外部因素影响，经常依据情感需求而非实际需求而发生购买，这种"冲动性"消费更加需要积极正面的引导。从调研的数据结果来看，青少年群体对各项均展现出广泛的关注与热情，在调研的11道题目中有9个选项的极大值出现在这个组别，特别是在"包装好""美观、新颖、时尚""与文物展品关联度较高"等项的关注度上，青少年组的选择比例明显大于其他两个组别。

我们在调研中也发现，各组对于"售后有保障""品牌知名度高"的关注度普遍不高。这个现象一方面可以说明当前博物馆观众在文创产品的选择标准上仍然普遍依赖于对产品自身的价值判断，而对于产品附加价值方面的考虑尚有所欠缺，这也是大部分产业在发展初期阶段的特征之一。从另一个方面来讲，此类尚未引起市场消费者关注的价值点或可成为下一步发展的突破点，因此在设计中需要加强引领的作用，通过完善服务体系、提升品牌价值等方式，提前布局于市场尚未顾及之处，将有利于未来博物馆文创产业的整体发展。

3. 买故事还是买产品

消费动机是消费者行为层面的反映，对其产生根本影响的，是心理层面消费观念的转变，进而影响到物质层面消费需求的变化，三者之间是层层递进的关系，即消费观念（心理层面）决定了消费需求（物质层面），消费需求决定了消费动机（行为层面）。这个环环相扣的逻辑关系是一个由务虚到务实的过程，各个层面均会受到主观与客观的多种因素影响和制约（见图3.29）。

这三个层面所形成的因果关系需要借助于文创产品中蕴含的文化性和故事性在实体产品设计中加以体现，同时在产品的外围因素上也要加以营造，使观众由模糊的、概念的心理层面逐渐转化到真实的、具象的行为层面上。

比如，瑞士著名的手表品牌劳力士（Rolex）以其优秀的性能和卓越的品质成为"精确"与"成功"的代名词。"精确"代表的是它的质量、技术等物质层面的消费需求，是形而下的内容；而"成功"则代表的是它的文化、理念等心理层面的消费观念，是形而上的精神。两者共同影响了最终行为层面的消费动

消费观念（心理层面）

体现的是消费者对其收入如何支配的指导思想和态度以及对商品价值追求的取向，是消费者潜意识中对消费整体趋势的一种价值判断。虽然这种观念往往表现为一种模糊的心理意识，却决定着消费者的总体消费趋向。在消费观念的形成过程中还会受到整体时代的影响、群体化效应的影响。比如流行文化和时尚元素的引领、整体时代风格的变化等，都会在消费者的潜意识中形成烙印，决定着消费者对价值的判断。消费观念的形成和变革与社会生产力发展水平及社会文化的发展水平相适应，遵循着由理性消费（物质资源必需性消费）向感性消费（精神生活满足性消费）的发展规律

消费需求（物质层面）

会随着人们物质文化生活水平的日益提高而逐渐旺盛，呈现出多样化、多层次，并由低层次向高层次逐步发展的趋势。拥有不同生活方式的人群，其消费需求也不尽相同，受消费者个人主观意识的影响较大，比如个人的审美意识、生活习惯、价值观念等与产品自身物质、功能属性紧密相关的各类要素

消费动机（行为层面）

是消费行为的最终表现，是为了实现消费观念与消费需求而展开的实际行动，受客观因素的影响较大，比如环境氛围、销售场景、个人经济基础等，具有较大的不确定性。因此必须要明确前端要素，方可对其形成较为准确的判断

图3.29　决定博物馆观众对文创产品消费的三个层面

机。好莱坞导演詹姆斯·卡梅隆（James Cameron）、第一任香港特首董建华、瑞士网球明星罗杰·费德勒（Roger Federer）等均是其拥趸。这种通过与各界成功人士相互绑定的营销设计方式所传递出的进取精神，成就了劳力士品牌中的文化性与故事性。毫无疑问，关于成功者的故事会拥有无数的买家，在这样相对一致的消费观念和对品牌文化的认知背景下，人们所关注的已经不仅仅是购买一款手表这样简单的功能性物品了。在消费者的观念中，消费行为已然从购买产品升级为在购买故事与精神的同时获得了一块手表，而这件具象的商品正是认同这种抽象的价值观念的标志物。

消费观念表现出人们的内心变化，因此在分析时需要结合可量化的市场数据对消费者进行"人物画像"与"角色设定"，从而划分出设计的目标群体，准确研究分析群体性消费观念的特征。

通过对"博物馆文创产品消费目的"的调研（见表3.18），我们可以发现，用于"自己日常使用"的消费者占比较低，而"私人收藏、留念""装饰生活""满足个人爱好"等几项选择占比较高的情况，可以再次说明，当前博物馆文创产品最为吸引消费者的因素集中在精神和情感价值上。

表3.18　博物馆文创产品消费目的调研表

选　　项	比例（%）	
私人收藏、留念		48.75
装饰生活		40
满足个人爱好		38.33
送给朋友		34.17
了解传统文化，提高修养		33.75
送给孩子		29.17
自己日常使用		22.08
送给长辈		14.17

通过进一步对表中的各项数据进行年龄分组分析，我们可得出不同组别的消费倾向（见图3.30）。

中老年群体的选择倾向性较强，注重对传统文化的学习，亲友间的情感沟通，整体传递出强烈的情感消费需求信息。因此在针对这部分消费群体进行设计时要特别重视对产品附加价值的表现，一定要含有充分的情感价值和文化价值，注重文化符号的叙事性与故事性。

中青年组在此次调研数据中最明显的特征在于"送给孩子"的选项上，显示出这个年龄层的消费者对改善生活质量和亲子产品的极大关注。我们可以把握住这个切入点，多考虑采取跨越两代人的亲子互动型产品，为两代人建立健康的互动沟通渠道。值得一提的是，以亲子互动为主题的产品在目前的博物馆文创产品中尚不多见，创意设计优秀的产品更是空白，是在未来设计研发中值得重点关注的一类产品。

青少年组的选择表现出明确的以个人为中心的消费观念，主观意识强，自我心态重。在"送给朋友"的选项上青少年组仅占7%，我们较为意外，但可以分析其中的合理性：青少年群体的经济实力直接限制了其购买力，特别是在青少年朋友之间的互动交往活动中，较少会将互赠博物馆文创产品作为主要的社交方式。而从其在"送给长辈"的选择上占比并不算低的情况来看，在针对青少年群体的文创产品中，可以将"亲情"与"孝"文化作为一个主题系列加以设计开发。

4. "客流量"与"客留量"哪个更重要

自从2008年1月23日《全国博物馆、纪念馆向社会免费开放的通知》实施以来，公众参观博物馆的热情被直接激发出来，从2010年全年观众4.07亿人次到2019年的12.27亿人次，观众人数持续稳定增长。虽然观众数量相当可观，但从销售数据上来看，从参观者到消费者的转化率并不高，而且平均单客消费水平较低。

以2017年为例，根据不完全统计，当年我国博物馆的文化创意产品开发收

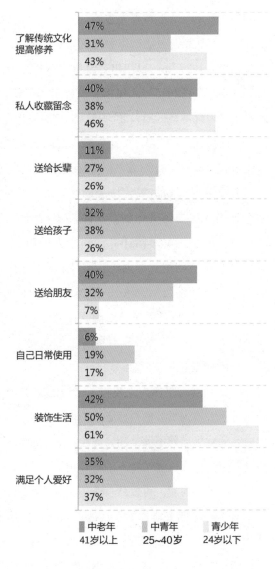

图3.30 博物馆文创产品消费目的各年龄组数据

入约35.2亿元，全年参观人数约为10亿人次，[1]可粗略计算平均单客消费为3.5元左右，这个数据与发达国家和地区相比要低很多。比如大英博物馆在2015年的文创收入约为2亿美元，以当年客流量约为678万人次计算，可得出平均单客消费约为29.5美元，以2015年人民币兑美元汇率平均数为6.2284计算，约合人民币184元。而我国台湾地区的台北"故宫博物院"近年来的平均单客消费水平也基本保持在人民币100元左右。如此看来，我国大陆地区博物馆文创产品的平均消费水平仅为大英博物馆的2%左右，我国台北"故宫博物院"的3.5%左右。

根据美国博物馆零售协会的统计数据，到博物馆参观的观众中约有15%会选择购买博物馆文化创意产品，平均消费7美元。[2]（按2017年人民币兑美元汇率中间价为6.7518计算，约合人民币47.3元。）依据此标准计算，仍以2017年我国博物馆数据为例，可计算得出约有1.5亿观众实际购买了博物馆文创产品，平均消费约合人民币23.5元，大约相当于美国博物馆消费水平的二分之一。[3]较大的消费差异中隐含的是一个消费转化率的问题，是如何将"潜在消费者"转化为"实际消费者"的问题，也就是将"客流量"转化为"消费量"的问题。

如果从以门票作为主要收入来源的旅游景区的角度来看，客流量当然是评价运营水平极为重要的指标之一；但作为免费开放的文化事业单位来说，仅仅关注游客的数量显然不够全面，而应将关注的重点放在观众参观的实际效果、满意程度等更能体现博物馆特有的行业价值要素上。从博物馆"参观者"主动转化为"消费者"的情况，可以从一个侧面反映出观众实际的参观效果。

对不同时期来博物馆参观的不同观众群体所做的市场抽样调研数据显示，博物馆观众购买文创产品的时间点多集中在入馆后的40分钟至2小时内，并且这一消费行为特征在当前我国的博物馆行业内具有普遍性。这也再次印证了观众来

---

1. 搜狐网. 中国博物馆总数5354家，文创年收入35亿[EB/OL]. https://www.sohu.com/a/315064852_526303. 2019-05-19/2021-06-27.
2. 陈凌云. 博物馆文化创意产品开发研究[D]. 上海：上海大学，2018：49.
3. 本节汇率参考：中国外汇交易中心. 人民币汇率中间价[EB/OL]. http://www.chinamoney.com.cn/chinese/bkccpr.2021-08-27.

博物馆的首要目的不是为了直接购买某件文创产品，其消费行为通常是建立在充分参观的基础上，形成了一定的生理和心理体验，培养出一定的消费情感后才有可能发生。因此，在博物馆观众消费转化率的问题上，如何将"客流量"转化为"客留量"才是首要关键点。

当然，仅仅留住观众是远远不够的，观众的体验经历、情感触动、环境影响、消费情境的设置、产品自身设计的优劣等等因素，都会直接或间接影响到观众消费行为能否转化成功，这就意味着设计师还需要深入探究影响消费转化率的具体因素问题。

针对这个问题，在本次研究的市场调研中设计了两项多选题，题目分别表述为"您不想购买博物馆文创产品的原因是什么"和"您认为目前博物馆文创产品设计上有哪些不足"，调研情况如表3.19，表3.20所示。

表3.19　您不想购买博物馆文创产品的原因是什么？（多选题）

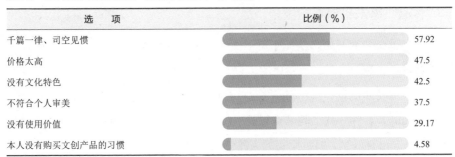

选　项	比例（%）
千篇一律、司空见惯	57.92
价格太高	47.5
没有文化特色	42.5
不符合个人审美	37.5
没有使用价值	29.17
本人没有购买文创产品的习惯	4.58

表3.20　您认为目前博物馆文创产品设计上有哪些不足？（多选题）

选　项	比例（%）
创新创意不够，同质化严重	68.75
品类不丰富	31.25
文化内涵不足	30.83
做工粗糙、质量不好	29.58
不实用	28.75
颜值不高	27.08
价格贵	27.08
包装不够精美、不便携	15.42

从反馈数据来看，首要影响因素集中在"千篇一律、司空见惯"和"创新创意不够，同质化严重"两个选项上，均明确指向产品的同质化问题。虽然同质化现象的确是当前影响博物馆文创产品发展的重要因素，但从专业的角度来看其产生有着深刻的根源，并且是产业发展中的阶段性问题，有弊也有利。但是从消费者的角度来看，显然这个因素已经直接影响到消费体验，成为目前博物馆文创产品中最被诟病的"负面"因素。（有关同质化现象的探讨详见P194。）

因此，破局的关键还是回到了如何通过对人的需求、行为进行研究来提升创新意识，增加产品的设计含量这个原点问题上，但解决这个问题的切入点不一定集中在狭义的产品自身设计上，更有可能的方式是采用多样化的设计思维加以综合解决，比如在文创产品设计中加入互动性、体验性的方式，增强新奇的体验感以提升产品的附加价值，等等。

5."体验"是未来消费的重要趋势

从20世纪初期开始，依托于第二次工业革命的爆发，具有现代意义的设计产业获得了飞速的发展。从发展的历程来看大致经历了五个"F"阶段，即20世纪30年代的功能性设计（Design for Function）、50年代的亲人性设计（Design for Friendly）、70年代的趣味性设计（Design for Fun）、90年代的新奇性设计（Design for Fancy）、21世纪初的人性化体验设计（Design for Feeling）。

目前，设计产业正整体处于人性化体验设计阶段，体验性设计也已逐渐形成独立的学科价值与经济价值，并且衍生出新的学科分支——体验经济。

体验经济是服务经济的延伸，是继农业经济、工业经济和服务经济之后的第四类经济类型。在体验经济的维度中，产品是可加工的，商品是有实体的，服务是无形的，而体验则是难忘的。正如人们已经在产品上减少开支而把更多的钱花在享受服务上一样，现在的消费者正在重新审视在服务上所花费的时间和金钱，以便用于更加难忘的也是更加有价值的提供物——体验。[1]

---

1. [美]派恩二世（Joseph Pine II,B.），[美]吉尔摩（Gilmore,J.H）. 体验经济[M]. 夏业良，等，译. 北京：机械工业出版社，2002：18.

虽然我们在消费体验中强调顾客的感受，重视消费行为发生时顾客的心理体验，但这并不等于说体验就是一种无法识别的虚无缥缈的感觉。有学者根据消费者是主动参与还是被动参与，以及消费者是融入情景还是吸收信息的角度，将体验划分为娱乐体验、教育体验、美学体验、遁世体验四大类别，并认为体验所涉及的感官越多，就越容易成功，越令人难忘，而只有巧妙融合这四大类别达到体验的"最佳点"（Sweet Point），才能留给人们最难忘的回忆。[1]

博物馆文创产品在体验性设计的语境中可以承载更多的意义，可将其视为一种承载了文化体验方式的道具，利用展览、服务、环境等要素作为衬托，通过引导观众融入博物馆的"剧情"当中，与产品产生深度的共知与共鸣，给消费者留下深刻的印象。与其他具有同样使用功能的产品相比，在体验的基础上最终做出的消费选择，更能唤起消费者深层次的文化归属感和情感记忆。

博物馆文创产品由于涉及大量的日常生活用品，因此消费体验将会是一个漫长的过程。根据体验周期的不同可以分为短、中、长三个阶段。如果我们将消费者购买文创产品这一行为的发生点定义为"消费阶段"（短期体验），那么在此之前，从观众开始接触博物馆的那一刻起可被认为"前消费阶段"（中期体验），它以参观、游览、学习等体验形式存在，了解的是文创产品的文化背景，也是观众向购物者进行转化的情感酝酿阶段。而在消费阶段结束以后，消费者方开始进入长期的后消费阶段（长期体验），在此阶段方可真正形成对产品的使用感受和记忆体验（见图3.31）。

图3.31　博物馆文创产品不同阶段的消费体验

---

1. 张子康，罗怡. 美术馆[M]. 北京：中国青年出版社，2009：41.

博物馆文创产品的生产目的是将文化以有形或无形的方式传播出去，从实际效果来看，显然应该更加注重在"后消费阶段"中如何通过不断使用接触所形成恒久记忆来延续体验的问题。这种诉求与纯粹的商业消费体验有本质的不同，在商业消费体验中通常只聚焦于购物体验的创新，注重短期体验，而忽略了长期体验中与消费者的互动沟通问题，这或许在近期流行的"网络带货""主播推荐"等新消费形式而引发的过度消费和售后问题上可见一斑。这些销售形式所关注的是如何将产品"卖出去"，而不是如何将产品"用起来"，而文创产品更关注消费者在购买产品后的使用频率和使用感受问题。所以，对于博物馆文创设计来说，如果仅关注于消费阶段的短期体验，显然是本末倒置的趋势判断和错误的路径选择。

在实际工作中，我们可以通过对产品的综合体验形式、引发愉悦的情感体验、体验中的互动性与文创产品的道具化倾向等三个方面来强化这一特征。

（1）综合体验形式

博物馆历来注重满足观众的精神文化需求，比如通过提供休闲、餐饮、娱乐等相关服务，在满足了观众多样化、多层次、多方面的物质、精神需求的同时，也体现出综合体验的特点。

博物馆文创产品中的体验性不仅是消费者对它的期望，也是其自身的属性。借助文化产品（含服务）的设计为观众营造难忘的体验情节，依托文化资源提供特定的体验环境和氛围，影响观众的消费情绪和使用感受，并通过销售这些产品来实现经济价值，使公众在参观的同时能够从博物馆带走可供回味的纪念物，其承载的文化信息极大地满足了公众"把博物馆带回家"的愿望。

在这个过程中所构建起来的销售网，实际上就是新构建的文化传播网。这个网络能够更广泛、更持久、更深入、更有效地发挥博物馆文化传播的功能和效果，有利于实现文化的分享。这种在文化产品、观众和博物馆三者之间形成的相互影响、相互作用的关系，为综合体验的形成与发展提供了有利条件。

比如"博物馆护照"即综合体验形式的一个案例。2010年，第41届"世界博览会"（World Exhibition or Exposition，以下简称：世博会）在中国上海举办，在其设计的文创产品中有一本形似护照的纪念册，当参观者游览各国展馆时，可以在这本"护照"上盖上这个国家展馆特有的印章。每届世博会上各国展馆的印章设计都各具特色，收集印戳也成为参观者最热衷的活动之一。

实际上"世博护照"的设计理念最早起源于1967年的蒙特利尔世博会，早期的"世博护照"还兼具门票的功能，在引导观众有序完成参观活动的同时，将门票与收集印戳这两项功能紧密地联系了起来。由于每一个印戳都是经过观众自身努力得到的，即使在多年以后产品原有的实用功能早已丧失，也仍然能成为值得长久珍藏的独特纪念品。受此产品的启发，如今许多博物馆都设置了"盖印章"的活动，成为一种典型的体验性产品。

2019年9月17日，中国文物交流中心、上海博物馆、南京博物院、敦煌研究院等70余家文博单位共同发布了全国首个共享文创产品——"博物馆参观护照"。观众首先需要支付50元人民币来购买这本"护照"，通过微信小程序注册激活之后即可在线上平台浏览全国多家博物馆的文创商品，并可在参与活动的博物馆的线下文创实体店中通用，购物时还能享受到5%至15%的折扣。这实际上是一件博物馆的"打卡手册"，参观者通过"打卡"签到盖章的方式留下了参观证明，也留下长期的记忆体验。其设计初衷更像是博物馆的"会员卡"，具有可以凭借积分享受到文创折扣、兑换商品、门票等带有奖励性的"会员制"特征，从而能吸引更多的观众走进博物馆，接受文化与艺术的熏陶。[1]

应该说"博物馆参观护照"是基于"聚众原则"而产生的集体消费体验性文创产品，在长期体验中又融入了"分众思维"，通过记录个体的行程、留存记忆、盖章打卡、积分换购、购物打折等一系列产业经营形式的设计，注重延长了"后消费阶段"的用户体验，实质上是一种"会员制"的变相表现形式。

目前此类产品越来越多地出现，说明了我国博物馆对文创设计中体验价值的认识正在逐渐觉醒，但通过对这件已经具有五十多年历史的"护照"形式的模仿，也显示出当前的确缺乏优秀的具有原创性、创新性的综合体验型博物馆文创产品。

---

1. 唐小蝶.全国70余家博物馆通用"博物馆参观护照"来了[EB/OL].http://cq.cqnews.net/html/2019-09/18/content_50674118.html，2019-09-18/2020-03-27.

（2）引发愉悦的情感体验

在体验经济时代，消费者对产品需求的重点发生了深刻变化，仅仅依靠产品自身的材料价值等物理属性已经很难构成产品间的差异，在市场竞争上也难以形成鸿沟。用户希望在产品的使用过程中得到更为丰富的、愉悦的情感收获，这种迫切的需求使设计的重心由注重协调有形的物质要素，转移到注重建立人与产品之间的友好关系和情感链接。这是一个从简单的理性需求转变为感性与理性需求共存的过程，而这种设计思维的转变，也恰恰契合了博物馆文创产品的本质。

在体验设计中更加强调个体的感受，这种感受的来源是全方位的，物质层面的形态、色彩、肌理、声音、气味等要素能够直接刺激人的本能感官，使人产生体验情感，而时间、空间以及产品本身所蕴含的文化内涵和留存的记忆信息等，则从精神层面潜移默化地影响着人的行为和意识。

设计能使产品具有逻辑关系和"形式语言"，而消费者对产品的使用可被视为对这种语言逻辑的"解码"过程。恰当运用"形式语言"能使消费者和产品顺畅地沟通交流，产生愉悦的心理体验。这种将作品中的设计语言抽离出来、找寻设计思想、重构交流语言的方法，本质上更加接近艺术活动，这也使文创产品设计具有了艺术化的倾向。

除了产品自身，消费者也同样重视拥有产品过程的愉悦感受，这一点可以从线上销售的顾客评价中找到答案，比如在网络商店中有大量关于产品快递质量的评论，包括快递时间是否准确快捷、快递包装是否整洁完整，等等。这说明了对于快递服务的体验已经被消费者作为产品价值的一部分，其服务质量已经影响到顾客对品牌的信任度、满意度，进而影响到顾客的黏性和重复购买率。而这些因素其实与狭义认知上的"产品质量"没有任何关系。服务价值与产品自身价值被直接联系起来，也使得对用户情感体验的设计表现形式愈来愈宽泛，迫使在设计中需要关注的价值点越来越多，领域越来越广。

（3）体验性设计中的互动性与道具化倾向

无论什么时候，一旦有意识地以服务作为舞台，以商品作为道具来使消费者融入其中，"体验"就出现了。[1]体验是以用户需求为导向的一种亲历亲为的行为，产品或服务的互动式创新设计触碰的是人的感官意识和心灵经历，由一件产品能引发出一段回忆、一个故事，并留下深刻、美好的体验。体验性设计以激发用户积极参与为目的，强调产品可感知、可体验的特征，其本质是为了满足人的个性化需求而提供的差异化交流形式。消费者在使用产品的过程中能否产生良好的情感记忆，是衡量体验设计优劣的准则。

因此，博物馆文创产品体验性设计不能脱离场景与环境，更不能脱离人与活动，而应该成为人与博物馆之间的联系纽带，发挥"人与物"的互动作用，充分调动观众情绪，促进其与博物馆的交流效果，使之能以不同的体验形式全方位地感受到博物馆带来的文化氛围。这种产品与用户间的互动性在博物馆文创产品中时刻存在，相较于文物藏品提供的单纯而直观的视觉感受，文创产品和用户的关系显然更为密切且长久。

从体验角度出发而设计的博物馆文创产品，不仅要突出文化特性，还要围绕博物馆的主题，服从文物展示陈列的逻辑，遵照博物馆教育活动组织的步骤，通过动人的情境来营造体验的氛围，创造丰富、独特的文化价值。作为展览和教育活动的扩展和延续，博物馆文创产品必须要根据这些活动的主题进行整体构思，综合考虑观众的兴趣、爱好，在设计中融入适当的形式，使其能与文化中的知识点相互对接，将产品作为道具服务于体验过程的需要，最终呈现出的是一系列要素共同作用的结果。

这样就使产品成为与消费者产生互动体验的功能性道具。《现代汉语词典》对道具的解释为"演剧或摄制电影时表演用的器物"。博物馆文创产品之所以能呈现出"道具"的特征，也正是由于它具有与表演道具相似的作用——为博物馆的主题、活动、参与者服务。

如何将精神内涵和互动体验融入文创产品中呢？最直接的办法就是增加相应要素，使产品具有可被体验感知的功能，比如许多博物馆都采取让观众参与产

1.[美]派恩二世（Joseph Pine Ⅱ,B.），[美]吉尔摩（Gilmore,J.H）. 体验经济[M]. 夏业良，等，译. 北京：机械工业出版社，2002：18.

品设计和简单加工制作的方式。观众通过亲身体验，往往更容易了解产品细节及工艺制作流程，从而理解其中蕴含的文化内容，也更有可能激发起观众拥有所参与互动活动的文创产品的欲望。这样做的目的实际上是使这些产品更像是一个输出体验的工具和获得体验的媒介，由此也使这些文化活动或文创产品自身具有了明显的"道具"痕迹。

策略篇

文创产业链价值的探索与利用

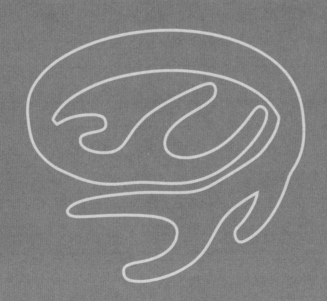

任何策略的制定、提出都要在明确了现有发展状态和存在问题的基础上，并要结合当前发展趋势对未来做出有计划、有针对性的前瞻性战略布局，可以是为实现目标而制定的单一策略，也可以是各类策略的集合。

将设计问题置于产业链中加以探讨，能够完善设计思维方式，从而发现无论是工业设计还是文创产品设计从来都不是孤立的单项工作，解决其自身发展问题的根本思路必须要建立在产业链整体构建的逻辑基础上，不能仅依靠设计学科自身的方式方法，而是应该多采用"产业思维"而非"产品思维"，"以本治末"，方能使文创产品发生"质"的改变，在当前重视协同发展的环境中更不可孤立地看待此问题。

随着我国博物馆文化产业的迅猛发展，产业业态已经发生了质的改变，这其中既有成绩也有问题。因此，结合目前产业整体发展趋势对博物馆文创产品设计工作做出策略规划是具有必要性与必然性的。前文中已经对产业发展的状态进行了粗略的分析，本篇将从多个方面综合讨论设计工作中面临的实际问题及相应的策略建议。

一、博物馆文创产业价值与设计策略

博物馆文创产业的价值结构适用于"价值链"（Value Chain）这一普遍存在于产业经营活动中的分析方法。"价值链"理论由迈克尔·波特（Michael E.Porter）在1985年第一次提出，最初所指的主要是针对垂直一体化公司的，强调单个企业的竞争优势。随着产业间交流合作的日益增加，1998年波特又进一步提出了价值体系（Valuesystem）的概念，将研究视角扩展到不同的公司之间，这与后来出现的全球价值链（Global Value Chain）概念有一定的共通之处。[1]价值链理论的核心是将产品从设计制造到营销服务的全过程进行了合理的分割，并将整体流程视为一个集合，对集合中各个环节的价值以链条的形式加以归纳。

---

1. 付泉. 管理信息系统[M]. 武汉：华中科技大学出版社，2013：69.

但是，对产业链的理解不能局限于简单的纵向或横向的线条形式，而应该将其理解为纵横交错的网状形态，即"产业网"的形式。就博物馆行业来说，是以一个"点"（文化、文物元素）为中心辐射出来的"区域"（相关产业领域），在这个区域内的各个产业均有自身相对完整的内部集合。这种形式有些类似于信息技术领域的"区块链"模式，在各个产业的发展过程中均会形成这种"区块化"的特征，当这些"区块"之间相互对接时则会迅速构建起"面域"的产业结构，使产业得以规模化发展。**现代产业能否高效发展，很大程度上取决于各个"区块"自身发展的完善程度，以及"区块"间相互对接所产生的效果。**

从近年来我国博物馆设计实践和经营活动来看，基本度过了发展初期产业链"短、窄、散、弱"的阶段，辐射领域逐渐拓展，形成了多样化的价值增长点。但在价值链中并非每个环节都具有直接创造价值的能力，只有一些特殊的环节能够通过自身的不断发展与完善，在市场竞争中逐渐建立起优势价值。这些可以被视作产业链中的"核心环节"，如何将这些环节的价值最大化，才是制定整体产业发展策略的主旨。

博物馆所拥有的文化资源即最为根本的核心价值，在此基础上展开的活动与服务则是对核心价值的再造与放大，是博物馆文创产业持续发展的必要环节。随着对设计工作的依赖程度越来越高，其"核心环节"的特征愈发明显。如何对设计的产业结构进行合理而高效的调整，从而释放其在产业中的能效，是我们当前需要认真思考和研究的问题。

1. 认清自身价值

我国博物馆行业具有文化事业与文化产业的双重属性。文化事业为文化产业的发展提供了重要的资源和信息，是发展文化产业的原动力与基础；文化产业是文化事业兑现文化价值的重要途径，能为文化事业更好更快地发展提供支持，提升博物馆自身的"造血"能力，实现行业可持续发展的目标。二者始终保持着相辅相成、双轨同向、无法割裂的发展态势。其共同之处在于都是为社会提供文化产品和文化服务，满足人们的精神文化和物质文化需求。简单来说，文化事业与文化产业所输出的核心价值，都是隐含于文化产品中的基本价值取向、信念和行为规范等。区别在于提供方式和获取方式不同。

事业性文化产品主要是由政府或机构投入，更偏重于向社会提供广泛的资源和服务，以共享的形式向社会投放，在惠及公众的同时不求经济回报，其性质中有更多注重公益性和大众化的特征；而产业性文化产品则具有更为清晰的产业链，更加注重采用产业标准来生产产品，通常是按照市场价值规律以有偿的方式提供给消费者，消费者则需要遵循市场经济的原则来获取。但我们并不能认为有了文化产品就等于有了文化产业，二者之间并非简单的等价关系。

比如在国博展出的"古代中国""复兴之路"等常设性展览均可被视为文化事业产品，而展出的"心灵的畅想——梵高艺术沉浸式体验展"等临时性展览则具有产业产品的属性。特别是"心灵的畅想"，采用的科技手段为传统展览带来了差异化的体验形式，也成为博物馆文创产品的发展趋势之一，其本质是文化事业与文化产业的混合发展模式。两者都是以文化为"体"，但在"用"的表现形式上有所不同。

作为一种传播载体，文创产品传播文化可以被视为一个"给予"的过程，是借助文创产品中的种种内涵给予消费者功能、审美、文化、情感等形而下与形而上的多方面体验过程。既然是给予，就要首先了解自身所具有的可供给予的内容，也就是要知道自己"有什么"。这就要求博物馆必须要深度挖掘、整理馆藏文物资源，在"摸清家底"的基础上进一步发掘那些可被利用的、有产业价值的各类优势资源，加以合理的统筹开发。这其中就包含了有形资源价值（显性价值）与无形资源价值（隐性价值）两个方面的内容。

有形资源价值较为直观，是博物馆发展文创产业的"硬实力"。其中包括以下四点：

第一，博物馆中丰富的馆藏文物资源。这是最为人所熟知的，也是博物馆文创产业之所以能够在短期内迅速发展的最直接的动力源。

第二，根据馆藏文物建立起的3D数据、高清图片以及策划的相关展览与活动等。通过二次开发获得的多层次内容，对文创产品设计来说同样具有不可估量的资源价值。

第三，博物馆独特的地理位置、空间环境、人文环境、现代化的馆建设施等。

第四，观众。一定程度上决定了博物馆传播文化的广度与效能。

无形资源相对复杂些，它并非指三维的"物"，因此可以授予多方同时使用，并且还不会影响版权人自身的使用。版权人行使的是许可权，被授权人得到的是"非专有许可"的使用权。虽然这种价值通常表现得较为隐晦，但却是博物馆文创产业发展的"软实力"，形式多种多样，在各个博物馆还存有细微的差异。其优势主要有以下六个方面：

第一，在品牌优势方面。 最显著的即博物馆自身的定位与号召力带来的品牌价值优势。博物馆具有极高的可信度、专业度和自律性，这些都是在商业合作中被极为看重的价值因素。在产业发展中要尽力保持这些优势特征，严格"品控"维护博物馆赖以生存的文化环境。

第二，在素材优势方面。 丰富的馆藏文物和相关的研究成果，以及文物的背景故事等，均可作为无形资源加以转化。利用基础素材二次开发所形成的具有文化性、故事性和传播性的IP资源，同样是极具开发潜力的无形资源。

第三，在宣传优势方面。 通过各类媒体培养良好的口碑和知名度，借助于不断增长的"粉丝"用户自发性的传播所直接或间接带来的自媒体效应，均可提升博物馆的曝光率，带来可观的流量价值。

第四，在服务优势方面。 博物馆可以为合作方提供专业的咨询指导，根据实际需要筛选最为适合的文化资源，有效避免在设计中乱用、错用文物元素的现象，维护文化资源应有的良性价值。

第五，在渠道优势方面。 博物馆通过特有的渠道及活动同时借助其品牌的影响力可以为文创产品增加曝光率，提升知名度。

第六，在运营优势方面。 主要表现在客户资源管理与品牌价值维护上。对观众资源的管理可形成稳定的消费群体，保证文创产品的"输出"；对各类数据的采集与分析，可为设计工作持续提供原始信息支持，使设计师能够源源不断地研发具有市场针对性的产品，保证文创产品的"输入"。

在明确了自身"有什么"的前提下，接下来需要明确如何将资源进行合理利用，即解决"怎么用"的问题。图4.1简要展示了博物馆如何将自身的资源优势通过产业运营，合理兑现为价值回报的过程。按照这个模式，博物馆将自身的无形资源与有形资源通过授权或委托的形式，赋予馆属企业或合作的社会企业合理开发利用的权利，后者则负责以各种合作形式对接各类社会资源，所产出的成果经过价值转换，分别以有形的经济价值和无形的社会价值的双线形式回报于企业和博物馆自身。这样循环往复，形成了一个滚动发展的闭环模式，最终使博物馆产业和事业实现多赢的目标。

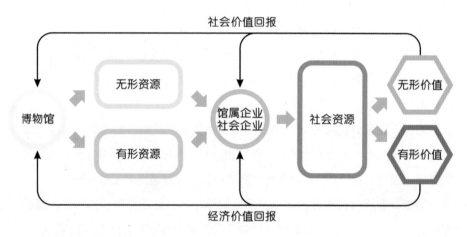

图4.1　博物馆文化产业资源运营模式示意图

2. 各有利弊的五种设计策略

目前国内博物馆在文创产品设计开发工作中最常用的有自主设计、委托设计、合作设计、采购设计、授权设计等五种策略。在具体落实策略时，博物馆需要根据各自不同的定位来重构文创设计的思维。这种思维模式已不是基于一物一品的狭隘设计观，而是立足于"大设计"的整体贯穿性思维模式，从调整产业构成与适应未来发展的角度，来深度思考各类设计模式与自身发展的价值定位问题。

（1）自主设计策略

自主设计策略是一种以博物馆为主体，独立推进文创设计工作的产业发展模式，从文物元素研究到设计创意，再到生产营销，全部以博物馆自身为主导。其优势在于具有最高的独立自主性。

采用这种策略对提升自身文创设计实力最为直接有效，能够培养出完全属于本馆的设计和科研团队，职务创作的形式能够逐渐积累具有自主知识产权的设计成果，这为打破同质化等产业不良现象提供了必要的条件。"打铁还需自身硬"，通过不断的"自我修养"，博物馆才能真正具有"主观想开发，客观能开发"的设计能力，这对于产业的领先发展极其有利。

而这种模式的弊端也是显而易见的。在建立自主设计研发团队的过程中需要投入大量的资金成本、时间成本、人力成本、物力成本，同时还要经历团队磨合、设计水平的历练等艰苦的过程，导致见效较慢，无法做到立竿见影的短期效果，这在无形之中增加了博物馆自身所承担的风险。而且，从目前采用此种模式的博物馆实际情况来看，随着产业的发展，对设计的需求量增长较快，这种模式很难在短时间内满足来自多方的需求。

此策略的价值和主导思想，是将建立高度自有化、专业化的设计团队作为在未来市场中的主要竞争手段，提前为产业发展做前瞻性规划布局。

文创行业对设计人员的业务水平要求较高，细分化明显，在设计团队的配置上应重点考虑如产品外观设计师、产品结构设计师、产品工艺设计师、产品平面设计师、网络及电子出版物设计师等专业人才，团队建设应突出"小而精"的特征，以此实现策略的五个主要目标：

一是在文创产品设计工作流程中的各个关键节点配置相关专业人员，可以完全掌控设计研发的主动权和话语权，从而摆脱其他各种设计合作模式受制于人的弊端。

二是通过提前布局，尽早完成设计团队的组建与磨炼，稳定提升博物馆自身的设计实力。虽然在当前的产业发展时期此项价值并未明确显现，但可以预期的是，在产业未来的发展中，自主设计能力必将成为市场竞争的重要筹码，这对于产业升级具有至关重要的意义。

三是通过此项策略的落实，将有效解决产品的同质化问题、成本问题、设计周期问题等在其他合作设计模式中难以克服的弊病，也因此会使博物馆文创产品呈现出崭新的面貌。

四是此策略能够使知识产权更为清晰明确。我国《著作权法》第16条关于职务作品规定了著作权归属的两种方式：一种是著作权归属于作者，同时单位有法定的优先使用权；另一种是完成作品的作者只享有作品发表时的署名权，而著作权的其他权利（主要指经济权利）由单位行使，单位成为事实上的版权人。[1]自主设计的方案可以被界定为职务作品的第二种类型，无论方案是否被采用都属于职务创作，这就能够从一定程度上规避在其他模式中难以预见的合作风险，比如知识产权划分不清、未被采用的方案有可能被用作其他目的等。

五是能够加快或者准确把控设计研发的时间周期。长期亲力亲为地从事博物馆文创产品设计工作，会使设计人员对馆藏元素及隐含的文化、故事等信息有更加深刻的了解和熟练的应用，与馆内的各项活动配合度更高，与各个部门的工作衔接更加顺畅，从而提高整体工作效率。

无论是哪种设计研发策略，都应依据设计方法的客观规律建立标准化的研发流程，自主设计研发工作可参考图4.2中所示的四个流程顺序进行。

图4.2　自主设计研发流程示意图

第一，前期设计阶段。

此阶段工作重在通过调研与分析对市场进行整体判断，从而"发现问题"。主要包括市场调研、趋势分析、概念确立三项内容。

---

1. 侯珂. 国家博物馆文物藏品数字影像版权化初探[J]. 北京：中国国家博物馆馆刊，2012（5）：132.

"调查研究是谋事之基、成事之道，没有调查就没有发言权，更没有决策权。"[1]在产品研发过程中为了达到预期的设计效果，设计师需要在产品设计开发前进行相关的调研工作，通过有针对性的对市场信息收集与分析，为产品的设计开发提供准确的市场定位。

调研是展开设计工作的重要前期准备，与设计相关的大量信息、思路均可在此项工作中产生。这就要求设计师根据设计需要制定出切实可行的调研计划，深入了解设计、生产、销售、市场需求等相关内容，不断更新对新工艺、新技术、新信息的认识，有意识地探索和研究，总结出有价值的调研分析报告。

在设计概念确立阶段要将市场相关信息、产品竞争力、技术可行性、生产需求等信息汇总以进行综合考虑，从而确定待开发产品的设计框架。选定的文化元素要与设计主题相和谐，避免在学理、文化、思想、习俗等方面有冲突或忌讳，选出最为适合的表现形式作为产品的载体，通过对现代工艺的合理运用，力求达到古为今用、以今释古、继承创新的目的。

第二，外观设计阶段。

此阶段工作重在通过实际设计操作来"解决问题"。主要包括方案创意、草图及效果图制作、设计深入、3D外观模型制作四项主要内容。

这个阶段是最能展现设计师个人水平与能力的阶段，要求设计师必须掌握现代设计的工具和方法，包括设计软件的应用以及对材料和生产工艺的了解，将个人的设计经验、审美修养、文化底蕴等方面的积累选择性地融入设计作品中。同时还要结合市场中竞品的情况给予必要的调整，可以在设计时合理地、有节制地植入一些技术壁垒，加强产品的稀缺性和专属性，以差异化的形式切入市场中，提升产品竞争力。

第三，结构设计阶段。

此阶段工作重在运用科学的方法来"检验设计"。主要工作包括3D结构文件、工艺调整、结构样机制作、最终定案四个环节。

---

1. 中共中央宣传部. 习近平总书记系列重要讲话读本[M]. 北京：学习出版社，人民出版社，2016：288-289.

当外观设计方案确定后，产品项目便转入样品试制阶段。此阶段重点解决的是产品在即将开始的规模化生产中可能会出现的各类技术问题，实现各个合作生产单位对产品的共同认可。可以采用样机制作和征求潜在顾客意见等实验和调研的形式，对新产品的设计概念、设计观点、生产工艺等进行验证。通常会借助于计算机或实体模型的形式进行测试，对产品的工艺加以优化调整，并对产品进行模拟使用测试，以确认产品的各项功能是否符合预期，力求达到在制作工艺上科学合理，并能有所创新、突破。

其间需要针对产品结构以及对生产中所使用的工艺、材料、工具与设备做出合理的选择，工作流程在"设计—试制—测试"之间不断循环，验证结果如果不能达到预期的目标，就应将设计方案返回至第二阶段进行修改。最终将样品达到规定的技术要求并满足可量产要求，作为此阶段工作完成的标准。

第四，生产服务设计阶段。

此阶段工作重在通过相关要素来"完善设计"。主要包括生产工艺设计、零配件及材料设计、包装及辅助设计三项内容。

在产品设计测试完成后，还要对产品的零配件、材质、模具等生产工艺技术方面的内容做进一步的完善，力争采用环保节能、安全可靠、节约经济的生产模式。还要完成产品相关的配套设计工作，包括包装、说明、宣传广告、促销信息等，使产品各项价值得到全面提升，并能切实转化为商品。

此时设计工作应对产品的整体形象以及安全、运输、销售等各类相关因素进行综合考虑。最后还要辅助完成销售形式的设计工作，需要针对不同的销售策略设计产品的广告宣传、销售环境、展示空间等，以达到最佳的产品展示效果。这也是产品转化为商品的最终设计阶段。

在以上四个流程的实际落实中，我们需要把差异化设计理念贯穿始终，将创新作为重要的因素加以考虑，而不是仅仅停留在表面设计上。对文化内涵的深入挖掘、题材表现形式的选择以及恰到好处的切入点，都是决定设计能否最终成功的关键因素。

面对迫切的市场需求以及博物馆自身发展的压力，如果无法及时提供与市场需求相适应的有效产品，就将会丧失重要的商业机会，造成巨大的损失和浪费。为了避免这种情况的发生，我们需要从策略层面为形成独特的创意产品做出规范化指引。而且产品的设计研发过程必须要制定合理而严格的工作周期计划，力求在最短的时间内达到最为完善的设计效果，对设计时间周期的控制相对精准，也是自主设计策略的一个优势。

但我们同时也要认识到，设计是一个逐步完善、精益求精的过程，这个过程需要大量人力、时间、制作等成本的投入，如果出现策略定位模糊、执行犹豫、技术监管不力、资金短缺、重要岗位人员配置不齐或流动性大等现象，就会直接导致设计工作始终停留于创意效果图阶段，而无法具体实施或实施进度缓慢。

鉴于博物馆文创产品的特殊性，其涉及的产品类型多种多样，在设计难度、工艺材料、加工方式等方面都会对产品的整体进度产生影响，因此在制定工作计划时必须要结合实际，科学制定不同产品的设计周期。

根据实际工作经验，我们可以总结出一些常见的博物馆文创产品类别从设计定向到样品确认阶段的时间周期表（见表4.1）。表中所示均为正常工作状态下由专人专项负责的文创产品设计周期，排除了一些特殊因素的干扰，比如设计极为复杂，对制作细节要求极高，产品中涉及大量的创造性工艺，需要动用更多的制作环节、特殊的模具、反复实验性生产测试等，都会对设计周期造成直接影响。如果是完全无特殊要求且相对简单的常规性设计，又对时间要求较为苛刻，通常情况下可根据具体情况做加急处理，在此表中"设计用时"的基础上可大致提升10%至20%的效率。

表4.1 博物馆常见文创产品类别设计开发参考时间周期表

设计类别	设计流程						设计用时
	设计定向	方案设计	产品打样	样品测试	二次调整	样品确认	
纸质印刷	1周	2周	1周	0.5周	1周	0.5周	6周
陶瓷制品	2周	3周	2周	0.5周	2周	0.5周	10周
电子产品	2周	4周	4周	1周	1周	1周	13周
金属制品	1周	2周	3周	0.5周	2周	0.5周	9周
塑料制品	2周	3周	4周	1周	1周	0.5周	11.5周
木雕制品	1周	2周	4周	0.5周	2周	0.5周	10周
织物制品	1周	2周	2周	0.5周	1周	0.5周	7周

在策略的执行过程中，我们必须要辅助以相应的方法，方可对策略进行精准有效的落实。很多以设计师为主体的学术著作总结提炼了一些设计方法，比如日本设计师黑川雅之在作品中极力探索设计语言的修辞方法和设计本质的关联问题，主张通过研究具体的设计作品，将设计语言形式细致地抽离出来，从而找寻设计思想的方法观。另一位日本设计师原研哉提出了"再设计"（re-design）的概念，强调了将已知事物陌生化才不会被现行的构造和趋势所禁锢，这样思维才会更加活跃。这一探求回归原点的设计主张也成为当今设计界的思潮之一。

我们可以看到，这些著名设计师的设计理念与设计方法虽然自成一格，各不相同，但其最终产出的设计作品均符合人们的期望。这也从一个方面证明了设计工作的方法虽然多种多样，因人而异，因事而异，但最终都会殊途同归，寻找到能够获得多方认同的"满意解"。

在博物馆文创产品的设计中，需要将文物研究与设计专业的知识相互结合，方有可能达到"满意解"的效果。在此以一件文创产品设计为例，对自主设计的过程及方法进行简单阐述。

"灵龙香台"是以"红山玉龙"为基础元素设计研发的一款文创香器。设计针对的是当时（2013年）国博尚无龙文化题材的现代文创产品这一市场空白。方案构思于2013年年末，前期整理资料、学习相关文物知识用时三个月，2014年正式设计，方案大约用时一个月。但因打样期间遇到了技术瓶颈，导致共反复调试了七次之多，耗时约五个月，产品生产用时三个月，在2015年年初完成产品包装设计后正式上市销售。整体流程完全依照自主设计方法展开，从构思到商品最终生产均由设计师一人独立完成，前后共历时一年多的时间，是对此策略的一次实践演练。

在设计任何文化创意产品之前，我们都应对其涉及的文化、背景、寓意、故事甚至传说等相关信息进行系统的梳理与研究。研究应先遵循"大而全"的原则，尽可能地全面了解文物元素，之后再"去其糟粕，取其精华"，选择其中与所开发产品最为贴合的、有价值的信息加以运用，这时应遵循"少而精"的原则，不必将过多的寓意、内涵融入一件产品中，以保证产品所传递的信息清晰准确。

有时对参考文物及其相关文化的梳理，可能看起来过于烦琐与具体，其中的一些知识点似乎与设计的关联性并不强，但实际上这种研究就是设计师在不断"清理"头脑中"杂念"的过程，是使模糊的认识逐渐变得清晰的过程。也只有这样，才能尽可能地避免文物元素不至于被错用、乱用、误用。详细彻底地研究文物是对博物馆文创产品设计工作的最基本要求，并无捷径可走。这种先做"加法"再做"减法"的设计研究方法在实际工作中也是值得提倡的。

除了要对文物元素做出细致、深入、系统的研究以外，另一个较有难度的课题就是如何在继承传统文物"形"的同时，能够深刻挖掘出"神"的内涵，即对元素及功能的设计思考。在"灵龙香台"的设计过程中，设计师针对这一课题展开了研究。

最初的设计灵感来自中华文明中古老的龙文化，同时又考虑到它必须是一件具有使用功能的现代实用产品。经过反复的研究与比较，设计师决定与同样具有悠久历史的香文化结合，用香器作为此件产品最终的实用功能，以龙形态作为产品的主要造型。要求在保持文物精髓的前提下，既要在功能上满足盘香与线香两种常用香型不同的燃烧特点，还要符合当代人简洁、实用的审美要求，同时还必须深刻地挖掘出文化衍生品带给人们的精神层面的满足，使产品成为一件简洁而优雅的现代文化用品。

在这样的设计定位下，将文物进行简单复制的方法肯定是不可取的。经过对历史中出现过的众多龙形象的研究，设计师排除了龙形发展后期的烦琐形象，而直接选择了造型最为简洁、质朴、原始的龙形象加以演化。

"红山玉龙"不仅是新石器时期的玉器代表，同时也是出现较早的具象龙形象。其造型简练生动，形象识别度高，具有广泛的认知度和知名度，完全符合现代文创产品在造型上尽可能简洁、文化上尽可能深厚、认知上尽可能广泛、功能上尽可能实用的多重设计要求。

虽然文物的外观造型符合现代设计对"极简"的追求，但实际上这种简洁的造型设计对设计师及生产工艺水平的要求更高，分毫之差就会使最终效果差之千里。因此，在外观造型、内部结构、功能尺寸等设计方面进行了反复多次的推敲，这部分工作借助了电脑软件辅助完成。

在完善造型的同时，对色彩搭配的设计也同步进行。为达到设计的极简化，颜色被确定成中国传统阴阳学中黑与白的简单配色。出于对未来市场销售和满足更多消费者的考虑，黑白配色可能显得过于严肃，因此又在龙首部分加入了亮金色作为点缀，希望能够起到画龙点睛的作用（见图4.3）。但此时的造型尚不完美，折角过于生硬，龙头的比例也存在不适之处。

　　于是设计师又经过二十多处的细化与修改，完成了一圆一方两件设计初稿。圆形香具专为盘香、锥形香和香篆设计，香的燃烧过程在香盒内部进行，香烟通过龙嘴部导出，冉冉升起，使用者能够仔细欣赏优雅的香烟飘散形态；长方形的香插专为线香设计，龙嘴作为插孔，波浪形底盘承接香灰，底座具有储物功能，可放置简单的香器（见图4.4、图4.5）。

图4.3　中期调整设计方案

图4.4　最终定稿圆形香台效果图　　　　　图4.5　最终定稿长形香台效果图
（设计师：白藕，2014 年）

在产品造型确定以后便进入材质与工艺的甄选阶段。首先排除了现代机械化生产的产品，原因在于手工艺制作能够融入人的情感，如同被誉为日本"民艺之父"的柳宗悦曾经说过的那样，"手工艺作业也可以说成是心之作业，手总是与心相连的"。因此，最终选择了能代表中国传统文化的手工瓷制作工艺，采用了素有"中国白"之称的福建德化瓷。

在材质的表面将白色部分设计为亮光釉色，这样更能发挥德化瓷釉色乳白如凝脂的特征，将黑色部分处理为亚光磨砂釉色，这种对比的设计方法形成视觉反差，并在龙首处施以24k纯金釉作为局部点缀。这样的设计使黑色亚光底座显得稳重、含蓄、收敛，白色亮光波浪承香盘干净、优雅又易于清理，亮金色的龙首跳跃突出，将产品控制在一种"大和谐、小跳跃"的整体效果中，在达到现代产品极简化效果的同时，力求这是一件简洁而不简单的作品。

在设计打样调整阶段需要重点解决生产技术环节的问题，使产品品质得到进一步的完善和提升。打样阶段是文创产品设计过程中的必需阶段，无法跨越，也是整个设计研发过程中最为"烧钱"和耗时的阶段，最考验设计师的综合能力。通过产品打样往往能够检验出在电脑模型中无法发现的问题。比如在圆形的香盒设计时，出于美观和忠于原文物造型方面的考虑，龙头的弯曲弧度较大，呈倒钩状，但是在样品制作完成后进行焚香实验时，却发现美观与实用出现了冲突——龙头造型不合理，香烟无法从龙口顺利导出，在龙颈的弯曲处形成烟气堆积，再加上香盒底部没有设计透气孔，导致香盒内供氧不足，香在燃烧过程中产生了自然熄灭的现象。

此类问题在"纸上谈兵"阶段很难被发现，必须通过对实物模型进行实际检测才能暴露出来，这也是设计师经验不足的表现。因此，设计师再次调整了龙头的仰角，加大了龙嘴导烟口的尺寸，并在香盒上增加了六个朝向不同的圆形透气孔。如此经过七次的打样与修改调试，历时大约五个月的时间，最终解决了包括焚香自熄在内的多达十几项的工艺、结构、实用等方面问题，使产品逐渐趋于完善。

在辅助环节的设计中，主要考虑产品在正式销售时涉及的一些内容，比如在产品的命名上，打破了博物馆文创产品多以"文物名+功能名"的传统命名组合方式，考虑到在名称中不仅要说明产品的功能，更重要的是能突出产品所承载的文化内涵。因此，借用了唐代刘禹锡的名作《陋室铭》中"山不在高，有仙则名，水不在深，有龙则灵"的名句，将其精简为"灵龙"二字。《陋室铭》被长期收录在我国义务教育课程教科书中，有着极为广泛的社会知名度和传颂度，而文章中所表达的那种高洁傲岸的节操，洁身自好、不慕名利的生活态度和安贫乐道的隐逸情怀，也正是中国文化中的重要组成部分。再加上"铭"这种文体，具有篇制短小、文字简约、寓意深刻等特点，非常符合这件作品所要表达的简洁而深刻的文化内涵。因此，设计者将这件产品正式命名为"灵龙香台"。

一件文创产品除了外形和功能，还要有深厚的文化内涵，能够传达正能量，给予人情感的启迪。所以产品的内涵设计至关重要。

以长形香台为例，洁白的承灰盘被特意设计得很薄，并带有起伏的波浪造型，用以象征一洼浅水。在浅水中暂且栖身的一条金色灵龙昂首向天，仿佛正在等待时机腾空而起，形象地解读了"水不在深，有龙则灵"。在情感的表达上，焚香时香灰会洒落在波浪形承灰盘中，且釉面光洁度较高，使波峰上的香灰会自然滑落积存于波谷，以此隐喻着人生的起伏跌宕——在人生的高点可能并不容易有所积累，更容易陷入自以为是的招摇状态；反而是一次次的低谷才使人学会收敛和珍惜，迎来下一次的人生高点。这种隐喻的方式将中国传统文化中"水满则溢，月盈则缺"，蓄势待发才是事物最强势状态的哲理予以了具象化的表达。

如果将一支香比作人的一生，从点燃的那一刻起如同人的降生，直至最终的熄灭，仿佛每支香、每个人的归宿都是相同的。香虽已逝，但每支香留在香台上的香灰痕迹却无一重复，由此又引出了关于人生观的深刻探讨。

这件文创产品设计，运用了多种中国传统文化元素，并兼顾现代产品的实用功能与审美功能，在继承了文物"形"的同时，对文化中的"神"进行了含蓄的表达，其中所蕴涵的人文信息很值得在使用过程中细细品味。[1]

---

1. 此案例中部分内容引自：白藕，周茜. 文化衍生品是如何被设计出来的——以中国国家博物馆"灵龙香台"为例[N]. 中国文物报，2015-6-26（3）.

（2）委托设计策略

与自主设计策略相对的是委托设计策略，这是一种将设计工作完全委托给社会组织或个人的形式，来满足博物馆文创的发展需求。

"完全委托"是指由被委托方自行提出文创产品的整体设计方案，包括文案设计、文化元素提取、产品外观设计、销售模式设计、市场预期评估、样品制作以及后续生产等相关的全部工作。博物馆在整体过程中只承担提供基本的设计素材和对设计方案审核指导的工作，在产品设计方案审核通过后，通常是由被委托方负责出资生产。

这种策略的优势相当明显。首先，博物馆在不做出任何额外投入的前提下即可收获大量的实物产品和经济回报，这对于专业人员少、事业资金无法投入产业运营的文化事业单位来说，具有极强的吸引力和实操性。其次，此种模式十分有利于发挥合作双方各自的专业优势和产业优势。对博物馆来说，可发挥文物与研究、实体场地、客流量资源等方面的价值优势；而对于合作方来说，通过更为专业的、充沛的人力资源可发挥其在设计制造、材料工艺以及把握市场热点敏感度等方面的优势。正是由于此种模式中博物馆的实质性投入极少，经营风险较低，因此也成为当前被博物馆界广泛采用的合作策略之一。

其弊端也很突出。首先，此种合作模式严重受制于被委托方的设计实力与合作目的，其中的商业气氛浓重，以至于对博物馆自身设计技术层面的价值积累几乎可以被忽略。其次，根据馆藏文物开发的文创产品的知识产权有可能会被分割，如果对销售渠道的控制权把控不当，还会造成较大的营销安全隐患。根据我国《著作权法》关于委托作品版权归属问题的规定，在有合同约定的情况下，依据合同；在无合同约定或者合同约定不明确的情况下，版权归受委托人。因此，博物馆在执行这项策略时，必须要通过与受委托人签订合同并有明确的条款约定，方可取得合法权利。最后，真正可能形成危害的是此种模式始终不能使博物馆成长为具有独立设计能力的产业实体，在产业链中始终缺少"设计"这一关键环节，这对于博物馆文创产业长期发展来说弊大于利。

目前对此策略的实际应用，可分为两种情况，一种是完全将设计工作委托于馆外机构来完成；另一种则是博物馆自身有一定的设计能力，但不能完全满足需求，需要借助"外援"分包部分设计工作。由于投入少、见效快，这种设计模式成为当前形势下各类文化文物单位发展文创产业的必要补充，并且可能会与其他设计策略长期共存。

（3）合作设计策略

这种策略是指博物馆通过与社会设计组织或个人签订合作协议，采取严格可控的合作模式共同参与文创产品的设计研发，由双方共同商讨以确定产品的设计构想以及产品的最终落实。

由于博物馆的参与度要远高于委托设计模式，因此需要有一定从业经验的设计师在合作中充当对接人的角色。此角色不仅要对设计的整体思路进行把控，还要提供相关的专业意见以对设计进行指导。当然也不排除由博物馆的设计人员自行设计方案，由合作厂家进行生产与实施。此种设计模式更像是自主设计模式与委托设计模式的折中方案，因此会兼具双方的优势，同时弱化了劣势。

在此策略中，博物馆的设计人员会全程跟进项目，因此对产品的整体设计流程、设计方法、材料工艺等相关知识技能均会得到提升，设计方案的原创性和知识产权也得到了保证。设计过程中，劳动密集型工作可由合作方完成，博物馆投入的人力、物力及时间成本相对较少，而且生产成本通常也会由合作方承担，博物馆的风险得到了控制，使其能够将精力专注于更为擅长的文物题材、元素等文化资源的梳理与研究上，与合作方形成了优势互补。由此来看，此策略不仅发挥了博物馆的优势，还能有效降低经营风险，较适用于目前产业阶段与未来的长期发展。

合作设计策略在具体执行中需要经历"意向合作""产品合作设计研发""产品设计打样"三个阶段，共七个流程环节的内容。

第一阶段：意向合作。这一阶段是此策略与其他策略的不同之处。主要包括确定设计意向与设计命题、考察合作方、确定合作关系三个环节。

设计意向与设计命题可以由博物馆提出，具体形式可以有多种，操作方式比较灵活，比如以设计招标的形式，由中标的设计企业或设计师负责研发和生产，最后的成品在博物馆或其他可控的渠道内销售，经营收入双方按比例分成；也可以由合作方主动提出，由博物馆方进行审核，将审核通过的命题或意向与合作方充分沟通，达成共识。

在设计意向明确的前提下，博物馆可以对合作方展开全方位的考察调研工作，包括合作方的资质、设计能力、生产能力以及是否有不良的社会舆情、企业诚信度、取得授权的实际用途与目的等，都会被纳入考量范围。特别是针对合作方所具有的明显的、不可替代的市场优势或者专利版权等内容，要做出深入翔实的调研与核实工作，以确保合作方的资质、能力、设计水准均真实可信，的确有实力承担设计合作并保证合作过程顺畅。这种调研考察工作通常只在初次合作时进行，进入长期合作状态后则可根据实际情况采用适当的抽调方式。

在进行细致的考察与评估的基础上，博物馆可与达到标准的合作方签订合作协议。通常情况下，出于保护自身权益的考虑，博物馆在协议中不宜出现类似"独家""专属"等排他性的用词，且单次签署的协议时间周期不宜过长，其中需要明确双方责任以及知识产权的划分归属、产品的生产数量、销售的渠道模式等相关细节，并应将合作方的资质进行备案，建立合作方数据库长期保存。

第二阶段：产品合作设计研发。这一阶段的工作与委托研发设计内容基本相同，在此不做赘述。不同之处在于，博物馆为合作方提供相关设计元素、提出设计要求、予以设计指导等相关支持的同时，需要严格审核其设计方案，提出明确的修改意见，并约定准确日程再次提交改进方案，直至设计完成。这个过程中，博物馆的设计人员需要全程参与，强调与合作方的沟通配合和各自的工作责任。

第三阶段：产品设计打样。此阶段工作比较常规，主要包括产品打样、样品修改、样品确认打样三项内容。在设计研发初步完成后，可进行样品的打样工作，用以检验产品各个部分的合理性。博物馆方面必须对样品进行严格的审核并提出明确的修改意见，直至样品达到生产要求。这个过程有可能需要反复多次，是设计开发过程中成本投入最大的环节。

在国内众多采用合作设计策略的博物馆中，陕西省历史博物馆（陕历博）的"唐妞"（见图4.6）形象设计及其衍生出的系列文创产品具有一定的代表性，较为成功地将合作设计策略价值转化为市场价值，收获了良好的社会效益与经济效益，下面以此作为案例进行简要的分析。

"唐妞"是近年来陕历博主推的文创IP，其形象由西安桥合动漫科技有限公司（桥合动漫）根据陕历博馆藏文物"唐代侍女俑"为原型设计而成。

陕西省作为我国的文物大省，博物馆资源丰富。截至2020年，在陕西省文物局登记备案的博物馆共329个，各个博物馆之间的文化、文物重叠现象较为明显。陕历博通过梳理馆藏文物资源，结合自身的优势将"唐代文化"定位为本馆的最大特色，因此在打造IP形象时首选了唐代文化元素来进行设计。这就是合作设计策略的第一个阶段中关于设计命题的思考。

在设计命题清晰明确之后即可展开具体设计项目的实施。在2014年，陕历博邀请桥合动漫设计一个与其馆藏唐代文化相关的伴手礼。最初的设想比较简单，只是要做一个单品文创产品的设计方案，并没有想要将其打造成为IP形象的概念。2015年"唐妞"设计形象正式被陕历博选中，后来逐渐被广泛认知，成为陕历博的吉祥物，但此时陕历博也没有立刻将其进行商业化运营，而是一直在进行早期的培养和孵化。直至2017年，"唐妞"才开始真正进行商业化运作。

图4.6 唐妞形象设计图[1]

---

1. 乔振亚.陕西本土漫画家乔乔艺术创作研究[D].陕西：陕西科技大学，2018：8.

商业化运作首先要求要对产权进行确权。"唐妞"由陕历博命名，并于2015年由陕历博正式注册成为商标；而"唐妞"的图形标识由桥合动漫注册商标。如遇有授权业务，需要双方共同探讨，基本原则是以社会效益为先为重，兼顾经济效益，同时还约定只有对IP形象起到正面积极作用的用途才会给予授权。这是为了避免在商业化运作中出现业务交叉造成经营混乱，合作双方必须要在各自擅长的业务领域上进行分割。

陕历博与桥合动漫之间采取的是分工协作的合作方式，前者主管展会、赛事、官方销售渠道、官方推介等相关工作，重在获取社会效益；后者则负责对接市场，发挥企业作为市场主体的优势，能够更加灵活地应对商业市场需求，更注重获取经济效益。这种基于博物馆与社会企业两种行业不同业态诉求而产生的优势互补型合作关系是产业发展的必然，也是合作设计策略目前能够被博物馆界所广泛采用的重要基础条件之一。

在各自的工作责任得到了清晰与明确以后，合作项目随之而来，同时带出了大量的文创产品，比如与"奈雪的茶"品牌合作项目。"奈雪的茶"是一个创立于2015年的国内茶饮品牌，采取"茶+软欧包"的形式，以20至35岁的年轻女性为主要客户群，代表了当代年轻人对时尚生活的追求。这也是陕历博与其合作时最为看重的一点：将传统文化时尚化、年轻化。合作的文创产品除了"奈雪的茶+陕历博+唐妞"的联名款茶饮以外，还有杯套、纸袋、马克杯、帆布袋等周边产品以及积分兑换等相关活动。2019年9月26日，该项目一经推出即受到了消费者的欢迎。

此次合作中所设计的文创产品，如杯子、手机壳、包、袋等均是常见的消费品，在品类上并未见有出乎意料之处，但其合作策略中所展示的创造价值的能力已经远远超出了实物文创产品所贡献的价值，即前文所说的以"大文创产品"带动"小文创产品"的联动发展效应。该联名合作项目不仅给"唐妞"品牌带来了极大的社会曝光量，更使陕历博收获了社会和经济的双重效益（见表4.2）。

除了IP授权合作以外，"唐妞"还在自身形象的完善上做出了积极的探索，逐渐拓展形象适用的业务领域，延长了IP资源的产业链，比如推出的系列表情包是在唐妞形象的基础上加入了陕西方言元素，通过大量的发送传播了地方文

表4.2 "奈雪的茶+陕历博+唐妞"合作项目媒体传播量统计表

传播渠道	曝光量	点赞	评论
微博	1739万	3981	2510
微信公众号	7.6万	154	267
抖音	80万	6263	149
电台	500万	/	/
网络媒体	10万+	/	/
户外广告	4800万人流量的覆盖 （投放周期超过一个月）	/	/
"奈雪的茶+陕历博+唐妞"合作项目媒体传播总曝光量=7136万+			

化。国画风格的唐妞形象是对传统绘画做出了当代的演绎，圆润的人物形象在整体气氛的设计调控下，不仅没有造成恶搞、低俗的不良体验，反而使人在了解传统文化的同时不禁莞尔（见图4.7）。

在与旅游产业的融合发展中，陕历博通过与西安市"大唐不夜城"旅游景区的合作将"唐妞"融入景区的表演项目中，共同打造了后来被网友亲切称为"牵手小姐姐"的网红人物形象，可以视为合作设计策略的一项衍生成果。

此外，为了使应用范围更加广泛，"唐妞"还设计了3D造型的版本，采用将2D与3D形象交叉应用的方式，形成了识别性极强的文创产品系列（见图4.8）。借助于"唐妞"形象的影响力，通过合作设计策略的落实，逐渐拓展文创产品的外延，涉及动漫、绘本、网络作品等形式。

2017年"唐妞"入选"国家新闻出版广电总局原动力中国原创动漫出版扶持计划"重点扶持项目，是西部地区唯一入选的作品。在2020年新冠肺炎疫情的特殊环境下，"唐妞"还结合时事做了公益海报等宣传工作。

通过"唐妞"这个案例我们可以了解到，合作设计策略是一个由纵向思维向网状思维不断衍生发展的过程。首先是要以纵向思维模式准确定位合作的价值点（唐代文化），之后要有一个能够被广泛接受的二次开发视觉形象（"唐妞"形象设计原型），这个形象的设计关系到未来所有设计研发产品的社会接受度，决定了文创产品的生命力。然后对将这个形象加以深度孵化，逐渐培育口碑与认知度。在达到一定的影响力之后，再以合作授权等网状思维模式广泛调动

图4.7　国画风格的唐妞形象[1]

图4.8　唐妞手办摆件[2]

社会资源参与，共同设计开发主题形象统一的系列化文创产品，使IP元素迅速扩散，进一步提升IP形象的社会知名度和影响力，再反哺于本源的附加价值中，如此便可形成健康的产业闭环发展态势。"唐妞"成功地发挥了合作设计策略的价值，为博物馆发展文化产业勾画出一套较为清晰而有效的策略蓝图。[3]

1. 乔振亚. 陕西本土漫画家乔乔艺术创作研究 [D]. 陕西：陕西科技大学，2018：27.
2. 天猫陕西历史博物馆旗舰店 [EB/OL].[2022-07-25].https://detail.tmall.com/item.htm?abbucket=3
   &id=567669426451&rn=6ca08a9918b3f288790d74a45b7c4796&spm=a1z10.3-b-s.w4011-
   22892533970.111.7ed0f3a26hz6cc.
3. 本案例中部分信息来自 2020 年 3 月 24 日，庞雅妮"从陕历博 IP 的成长看让文物火起来"的视频直播讲座内容。

（4）采购设计策略

采购设计策略是指通过采购一些已有的，符合博物馆风格调性的，并且被普遍认为有销售保障的产品，简单加上博物馆的标识和包装，或者以简单贴花设计的方法植入博物馆元素，以此作为博物馆文创产品的策略形式。

其策略的优势在于：首先，能够以极少的资金成本，在极短的时间内换取大量而丰富的产品类型。如果仅从这个角度来看，此策略的投入产出比是最优的，所具有的节省时间、节约成本的特征可以在最短的周期内解决文创产品的来源问题。其次，采购渠道可以使博物馆与各类厂商进行广泛的接洽，选择优质的有潜力的厂商建立合作，迅速拓展博物馆文创产品涉及的领域。第三，博物馆能够在极短的时间内比较全面地了解当前市场的概况、流行趋势以及新材质、新工艺等相关信息，既能为开发文创产品获取灵感，同时也能对主流热销产品形成判断。

此策略的弊端在于：与委托设计策略相似，这种模式同样不可能培养出高质量的、能够独当一面的设计团队，更多的是在打造一支市场敏锐度高且议价能力较强的采购队伍，因此不能将其作为培养设计团队的主导模式。而且，此策略较难产生较高设计水平的文创产品，同时还会带来产品同质化和知识产权纠纷等隐患。比如2018年北京故宫博物院出品的"俏格格娃娃"即引起了争议，导致产品全面下架，造成了负面影响。

虽说这种策略在国内外的博物馆行业中都会或多或少地被采用，但与产业发展初期市场环境明显不同的是，仅仅依靠采购现有的产品已经不能满足当前博物馆文创市场的发展需求，仅可将其作为辅助方式对其他策略进行补充。

（5）授权设计策略

亲力亲为的开展文创产品设计工作不仅要投入大量财力、人力、物力，还需要对流程中各个环节的专业知识有所了解，而当前事业体制下的博物馆在这些方面显然并没有太大优势。于是近些年，一些博物馆纷纷另辟蹊径，开始尝试不同的文创产品设计发展策略。

知识产权交易是文化产业发展中的重要组成部分，蕴涵着巨大的增值空间。在博物馆文创设计中提前植入对知识产权的考量，可以为产品后期授权工作积蓄能量。比如将受法律保护的藏品图像、数据、设计方案或成品、商标等馆属资源通过授权的形式鼓励社会力量进行二次创作，寻找有规模的优质被授权方进行合作，从中获取社会影响力和部分经济利益。

此种方式最终的结果与委托设计模式极为近似，都是将馆藏资源作为标的物，动员社会力量参与其中，为博物馆提供文创产品设计服务。但不同的是，在授权设计策略中。博物馆以收取授权费用或以免费开放版权的形式提供设计基础元素供被授权者使用。而委托设计模式则需要博物馆以支付设计费，或提供相关资源的形式购买设计服务，或形成利益交换。从这一点来看，设计授权模式能够使博物馆获得更大收益，其最终释放出的能量价值将远大于其他策略。因此，国内博物馆纷纷将授权设计作为一项重要的发展策略加以落实，并取得了一定的成效。

但此模式需要具备一定的条件方可显示出策略的价值。首先，只有博物馆自身品牌或馆藏文物具有一定的社会知名度或影响力，在具有市场经济价值的前提下授权策略的效果才会更加显著。其次，博物馆在授权过程中承担着监督管理者的角色，这就要求博物馆要建立一套严格规范的授权管理体系和管理团队，对项目的舆情、进展等随时进行监督。

在此策略中，博物馆的设计力量并无太多的用武之地，更多的是进行设计的审核、指导等联系沟通工作，并不需要必须参与到具体的设计实操环节中，因此，此种模式也不会对博物馆提升自身设计能力有直接帮助。

以上五种策略各有利弊，博物馆可根据自身条件在实际工作中扬长避短，择优选择，灵活运用以应对不同的需求。但从长久发展的眼光来看，如省级以上的大型博物馆确有必要建立一支素质过硬的设计团队，完善产业链的整体构成。而在这五种常用的策略中，仅有"自主设计模式"与"合作设计模式"会对提升自主设计能力产生实际效果。因此可以考虑贯彻以自主设计为主、合作设计为辅的策略方针，同时，将其他三种策略作为适当的补充。采用多种策略混合运用的方式，将有助于各类博物馆应对不同的发展需求，这需要在工作中进行长期深入的实践探索与研究。

二、产业链视域下的设计水平提升策略[1]

对设计师来说，作品是安身立命之根本，述而不作的研究、冥思空想的创意皆是过程，产品设计水平的展现才是"硬实力"，也是所有策略制定围绕的核心内容。产品设计水平提升了，把产品做好了，所有策略、方针的制定就有了支撑。实际上，从消费者的角度来看，企业的战略、方向、策略等均与其毫无关联，他们只关心你是否能够真实地提供了他们所需要的产品。因此，产品永远都是企业的第一战略，产品做不好，企业文化、市场策略都是空谈。[2]

博物馆文创产品设计水平体现在"道"与"器"两个层面上。如果把精神价值、文化价值归类为形而上，即"道"的层面，实用价值、工艺价值归为形而下，即"器"的层面，那么博物馆文创产品的设计定位应介于二者之间，且更偏向于"道"的层面。这是由其设计初衷更多地是在创造精神层面的内容而决定的，同时要与生活用品相结合，使其兼备"器"的功能。因此，设计需要从文化内涵、具象造型、实用功能等多个方面统筹考虑，其中有两点特别值得关注：一是要选取恰当的文物元素加以合理的运用；二是要符合当代人的精神文化需求，具有新时代的特征。

比如中国文化中认为山为阳，水为阴，下页这件名为"仁智·酒水杯"（见图4.9）的设计作品即遵循了这一传统观念，参考了中国山水画中阴阳调和的含义，同时依据《论语·雍也篇》中"知者乐水，仁者乐山。知者动，仁者静。知者乐，仁者寿"的记载加以命名。设计通过透明玻璃材质与山形的应用，将阴阳、山水、仁智等传统文化蕴含其中。在使用时，利用山的静与实，水的动与虚所组成的变化，使人们在一件日常实用器物中也可寻求到传统文化的韵味。考虑饮酒时特殊的使用场景，设计师特意利用了山形的特征为杯体添加了上下两面均可使用的独特功能，其容量的差异增添了酒席间的话题和趣味。采用相同的设计思路，还衍生设计了一圆一方两款微型鱼缸，可置于桌边案头，为办公环境增添些许情趣（见图4.10）。

---

1. 本节部分内容发表于：白藕. 浅析博物馆文创产品的特殊性[N]. 中国文物报，2017-04-10（3）.
2. 范周. 数字经济下的文化创意革命[M]. 北京：商务印书馆，2019：94-95.

图4.9 "仁智"酒水杯设计效果图
（设计师：白藕，2013 年）

图4.10 "仁智"微型鱼缸设计效果图
（设计师：白藕，2013 年）

　　我国虽长期拥有日用品、纪念品、工艺品等行业，但大多不具备现代文创产品设计的意义，忽略了当代产品对于传统文化的解读问题，比如在产品设计领域中人们通常关注的是市场定位、材料、工艺、功能、成本、人机界面等"器"这个层面的价值问题。但文化自身的独特性与传承性决定了文创产品设计必须承前而启后，传承不能被简单地理解为对传统纹样、器型、工艺的继承，更要思考表相下所隐含的传统文化与当代文化的关联问题，并将这些要素置入"道"的层面中加以解读。

　　为了达到这个目的，我们需要运用以物证史、以物叙史、以史明理的设计思维，系统地研究文化中所阐述的哲理，并要注意设计转化的方式方法问题。在发挥博物馆文物资源优势的同时，要深度思考如何将传统文化融入现代生活中，并能以适合的具象形式表达出来，设计出既能承载传统文化又能适应现代人生活与审美习惯，在宣传正能量的同时给予人启迪的现代文创产品，通过合理创新来触发人们的情感共鸣，引起深层次的思考。这就要摆正传统文化在文创产品设计中位置，细致探究传统元素中一花一木、一山一水的形成发展脉络，同时创造性地利用其价值，体现新时代的精神，避免说教与浮夸，如此方可使设计做到有血有肉、有道德、有筋骨、有温度，从而实现文创产品由"器"向"道"的升华。

在这一点上，**博物馆文创产品与其他领域产品的设计思路存在着根本区别，其遵循的是"功能服从于审美，审美服从于文化，文化服从于情感"的设计逻辑思维体系。在具体表现上，是一个由散乱的、多样化的功能需求通过审美与文化的层层过滤与归纳，最终凝结成相对一致的情感归属的过程。**

目前博物馆文创产品设计绝大多数所采用的是功能与审美相结合的浅层设计思路，多是将日常用品作为半成品，在其基础上进行二次美化工作，常见的如马克杯、T恤衫、手机壳、冰箱贴等。这种在功能性器物表面上进行简单装饰的设计思路极为常规，且对文化的解读较为初级和肤浅，但设计出来的产品通常成本较低，并且较贴合大众的理解力，又具有相当的实用性，因此在博物馆行业中多被用于临时展览的文创产品设计和常规的快速消费品设计中，在文创产品的整体结构框架中多作为基础层的产品出现。其主要特征是数量众多、价格亲民、实用性强，不需要对文化文物有过多的知识储备即能被理解和认知，满足了大众的基本需求，正因如此，反而往往能引发高频次的消费。如前文提到的"大英博物馆100件文物"特展中的文创产品，多数属于此种设计思路。

这背后隐藏的其实还是"引领"与"迎合"的价值导向问题。随着消费者的眼界逐渐开阔，见识越来越广，对文创产品设计附加值的要求越来越高，大众化产品的市场份额必然会受到挤压，这种初级产品设计观念在"迎合"市场的同时也正在被市场所排斥和淘汰。从未来发展的角度来看，博物馆文创产品设计正在逐步走向"引领"的发展趋势中，目前已经有一部分文创产品在设计理念上运用到功能、审美与文化、情感相互关联的设计思路，但从总体情况来看，真正能上升至文化情感设计思维的优秀产品少之又少。

1. "同质化"的利与弊 [1]

可能很多人有过这样的亲身体会：在博物馆、旅游景区等文化场所进行消费时，往往会发现想要购买一件有特色的文创产品留念或送给亲朋好友，却很难选择，因为在很多文化场所中销售的纪念品无论从产品创意、生产工艺、销售形式等方面都似曾相识，有些甚至一模一样——这种普遍存在于当前文创产品中的"同质化"现象在前文中已经被反复提及。那么究竟为什么会出现这样的现象？其产生的根源是什么？需要如何解决？本节将深入探讨这些问题。

（1）"同质化"的成因

目前我国博物馆文创产品设计行业在价值观念、职能部门、人员编制、制度体制上都存在着诸多问题，这些问题最终都会以具象的产品形式在市场中表现出来，而最有可能的表现形式就是"同质化"的产品，也就是说，同质化现象是产业链中各类矛盾问题的具象体现。

"同质化"一词来源于物理学概念，本意是指具有相同质量数和原子序数的物体。当这个概念被引入产业领域时，则用以形容某一产业发展到一定阶段所呈现出逐渐趋同的状态。具体表现为：在一定的时间与地域范围内，同一产业中不同品牌的商品在性能、外观、价格、营销手段上相互模仿，以至于出现了近乎一致的现象。各个企业所提供的产品没有根本性、实质性的区别，产品和服务均可被其他同类厂商替代，消费者几乎面临一模一样的产品选择，消费依据则主要来自产品价格或心理上的认可度。这种现象普遍存在于当前社会中的各个领域，如影视动漫、文学戏剧、综艺节目、旅游产品、日用产品等。

一个产业从诞生至走向成熟的过程中大多会经历同质化阶段，古今中外皆是如此。通常，当具备了以下五个条件时同质化现象就会大概率产生：

第一，有分工协作的产业模式。当一个产业发展到一定阶段，必然会出现分工协作的细分化趋势。就产品设计行业来说，其中的设计、制造、营销等各个环节被拆分，并分别交予各专业领域的生产商来合作完成。这种产业模式促使各

---

1. 本节部分内容发表于：白藕，周茜. 关于传统工艺文化产品"同质化"的探讨[A]. 见张立珊，张旗，王洪瑞. 北京工艺美术学术研讨会论文集[C]. 北京：知识产权出版社，2013，09：159-166.

生产商在生产力与技术的发展方向上分别有所侧重，导致在一件产品中同一生产商能够参与的业务范围越来越小，其生产的产品越来越专一，形成了技术高度集中的产业现象。

在博物馆文创产品的文物元素研究、设计研发、生产制造、销售运营、售后服务等一系列产业环节中，博物馆更侧重于研究文化内容、提供文物元素等前端环节的工作，设计可以交予专业的设计公司或个人来完成，生产制造则可以选择相应的厂商来完成，销售运营、售后服务也可采用委托合作的方式。这种分工协作的产业模式使每个环节均有可能出现同质化或被同质化的现象，为产业整体出现同质化特征提供了条件。特别是在生产环节，目前国内同类产品的生产商在技术、设备、工艺之间的差异化本就不明显，产品质量本就具有趋同性，甚至有些企业同时为多家博物馆供应相同的产品，这样就不可避免地造成了博物馆之间的产品同质化业态。

第二，出现标准化生产模式。在分工协作的生产过程中，为保证不同生产商生产的产品零部件能够顺利装配在一起，或者为保证各个产业环节能够顺利衔接，就必须按照一定技术标准来生产，这就为同质化现象的产生提供了另一个重要条件——标准化生产。在生产制造环节，标准化生产可以提升人工装配的熟练度，整体提高产品的成品率，有效降低产品成本，对大批量生产来说其重要意义是不言而喻的。但与此同时，相同的生产流程和大量相同技术工艺的应用，都有助于产品形成同质化特征。

第三，产业链中原创环节薄弱。虽然标准化生产容易引起同质化特征，但创意产业的特殊性决定了其还会受到诸如原创力、政策制度、知识产权保护、市场环境、消费购买力等多方面因素的影响，其中"原创力"的影响最为关键，同质化现象的严重程度甚至可以通过其原创力的活跃程度来进行判断。

在一个生命力旺盛的产业中，其原创力必然是先进的、发达的，是能够成为引领产业发展的核心动力的。而作为创新的原动力，创作人员的个人能力、思维模式、行业待遇等主客观因素，都直接或间接地影响着其创造力水平，这一点在传统手工艺行业中表现得尤为突出。由于历史原因，我国传统手工艺多是以师徒或血缘的形式传承下来的。这种传承方式导致一个行业的核心技术高度集中在极少数从业者手中，其个人的能力、眼界、意识等均会对工艺门类的兴衰产生巨大影响。而同行业中大多数的从业人员由于不掌握核心技术，只能生产技术含量相对较低的产品种类，使同类产品大量充斥在市场流通环节中，不但在数量上无限增加，而且在设计、质量、工艺上都具有明显的趋同倾向。

第四，对产业概念的理解模糊或存有误区。从经营策略上来看，产生同质化现象的表面原因是简单的"拿来主义"，而其根本原因是保守的逐利心态。有学者曾说"中国有大量的企业主，但缺少企业家"。这个现象非常值得深思，"在商言商"的观念使大量的企业主将营利与发展奉为企业生存的不二法则。应该说，企业追求营利没有任何错误，但在创新发展的道路上实现营利却使众多企业走得步履蹒跚。其中不乏将"发展"解读为"扩展"的，试图通过短期内急速扩张产业规模来占领市场，以同质化的规模求发展，以同质化的产品求业绩，以同质化的资本运作方式谋求暴利，注重短期效益而往往后劲不足，忽略了核心创造力的恶果：可能会走得快，但很难走得远。

第五，价值判断体系存在缺陷。博物馆曾长期游离于商业产品市场之外，对产品的商业价值进行判断时明显受制于行业的局限，通常表现为主观意识较强，客观依据不足，致使很多具有创新价值的优秀设计方案无法顺利实施，只能依靠一些保守但是"保险"的设计方案来维持行业的稳定，而这些设计大多是已经得到市场认可的产品类型，本就具有了同质化特征。这种保守的决策体系以拒绝创新为代价，从一定程度上降低了设计研发的试错风险，但同时也放缓了向差异化设计发展的进程。

（2）"同质化"的影响

同质化现象如同一把"双刃剑"，会存有正、负两方面的影响。

首先来看其正面影响。同质化现象是产业走向更加成熟的阶段性现象，在一定的产业发展时期内是具有积极作用的。同质化产品的最大优势就是通过提高的生产效率来降低生产成本，使产品得到迅速普及。我们可以简单地理解为：产品同质化≈产品技术成熟化≈生产成本最低化，这在赢弱的产业发展初期具有一定的实操价值。而且，通过为消费者提供同一类产品不同渠道的选择权，有效避免了在市场中形成的恶性垄断，加强了产品服务、质量、价格等因素对市场的调节作用，使行业竞争由产品基础价值的竞争转向产品附加价值的竞争，进一步细分产品类型与行业分工，促使行业整合与重组。这些因素也在一定程度上推动了行业向更加成熟的阶段发展，为培养真正意义上的"品牌"提供了必要条件。因此，产品同质化现象通常被视为行业发展到一定阶段的重要标志。

再来看其负面影响。同质化现象降低了产品的独特性，雷同的产品使消费者产生了审美疲劳，削弱了消费力。产品自身无差别化，价格、促销等低级的商业行为成为差异化竞争的常用手段，从本应积极的产品差异化技术竞争转变成消极的广告宣传与价格促销竞争，在广告宣传上的投入远远大于对产品设计研发的投入，这就容易造成对技术创新等核心价值的忽视，使行业整体丧失创新活力，为行业长久健康发展埋下隐患。在同质化发展的氛围中很难形成真正意义上的品牌，更无法形成品牌文化，行业发展被桎梏于抄袭、模仿的低级制造业阶段。

这些弊端在我国白色家电行业中体现得最为明显。中国是世界上最大的白色家电生产基地，由于技术门槛相对较低、缺少创新点，白色家电产品多年来同质化现象严重。而当前的消费已经从产品的普及性需求过渡到更新换代的需求，从对基本功能的需求提升到对文化、品质、个性、体验等更高层次的改善性需求。这种市场需求的转变，对于多年来停留在同质化竞争阶段而忽视了产品核心技术与设计研发的生产制造型企业来说很难应对，造成了产品不适销、不对路，消费需求得不到满足，产品大量积压，资金周转不畅，供需矛盾日益突出，经营陷入窘境。部分企业为了缓解压力，一方面会在产品质量和人工成本上进行压缩，以求确保毛利率；另一方面，在生产规模上又不得不进行扩张，以规模求效益。这种"饮鸩止渴"的方式导致企业在同一领域、同一水平层次中反复进行投入，负债率提升，致使"内卷化"现象明显；一旦出现市场波动，企业会面临被巨大内耗反噬的风险。

在当前博物馆文创产品中也存在相似的现象，并且成为最被诟病的"硬伤"之一，说明同质化中的负面因素已然对消费者需求产生了显而易见的制约和影响，其严重性已经束缚了产业的进一步发展，迫使产业进入转型期。

如前文所述，当今对文创设计的消费已提升至精神需求的层次上，而我国博物馆文化产业由于起步晚，难以在短时间内应对市场的转变。出于体制原因或保护自身利益的考虑，所谓的创新设计实际上仅仅局限于对市场上已经被认可的成熟产品的改造工作。这种业态现状使行业的整体技术和产品质量很难有大幅提升，那些被同质化唤醒的文化认同不仅短暂，而且肤浅。

业内同行之间的相互模仿更是导致同质化产品大量出现的另一个主要因素，无论是同质化别人还是被别人同质化，这一现象都真实存在并且很难消除，直接影响到博物馆的品牌价值和市场口碑。经费紧张使得有限的资金更加难以投入产品研发和品牌建设，造成整体行业的原创力不足，只能维持在较低的水平上相互竞争，产品始终徘徊于抄袭、仿制的恶性竞争中，严重阻碍了行业的良性发展和品牌的维护。

一个同质化现象严重的市场是对新鲜产品极度饥渴的市场。在缺少知识产权有效保护的环境中，一旦出现了稍有创意的新颖产品，就会引发大量的复制、仿制品，形成一种虚假繁荣的市场现象，比如前些年流行的"青花"元素本是中华瓷文化的精华之一，但是由于没有得到很好的控制，这一元素泛滥成灾，青花服饰、青花文具、青花餐具等良莠不齐的各类产品充满了市场，低劣的贴花、印花产品层出不穷，错用、误用文物元素的现象屡见不鲜，造成了消费者的逆反，使其迅速沦为俗品，扼杀了这一优秀的文化元素。近些年流行的"文创雪糕"也具有这样的特征，无论是创意、工艺还是价格、口感，均是同质化严重的典型案例。

虽然同质化产品一直为人们所诟病，但事实上有些同质化产品在市场中更受欢迎。而与此相反，尽管一些产品差异化明显，在市场中却少有人问津，显得曲高而和寡，比如"书签"一直是博物馆中销量较好的产品，同质化特征却相当明显，不仅多家博物馆均有类似产品销售，而且在网络上也有大量的同质化产品，但这都未能影响其销售业绩。"文创雪糕"也是如此，虽是同质化产品，但无论是市场销售还是大众接受程度均令人满意。

单从设计创新价值的角度来说，这些产品确实不尽如人意，而从短期市场反应上来看却并非如此。显然，我们是在用两套完全不同的价值评价体系在评判同一件产品，因此会出现截然不同甚至是相互矛盾的评价结果。解决这个矛盾要从评价体系入手，在设计之初即要对各种评价标准进行综合考虑，最终找到能够同时满足多方条件的均衡点。我们不提倡以绝对化的标准来简单评判任何文化产品，所以绝对不能仅仅因为有销量就可以屈从于市场，放弃了文化的引领作用和设计创新的初心。

从产业长期发展的角度来看，这种赤裸裸的"劣币驱逐良币"现象无疑是弊大于利的。究其成因，是一个对同质化设计"度"的把控问题。对市场来说，究竟一件文创产品中的同质化含量到何种程度才是最为均衡、最能被接受的问题。也就是说，务必要找到一个能够满足多方条件的"最优解"，而这个问题需要借助于"差异化"的设计思维加以解决。

（3）"差异化"的思维

在产品市场中普遍存在这样一种现象：产品的创新程度与产品的整体数量是以金字塔形存在的，绝大多数的同质化产品组成了塔基，这部分产品追求的是低成本、低售价所带来的销售量，而同质化正是降低产品成本的最直接有效方式之一。越向塔尖位置发展，产品中的设计附加值就越高，同质化现象越不明显，差异化特征越来越强。这种产品的分布结构特征符合意大利经济学家维尔弗雷多·帕累托（Vilfredo Pareto）提出的"二八定律"原则，即在任何事物中，最重要的部分只占其中大约20%，其余80%尽管是多数却是次要的。虽然在现实中精确的80%和20%出现的概率很小，但无论结果如何，二八定律已经成为这种关系的代称。

博物馆文创产品整体都应该属于这20%的范畴。对于其中的同质化现象我们首先要明确两点：一是我国博物馆文化产业目前整体正处于初级发展阶段，完全避免产品同质化是不现实的，也是不合理的；二是同质化现象本身并非错误，它仅仅是产业发展过程中的一个阶段性特征，是一种广泛存在于各个产业发展中的普遍现象，而我们要探讨的是如何尽快、健康、平稳、可持续性地过渡到下一个发展阶段中去的问题，解决这个问题的关键在于"差异化"设计思维。

"差异化"是指，为使企业的产品、服务、形象等与竞争对手有明显的区别、获得竞争优势而采取的策略，其重点是要创造出被全行业和消费者都视为独特的产品和服务，是使企业获得高于同行业平均利润水平的一种竞争方式，集中表现在产品差异化、营销差异化和品牌差异化三个方面。

第一，产品差异化是差异化策略的核心。特别是在市场完成原始积累向成熟阶段转型发展时，创新设计在其中的优势作用开始成为关键因素，我们甚至可以把产品创意设计水平看作衡量一个国家文化发展程度的标尺。

没有设计创新氛围的市场是典型的制造业市场，是产业链的末端市场，是一个始终会维持在无核心技术、无品牌建设、无健康发展的"三无"状态的原始市场阶段。因此，在推进差异化进程中应首先从产品差异化入手，加强创新创意在产品中的含量，逐渐建立优势。可从以下四个方面进行思考：

文创产品应具有鲜明的文化特色。人类历史上出现的各类文化无一例外地都具有鲜明的民族特色，这些特色是一个民族的文化灵魂，是无法替代的，设计中应饱含对文化特色的提炼与表达。

文创产品对社会发展应具有积极正面的意义。在人类漫长的历史文化中出现过无数的文化类型，其中既有精华也有糟粕，精华能对社会产生积极影响，而糟粕则会对社会产生颓废没落、保守自闭的负面情绪。这就需要对文化元素进行细致而严格的甄选，那些能够促使社会和谐、促进生产力发展、对人们生活起到积极向上引导作用的、充满正能量的文化元素才是要继承和发扬的，反之则弃之。

文创产品应具有极强的纪念性和专属性。文化类产品的价值在于其自身所承载的文化意义，比如专为某次活动、事件而设计开发的产品中储藏了大量的历史信息、情感信息，使人能够睹物思景、见物思情，这就使产品自身具备了很强的专属性与不可替代性。又如具有地方特色的非遗类文创产品，或是在博物馆、旅游景区销售的文创产品，如果是根据此处的某件藏品或某个景观开发而成的，那么这类产品对销售环境就有着极强的依赖性和专属性，一旦脱离了这种环境氛围其文化意义会大打折扣。

应从需求出发寻找产品差异化创新点。任何产品都是为人服务的，这就需要深入了解当前人们的所需、所想。一方面要了解消费者的消费需求、消费心理；另一方面要结合博物馆的特质要素，综合定位差异化的产品创新设计点，比如通过分组调研的方式将观众细分，收集真实的、具有参考价值的数据信息，从而对不同群体采取有针对性的细分化设计来满足不同的消费需求，以打破盲目设计所带来的产品同质化弊病。

第二，营销差异化是将产品转化为商品的突破口。 差异化发展不仅需要创新型的产品，还需要有与产品设计定位相匹配的营销策略设计。由于历史的原因，我国从计划经济过渡到市场经济的时间较短，博物馆行业内更是缺乏真正意义上的市场营销职能部门和专业的营销人才，致使对市场营销普遍缺乏基本的认知，意识仍然滞留在传统的销售服务观念中，甚至将营销简单地理解为"把产品卖出去"。这种将"营销服务"理解为"推销手段"所带来的直接后果，就是市场始终停留在"卖产品"这种低级被动的营销层次上，无法上升至"卖文化、卖思想、卖服务"等高级主动的服务营销层次。

营销环节是将文创产品价值进行市场兑现的重要环节，然而目前大多数博物馆的销售环境还是传统的柜台式销售，不仅方式老套，而且耗费大量的人员物资成本，服务也多是一问一答的传统方式。这种形式虽然有其优势，但与日常购物行为的高度相似性很难促使消费者产生全新的消费体验，影响了购物欲望。

正确设计营销策略，提供差异化的消费体验，可以调动消费者的新鲜感，刺激消费热情，提升产品销量。比如在营销方式的选择上已经出现了很多具有时代特色的差异化销售模式，我们可以根据具体情况选择体验式消费、拍卖、网络销售、网络众筹、电视购物、MD定投、信息推送、与其他产品搭配组合销售、定制个性化产品等多种营销手段。丰富的营销方式可以从不同维度与消费者建立沟通，提升品牌形象和知名度，在扩大受众群体的同时增强与不同领域的跨界联系。

文化类产品的独特性质对营销有着较高的要求，提高文化产品的营销水平可以借鉴在营销学中被广泛认可的"4P"营销原则，即产品（Product）、价格（Price）、渠道（Place）、促销（Promotion）。对于博物馆文创产品来说，在4P营销原则中"价格""促销"都是可以被轻易复制的，而"产品""渠道"相对具有专属性，是最能产生差异化特征的要素。这里的"渠道"不仅是指简单的销售、进货渠道，而更多的是指市场细分渠道、产品定位渠道、客户管理渠道等能对设计产生深刻影响的各类营销因素。

在此，以同质化特征明显的个人电脑整机销售市场的一个案例，来简单说明差异化营销的重要性。

个人电脑大量采用标准化生产、模块化部件，使其具有了鲜明的同质化产品特征。20世纪80年代，在美国个人电脑终端销售市场中，生产商与销售商之间的合作通常采用的是由生产商先供货给销售商，再按一个时间段内的实际销售数量来结算的"后结算销售模式"。这种结算方式也是我国博物馆文创产业的主要合作模式之一。其特征是结算周期较长，至少要30天，这就意味着生产商需为此垫资至少一个月，不仅增加了生产商应收账面的风险，还使其损失了资金利息，降低了资金利用率。

面对这种已经成为行业惯例的同质化商业模式，有一家公司创造出差异化的商业模式，颠覆了惯例。这家公司去除了销售商，由自己直接向客户销售产品。客户根据实际需要来配置自己的电脑清单，通过网络或电话形式下订单，同时付清全款，公司在接到订单与货款后用大约5天将电脑组装好并直接快递到顾客手中。这种营销模式免除了中间商，使这家公司能以更低的价格提供产品，更关键的是确保了产品还未生产就已经售出，公司不仅不需要垫资，而且将结算周期做到了负5天。创造了这种"预结算销售"或"直销"商业模式的公司就是美国的戴尔（DELL）公司，独特的差异化经营模式也使戴尔公司在不到十年的时间里就从一家初始注册资金仅有1000美元的小公司跻身于全球五大计算机制造商之列。

这个案例可以证明，对营销方式的差异化设计是弥补产品同质化设计的重要方式之一，从探寻市场"痛点"入手加以改进与完善服务，可以较大概率地创造出差异化营销模式。

第三，品牌差异化是所有差异化策略最终蜕变进化而成的终极状态，具有最强的市场影响力和号召力。 从品牌价值的角度来说，不见得产品的品类数量越多品牌价值就越大、生存能力就越强，关键在于要具备独特的产品、市场定位、营销策略、服务体系，找到差异化的核心优势，并将其放大为品牌价值优势，才是发展的根本。比如特斯拉（Tesla）的电动汽车无论在车系还是车型的数量上，相较于大众、奔驰、宝马等传统大品牌来说毫无优势可言，但它却代表了汽车行业的未来发展趋势，由此跻身于一线车企行列。戴森（Dyson）的产品结构线也很简洁，寥寥几款产品却使其成为世界上利润率最高的设计师品牌之一。这些品牌的成功，无一例外均是由于其掌控了核心技术并将其转化为市场中的差异化价值，由此形成了品牌竞争的优势。我们可以发现，品牌差异化通常都会具备以下三点特征：

首先，典型性与稀缺性。馆藏文物具有的独特性与垄断性是创造博物馆文化品牌的基础。文创产品是一类文化的典型代表，是生活中特殊的产品门类，是人民物质与精神文化生活提高的标志物，不仅具有实用性，还要有稀缺性与价值性。虽然可以通过采用限量生产、定制加工、增加制作难度等"硬性"方式来简单加强产品的这一特性，但从根本上讲，提升创新创意含量，加强文创产品设计的"内功"才是最有效的方法。

其次，具有难以被复制替代的核心技术或产品。品牌价值是围绕着自身的核心价值逐步建立起来的，因此必须要有一定的核心技术壁垒或具有独特的差异化体验，方能使其难以被轻易复制替代。品牌价值中的不可替代性越突出，市场生存环境越容易得到改善，品牌生存的周期也越容易延长。这里所提到的技术壁垒不仅仅指生产技术，还包括产业模式、营销策略、服务渠道、素材专属性以及知识产权等方面的因素。

知识产权是关于人类在社会实践中创造的智力劳动成果的专有权利。对创作者本人的劳动成果采取法律保护的措施，能使国家整体创造力提升，摆脱我国作为"世界工厂"所面临的"产能大，收益小"的不利局面，是国家提升产业地位的重要战略性转型，意义非同一般。而文化品牌的建立与发展，是个长期而复杂的过程，更应该树立知识产权保护意识。在知识产权法的保护范围内，通过授权、版权交易等形式创造新的价值增长点，维护文化品牌的独特性，为品牌长久持续健康发展提供保障。

最后，产品本身设计的优劣程度更是创造产品差异化的直接动力。下面以我国台北"故宫博物院"的两件文创产品为例，综合探讨博物馆文创产品的差异化设计应用问题。

2009年，时任台北"故宫博物院"院长的周功鑫批评了和台北"故宫"签了七年合约的意大利时尚品牌ALESSI（阿莱西），称其为台北"故宫博物院"设计的文化创意产品缺乏深度（见图4.11），对中华文化的认识不够，以后要和故宫合作的设计品牌最好都"先到'故宫'上课"。此番言论实际上主要针对的是当时在博物馆文创产品中流行起来的"卖萌"风格，批评了此类产品通过大量制造、重复设计来降低成本，以迎合市场的低级审美情趣、刻意营造市场繁荣的假象，有违博物馆开发文化创意产品的根本宗旨，暴露出设计师在没有对文化进行深入研究的前提下所设计的作品"不接地气"，与文化无法深度融合而产生的矛盾冲突问题。而台北"故宫博物院"的另一件以相同题材设计的"我是乾隆·天子之宝快客杯"却大受好评，还获得了2014年日本"Good Design Award"优良设计奖（见图4.12）。

为何取自完全相同文化元素而设计出来的两件产品口碑差异会如此之大？我们将"清宫系列"中的"计时器"与"快客杯"进行比较，不难发现以下几点区别：

从题材元素来看，两件作品均是采用了清代典型的服装服饰作为设计灵感来源，并且都充分抓取了官帽的特征，在造型上表现得均较为准确。

图4.11　ALESSI为台北"故宫博物院"设计的"清宫系列"（The Chin Family）文创产品之一："Mr.Chin–清先生"计时器[1]

---

1. 黄俊娴. 演绎东方故事——斯蒂凡诺·乔凡诺尼[N].美术报，2009-08-01（30）.

图4.12 "我是乾隆·天子之宝"快客杯[1]

从材质工艺来看，前者使用的是塑料材质，这种材质给人的第一印象是现代、廉价，更重要的是塑料并非我国的传统材质，这使产品的直观特质与所要表现的文化特征产生了一定的隔阂。而后者采用了瓷作为主要材质，并模拟了传统"粉彩釉"工艺，捕捉到清代制瓷工艺的重要特点，保持了原汁原味的传统文化。

从使用功能来看，前者在产品中结合了烹饪计时器的功能，但这个功能显然在西餐的制作中应用更为广泛，而对于中餐的烹饪习惯来说较为冷门，这可能也是周馆长说其"不接地气"的一个方面。而后者则将我国具有广泛受众基础的茶器做了现代设计衍生，这种一壶一杯的组合方式更加便于收纳与携带，对异地参观的消费者来说极为适合。

从设计手法来看，两件作品虽然都采用了卡通形象的设计思路，但仍有几点明显的区别。

---

1. 神话言官方网店[EB/OL].[2022-07-25]https://www.talescasashop.com/ecommerce/elegant-enjoyment-of-asian-treasure/%e5%b0%8f%e4%b9%be%e9%9a%86%e2%80%a7%e8%8c%b6%e5%99%a8/%e6%88%91%e6%98%af%e4%b9%be%e9%9a%86-%e5%a4%a9%e5%ad%90%e4%b9%8b%e5%af%b6(%e7%b4%8b%e5%bd%a9)--%e5%b0%8f%e4%b9%be%e9%9a%86%e2%80%a7%e8%8c%b6%e5%99%a8(%e7%95%aa%e8%93%ae%e7%b2%89).html.

首先是在造型方面，前者将直线几何造型大量应用于产品主体上，使产品呈现出僵硬、呆板的"机械人"形象，造型中刻意的成分较大，对近距离使用的产品来说缺少了应有的细腻感。刻度使用了阿拉伯数字生硬拼接的方式更是值得商榷，产品唯一的定时功能就这样被极其通俗甚至是简陋的方式呈现了出来，使产品的直观感受更加接近于"工具"，沦入"器"的层面。而后者在造型与功能的结合设计上则显得更为合理，注重对"微曲线"的刻画，使产品更为精巧"耐看"，瓷质圆润光滑的质感通过曲线弧面的造型运用也得到了最佳的呈现，使这件生活用品看起来更具有文化气息。

其次在表面纹饰的选择方面，前者采用了蝙蝠纹作为装饰，但简单的阵列排序方式使各个纹样间缺少联系，相同的大小、间距、色彩缺少了对层次变化的表现，造成了单一、呆板的装饰效果，这与中国传统审美发生了严重的冲突。而后者在纹饰的选择上则更加灵活多变，分别采用了"缠枝莲""皮球花"等我国传统瓷器中惯用的装饰图案，都没有再进行深度的二次设计，而是直接"抄袭"了传统纹样，可以说是同质化的。但这种同质化是良性的，是可以被接受的，这就是在前面说的"对同质化设计'度'的把控问题，对市场来说究竟一件文创产品中的同质化含量到何种程度才是最为均衡的和最能接受的问题"。显然，这件作品给出了答案，恰到好处的同质化反而使其具有了更强烈的中国文化的"味道"。

这不禁使人深刻体会到"细节决定成败"的道理，同时也更加清晰地传递出博物馆文创产品对差异化设计的要求：**只有那些能够准确、深刻传达出应有的文化信息和文化内涵并遵循文化本质与道德伦理要求而设计的文创产品，才能称为博物馆文创产品**。这些要素应该在文创产品的材质、工艺、色彩、造型、纹饰、功能等细节方面以独特的形式加以体现。

虽然"清宫系列"在中国出现了"水土不服"的现象，但却在上市后的两年时间里在全球范围内大卖了30多万件，市场价值超过6亿元新台币，尤其是在欧洲极受欢迎。ALESSI的主管也表示：如此设计是为了更加符合国外消费者的品位。的确，在更广阔的国际市场上其商业表现可以说是非常成功的。我们从中可以看出，中西方不同的文化背景导致了对文创产品的差异化认知，不能简单地采用一元化标准进行评价，而是应本着实事求是的原则，根据产品定位来选择具有不同文化背景的设计机构合作，方可达到"人尽其才，物尽其用"的效果。

不仅在当前，博物馆文创产品设计将在未来相当长的时期内一定会具有趋同性的特征，这种趋同性不是简单表现在产品表层的同质化问题，更深刻的动因来自消费者在产品诉求上不自知的趋同心理，需要由设计人员用专业的眼光来引导这些潜在的需求，帮助消费者跳出"已知"的领域，通过设计来告诉他们什么才是好的产品，直到引领他们来到"未知"的领域。就像苹果公司创始人史蒂夫·乔布斯（Steve Jobs）所说的："消费者没有义务去了解自己的需求。直到你拿出了产品，他们才会说：这就是我想要的。"

差异化发展是一个有序的系统化工程，在保持文创产品应有风貌及产业健康发展的前提下，需要将文化元素各自不同的主题发挥出来。元素的特征越鲜明，其散发出的文化韵味就越精纯、越能满足人们的精神享受。其中有一些特征是值得在设计中共同追求与表现的，比如在社会责任上表现为节能环保，在制造技术上表现为科技应用。在传播形式上表现为互动互联等。这些"善意的同质化"不仅代表了社会的整体进步，也是加强自身的核心竞争力，扩大竞争优势，形成独特品牌文化的基本动力。而品牌文化一旦形成，将具有极强的生命力与号召力，其认同感很难被替代或复制。

所以要从本质上认清：同质化现象本身并不可怕，可怕的是思想被同质化、文化被同质化后而不自知。因此，只有从差异化设计的角度出发，在资源互补的前提下坚持求同存异，使市场进入可持续的良性循环中，才是保证产业能够健康长久、和谐发展的根本。

2. 提升设计附加值

文创产品可以被视为一种"文化容器"，通过设计创意将各类具有"正能量"的文化价值纳入其中，使人产生情感共鸣、价值认同、行为效仿，传播的是一种生活态度、一种价值观念、一种行为方式。这种以满足精神文化需要为目标的设计诉求可以统一归类为产品的附加价值，文化类产品的效用主要来源于这些附加因素，提升的方法虽然多种多样，但对"形"与"意"的表达是最为核心的。

比如，U盘作为数码科技时代的存储产品和现代办公的必需品，已经被大众所接受，其储存信息的功能与古代用建筑、家具储藏档案、书籍的功能有类似之处。北京故宫作为国内著名的旅游景区，旅游性消费占绝大多数，游客通常会选择较为便宜、便于携带、有景点特色的纪念品。下图这件为北京故宫博物院开发的"古建U盘"（见图4.13），设计师选择了U盘作为文化载体，正是看中了产品既能表现悠久历史文化传统，又具有广阔实用价值的市场定位，并且可以在生产时将景点介绍、图片、文字、语音、视频等数字信息固化到U盘之中，使产品具有极强的专属性及宣传性，满足了消费者"把博物馆带回家"的心理需求。设计师采用了塑"形"的表达方式，通过改变产品的外观造型和在表面进行图形装饰的设计方法，突出了中国传统建筑彩绘色彩亮丽的装饰效果，既传达出产品的差异化特征，又与传统工艺相得益彰，用最简单的设计方式和最经济的生产成本显著提升了产品的附加价值。

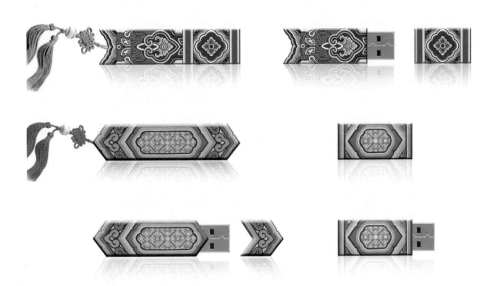

图4.13 古建U盘

（设计师：周茜，本设计获得"2012年全国博物馆产品创意设计推介活动"铜奖）

而另一件为北京故宫博物院开发的作品"喜·合髻"（见图4.14），设计师采用了传"意"的设计理念。设计元素取自故宫藏品"金錾双喜纹扳指"，将其中的"喜"字元素结合了中国传统的"合髻"风俗。合髻本是中国古代婚俗中的一项重要仪式，新婚夫妇在饮交杯酒前需要各剪下一绺头发，绾在一起表示同心，因此又称"结发"。旧日的婚俗被转移到这件现代文创产品设计中，就具有了永结同心、成双成对的美好寓意。产品材质选择了传统的手工木质梳子作为胎体，表面采用朱漆描金、黑漆描金工艺，并镶嵌"喜"字镀金装饰物，其中设有磁石，能将两把梳子对称吸附，形成"圆满和谐"的美好寓意。

这两件文创产品均是极为普通的日常用品，对此类产品进行差异化设计具有一定难度，但通过赋予其与众不同的"形"与"意"，不仅提升了产品的附加价值，更为本具有极强同质化特征的产品增添了差异化的属性。

可见，在文创产品设计中除了要提升产品自身的实体品质以外，更要关注产品潜在的非实体因素、附加价值因素等外围品质的提升。需要考虑的因素有市场环境、消费习惯、购物心理、服务影响、包装展陈等，显然这是对产品价值的全面考量。前文中已经对其中的几项因素做了探讨，本节中将重点分析文创产品的"包装设计"与"展示陈列设计"这两个因素。

（1）包装设计

包装是产品附加价值最直接的体现方式之一，对于任何现代商品来说都是极为重要的元素。相较于其他类产品，博物馆文创产品的市场竞争力主要体现在具有较高的文化附加值上，因此包装设计不仅是对产品在携带和运输过程中的保护，也是对产品品牌、文化理念的传达和营造，是用户体验的重要感官环节。除了应考虑到易于装箱运输、节约用料、存放安全、不易破损等功能性方面的问题以外，还应解决视觉识别系统（VI）应用、品牌整体视觉形象等涉及产品文化定位的问题。

虽然我们不提倡"买椟还珠"式的过度包装，但精美的包装设计不一定意味着成本的提升和资源的浪费；相反，充满灵动的创意设计不仅能使包装更好地烘托出产品的文化特征，还能大大提升产品的附加价值。在设计中需要注意以下五点：

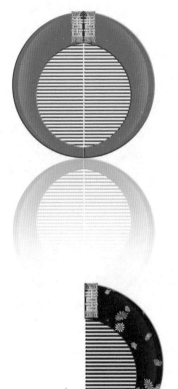

喜·合髻

濃既剪雲鬈
郎亦分絲髮
覓向何入處
綰作同心結

【造型取自圓滿和諧永結同心之意】

【朱漆描金】
【金屬造型內鑲有磁石】
【可相互吸附】

【黑漆描金】

参考文物元素：
金鏨雙喜紋扳指
現藏于：
北京故宮博物院

图4.14 "喜·合髻"木质对梳

（设计师：周茜，本设计获得"2012 年全国博物馆产品创意设计推介活动"提名纪念奖）

第一，要与产品定位相吻合。包装设计要注重视觉传达的规范和效率，要传递出产品的各类信息，如产品的形态、色彩、材质、功能、使用方式等均可通过包装予以呈现，并将产品所承载的文化特征融入设计中，借助包装增强文化传播的效用，向人们传递积极的文化信息。

第二，要为消费者服务。设计中要考虑到不同年龄消费者的不同心理需求、审美需求、购买目的等，还要直观地体现在产品包装上，常用的方法是分别设计不同形式、不同档次的包装以适应不同的消费目的。

第三，注重提升体验感。应充分考虑消费者从购买到使用的行为过程，合理设计包装开启和关闭方式，可以在包装中融入无障碍设计，重视用户在打开包装时的心理体验，增强拆解包装时的仪式感和文化意味。

第四，重视环保与成本。在大多数情况下，对于消费者来说包装仅有一次性使用的价值，在适度包装的原则下，应注意包装所占产品总价值的比例问题。除了一些特殊商品，通常情况下包装所占产品总价值的比例以不超过10%为宜，并且鼓励采用可回收、可重复利用的材料和结构来设计包装，提倡使用绿色环保材料。比如"华为荣耀V8"手机的包装设计就遵循了重复使用的原则，消费者只需通过几步简单的组装操作，即可将包装盒改装成一个能够体验该手机VR功能的眼镜，巧妙的创意也使这件包装作品获得了2017年度"IF国际设计奖"。

第五，注重设计规范化。博物馆文创产品品类繁多，规格多样，对包装的设计如不能做到整齐划一，在大批量集中展示时容易造成杂乱无章的视觉效果，因此需要注意标准化、规范化的设计原则。可依据品牌的VI形象将包装设计成系列化、系统化的形式，统一规范的包装设计对提升品牌整体形象和建立品牌信任度有极大的心理暗示作用。

近几年博物馆文创产品的品类及数量大增，分类更为细致，需要在包装设计系统中根据消费人群定位进一步加以细分。

产品的包装设计要突出与产品的契合度，较明智的做法是将包装作为产品本身的一部分来运用，比如大英博物馆的"木乃伊铅笔盒套装"，借鉴其馆藏文物"埃及木乃伊棺椁"的造型元素将其设计为内含六支铅笔的铅笔盒套装产品，人形棺椁造型的铅笔盒同时也是这件产品的包装，具象地传达了文物的原始信息和文化含义（见图4.15）。

图4.15　大英博物馆文创产品"木乃伊铅笔盒套装"的包装设计[1]

（2）展示陈列设计

适宜的展示陈列设计能调动消费者情绪，巩固提升品牌价值，影响消费者的购买决策。商品的展示设计方式较多，陈列通常依据商品品类的逻辑序列来考虑产品的摆放位置及产品之间的搭配，以便引导消费者搜索和购买。根据目的不同，可分为以展示为主和以销售为主两类，它们各自有不同的设计思路及方法，但均需遵循以下四点原则：

第一，展陈设计务必整体、醒目、美观。要重点关注人们对展陈设计整体的第一印象、第一感受，力争在第一时间吸引消费者的目光，触动消费者的情感。在展陈设计时可以通过借助展柜、展架、展板、海报等辅助展具的形式对造

---

1. 周承君，何章强，袁诗群. 文创产品设计[M]. 北京：化学工业出版社，2019：106.

型、色彩、灯光等要素进行调控，在整体上达到主题突出、和谐一致的效果，同时要保证展示、浏览、选购、结算等功能区域的空间面积，使购物流程的路径动线规划合理。

第二，商品陈列应注意逻辑有序。陈列商品时需要考虑品类之间的相关性、相邻性，同类商品、同主题商品通常应摆放在同一区域以展现其相互之间的关联性，便于消费者比较选择。要研究消费者在选择博物馆文创产品时的思维逻辑，研究其产生购买决策的过程，特别是要吸引那些无特定购买目的的潜在消费者。同时也要参考产品销售和售后反馈信息，反复比较其在陈列中的位置。应将重要的商品布置在醒目的位置，特别是参与各类活动的商品，如促销品、畅销品、应季产品、根据重点文物开发或具有代表性的产品、配合临时展览开发的产品等。而商品的各类信息，如生产日期、名称、价格、型号、生产厂家等均要有明确的展示，以提升消费者的信任度和安全感。

第三，重视展示道具的应用。展架、展柜等展示道具除了具有储存、展示商品的功能以外，同时也是与顾客沟通的主要媒介，承担着向顾客传递销售策略与产品信息、引导消费的功能。在设计时需要根据所展示产品的不同做出相应的调整，在空间尺度上要符合产品的销售要求和人机工程学的标准。同时要在色彩上烘托出产品的优势，比如在展示具有复杂图形、鲜艳色彩的产品时，展示道具应使用单色加以烘托，特别是运用"补色"的原理来加强色彩艳丽的效果。

第四，商品陈列要给予消费者良性的感受。展示设计效果是营造消费环境的重要组成部分，是在消费者做出产品购买决策前的重要心理暗示，优良的展示环境可激发消费者的消费欲望和消费信心。通常来说，陈列整齐有序的商品能传递给消费者规范可信的良性感受，增加对品牌实力的信任度。陈旧、凌乱的展示效果会产生一种衰败、颓废的感觉，严重影响品牌的形象。除了在设计之初即要考虑到此项因素以外，在日常销售中更要进行随时的维护。

博物馆文创产品中的附加价值需要结合多种因素共同营造，是品牌综合价值的体现。对于设计师来说，需要掌握多种设计技能和多元化的产业链设计思维，才能够对产品价值构成影响的因素全面加以利用，不可陷于狭义固化的设计理解中。这就需要准确认清每件产品最为突出的价值点，围绕这个点结合市场环境、消费习惯、购物心理、服务影响、包装展陈等要素提升产品附加价值，综合营造出满足消费者需求的产品。如果这些基本问题没有厘清，设计出的产品就很难找到准确的市场定位，自然也不会有较强的生命力，更不可能支撑起一个产业的发展。

3. 建立设计评价体系

（1）建立评价体系的意义与内容

关于博物馆文创产品设计的评价体系，目前尚无官方或学术界给出的明确标准和有说服力的论证结果。但事实上，这项工作一直以来都是文创设计中的重要环节，也是论证文创产品设计价值、制定文创产业发展策略的重要依据之一。尽早建立健全设计评价体系并进行标准化执行，对设计工作来说极为重要。因此有必要遵循博物馆自身特质，建立一套符合文创设计内在发展逻辑的测评框架，从而重构现有的评价体系，完善评价方法、评价原则和评价内容。

博物馆文创产品作为文化的载体，要求在保证文化传播效能的同时创造社会价值与经济价值，并且不能违背博物馆非营利机构的公益属性，因此，对其评价的原则应建立在道德、文化、经济三者之间取得平衡的基础之上。评价体系中应至少包含两方面的内容：一是对产品自身的功能性、安全性等"内部"要素的测试与评估，包括设计、结构、质量、材料、加工工艺、安全规范等方面的检测；二是对市场满意度、口碑、感受等"外部"要素的评判，这是最终用户或目标市场对产品的客观体验与评价，展现的是产品对各个细分市场的吸引力、兼容性等内容。

在常规情况下，评价体系可以分为"评估"与"评价"两个阶段，分别指向产品设计方案正式生产前与产品上市销售一段时间之后这两个时间节点，可简单地概括为前期评估与后期评价。

评估工作通常于设计研发流程的中后期阶段展开，是评判产品设计是否合理，是否值得批量生产或继续调整设计方案的阶段性决策。此项工作是对产品进行正式量产前的最后检查，因此需要评判人具有深厚的从业经验并依据相关的数据来做出科学的判断。但即便如此，这项工作也会具有很强的预判性和不确定性。

评价工作则在产品销售后的一段时间内展开，是对在市场中已经发生的事实、数据、现象、反馈等信息进行梳理和总结，以此作为产品优劣的判断依据，评价结果相对客观，结论相对准确，但会存有明显的滞后性，有可能在发现问题时已经造成了一定的损失。

在实际工作中，测评形式可繁可简，可由设计师本人或决策负责人根据个人的经验观点和相关数据进行判断，也可以采用具有一定规模的研讨会议形式或网络评选形式。

（2）目前评价体系中的不足

目前，对博物馆文创产品最常用的评价方式是以设计方案效果图或实物作为评价对象，将常规的设计要素作为通用评判指标，按照统一的标准分别打分，采用规范的程序进行评价。表4.3是一份比较典型的博物馆文创产品设计审评表，其中将评分标准分为六项，各占有不同的比例分值，评委需要根据个人的判断分别给出单项成绩，以总分数达到一定要求作为方案能否通过的最终标准。

表4.3 目前较为通用的文创产品设计方案审评表

产品名称	评分标准						总分100分	是否通过
	文化性20分	科学性20分	艺术性15分	互动性15分	实用性15分	安全性15分		
								是　否

各类评价体系中的项目虽然细节设置上有所区别，但思路和方法基本一致，通常具有三个特征：

第一，评价对象多是以静态产品的形式出现。 如效果图、模型、样机等，评价内容以设计主题、外观、功能、创新性等固定的项目为主。

第二，评价的形式和过程多是总结性的。 在评价时间上多采用集中评价的方式，要求评委在一定的时间内对全部分项指标以统一评分的形式做出评价。

第三，在评价指标项目设置中有隐含的时间轴线。各项指标的内容安排体现了产品开发过程中各个阶段出现的先后顺序，比如选题在先、设计在后，生产在前、效益在后等。

这类评价方式基本上套用了设计竞赛的评审形式，在标准化执行方面确实具有一定的可行性，但从实际工作角度来看则有着四点较为明显的缺陷。

第一，此类方式是对设计方案的最终效果图或是手板、样机的评价，在关注结果的同时忽略了过程，浓重的竞赛气氛使评价更像是在投标，对设计过程不能予以及时有效的指导和评判。

第二，被量化的评分标准使其科学性值得怀疑，很多分项指标中均存有不可能被简单量化的内容，如文化性、艺术性、创新性等类似含混的提法容易造成评审人员根据个人经验或喜好给出评判，这无疑会降低评价结果的科学性和专业性。而且，以"分项成绩"相加得出"总分成绩"，最终以"总分成绩"作为审核通过标准的方式严重缺乏合理性。假如某件产品单项分数极低甚至为"0"而"总评成绩"却达到了通过标准，就很难判断其是否真实符合了评选的要求。

第三，以审评会的形式集中了大量审阅方案，容易脱离市场销售环境，并造成评委的审美疲劳，错判、误判的现象时有发生。规模性的评价活动也需要一定持续性的资金投入和时间投入方可维持，在实际工作中不可能频繁地组织具有一定规模的评选活动。

第四，此类评价体系中严重缺乏"大众的声音"，这与产品设计中所强调的UCD原则（User Centered Design，以用户为中心的设计）严重背离。作为真正的消费者，究竟如何想、如何看、如何买、如何用等信息在此类评价模式中均未得到真实的体现，而评委则很有可能处于近似的理论研究和学术背景之中，这就容易导致在看法、观点上出现趋同的现象。对于面向大众消费者的博物馆文创产品来说，这种判断结果必然会存有一定的局限性、片面性。这也在一定程度上造成了如今各类文创设计大赛虽然层出不穷，其中的获奖作品数不胜数，但真正能够完成市场转化且取得优良销售业绩的却寥寥无几。

此外，还有如网络评选、活动评选、媒体评选等多种评价形式，虽然使参与评审的人员范围有所扩大，但其中或多或少都存有一些未能解决的问题。比如，大多数评价体系中都缺少对AR、VR或者游戏、APP等科技类、互动类产品具体有效的评价标准，原因在于这些类别的产品中包含了大量的难以简单展示或在短时间内难以充分体验的内容，无法量化的因素较多。再比如，在整体评价体系中，往往会忽略市场周期对产品的影响。在文创产品的生命周期中有可被分析预判的部分，也有不可被分析预判的部分，其中还不乏偶发性、突发性事件的影响，有时一个周期的轮回会持续一年甚至更久，如果在评价体系的构建上过于关注"当下"，就很有可能忽略了"未来"。

综上所述，现有的通用评价体系虽然可以在社会乃至国际设计大赛中广泛使用，但对于日常文创设计工作来说，这种"一刀切"的评价标准中僵化、滞后的弊端使其难以做出科学、客观、公正的评价。因此，需要在结合现有各类评价方式的基础上发掘新的评价方法，特别是要将隐含的、难以量化的、尚待明晰的部分进行整理，以形成更为机动灵活、适用可行的评价规范，从有利于实际工作的角度完善博物馆文创产品设计评价体系。

（3）"机动性"评价体系的特征

博物馆文创产品的设计开发是一项需要全局考虑的长期工作，需要对设计中的每个环节统筹兼顾和协调优化，才能最终达到预期的效果。一件成功的文创产品背后往往隐含的是整个设计流程的合理性和关键环节的精致度、专业度，展现出的则是对经济效益与社会影响等方面的平衡协调。因此，对于博物馆文创产品的评价亦可放眼产品的整个生命周期，将产品设计开发的过程作为评价单元，解构传统的评价指标，组织全新的评价要点，将指标分别对应于产品设计工作的不同阶段。

这种"机动性"的评价方式，能够使评价过程灵活贯穿于产品设计的全周期，并针对产品设计研发各个阶段中的工作重点随时做出评价，及时纠正设计中的问题。在各个阶段分别设置不同的评价标准，使评价体系与实际工作实时互动、深度融合，将评价融为整体设计工作的组成部分。由此来解决传统评价体系只重结果不重过程、评判标准相对单一、评价结论相对滞后的弊端。其特征主要体现在以下三个方面：

第一，"针对性"特征。"机动性"评价体系将文创产品设计周期中的"设计定位""设计创作""生产加工""市场销售""售后影响"五个连续性过程作为主要评价阶段，在每个阶段中分别设置"一级指标"和"二级指标"。一级指标用以明确当前阶段的主评方向，二级指标用以明确当前阶段的主评内容，其下再单独设有若干"评价要点"，用于说明评价的具体依据并采取相对适合的"评价操作"，由此组成一整套可以随时与设计工作互动沟通的评价体系（见表4.4至表4.8）。

第一评价阶段：设计定位

表4.4　设计定位阶段的评价内容

一级指标	二级指标	评价要点	评价操作
市场与消费者调研	市场现状与未来发展趋势	1. 明确当前市场容量与竞品形式 2. 准确定位目标消费群体，寻求潜在增长点	公众评价
文化元素主题选择	意识形态价值取向	1. 遵循社会主义先进文化的前进方向 2. 遵循社会主义核心价值观 3. 符合国家文化产业发展战略和相关政策	专家评价
	与时代热点的关联性	1. 关注时代文化潮流 2. 结合时代文化热点	公众评价
文化元素提取	文化元素利用的合理性	1. 产品的文化元素来自博物馆有形藏品或精神符号 2. 元素能体现博物馆特色文化和整体定位 3. 在元素基础上进行合理的二次创新，健康延续文化生命力 4. 文化元素与待开发产品的结合度	专家评价 因素分析

第二评价阶段：设计创作

表4.5　设计创作阶段的评价内容

一级指标	二级指标	评价要点	评价操作
产品创意	原创性	1. 设计师首创，非抄袭模仿 2. 内容和形式具有独特性、唯一性	专家评价
	创新性	1. 在形式或内容上发现或创造了与众不同的价值表达方式 2. 在生产工艺或技术中应用了新颖的方法 3. 为消费者提供了全新的体验	专家评价
	实用性	1. 满足了消费者的实用需求 2. 功能与文化协调一致，无矛盾冲突	专家评价 公众评价

一级指标	二级指标	评价要点	评价操作
产品设计	外观	1. 具有较高的审美价值 2. "CMF"设计得到了合理的运用[1] 3. 外观与产品语义的相关性较强 4. 符合博物馆文创产品特殊要求	专家评价 公众评价
	功能	1. 满足了产品的各项实用功能 2. 在使用、维修、管理上具有便利性	专家评价 公众评价
	结构	1. 产品结构符合人体工程学 2. 产品结构符合生产工艺要求 3. 产品结构紧凑牢固，具备合理性、可操作性、安全性	专家评价 公众评价
	文案	1. 较好地阐释了产品内涵 2. 为产品推广起到较好的宣传作用 3. 便于大众传播与分享 4. 容易引发社会关注，形成热点话题	专家评价 公众评价

第三评价阶段：生产加工

表4.6　生产加工阶段的评价内容

一级指标	二级指标	评价要点	评价操作
产品质量	选择了合理的材料及加工制造工艺	1. 产品工艺品质与市场同类竞品相比具有明显优势 2. 发挥了材料及工艺的优势特性	专家评价
	产品安全性	1. 产品质量的持续稳定性和安全性 2. 产品质量符合相关国家标准、质量认证，包括材料安全性、设计安全性、结构安全性、包装安全性等 3. 便于维修保养与日常清洁维护	专家评价 机构测评
效率成本	生产成本	1. 符合产品生产的输入与产出比率 2. 符合同类产品的成本及市场价值	专家评价
	生产效率	1. 产品的生产规模、速度 2. 产品的优品率 3. 符合国家或行业标准	专家评价
能耗排放	资源利用及对环境的影响	1. 较高的资源利用率 2. 生产过程中所付出的环境保护代价 3. 采用了较为先进的环保生产方式，如使用低碳、节能、再生材料或先进的环保技术等	专家评价

---

1. CMF是"Color Material Finishing"的缩写，指对产品的颜色、材料、工艺及表面肌理的设计，是产品设计表达的重要方式，直接影响产品的最终性能和效果。

第四评价阶段：市场销售

表4.7　市场销售阶段的评价内容

一级指标	二级指标	评价要点	评价操作
销售渠道	销售平台分布	1.产品在时间与空间上的分布密度 2.销售平台与产品的契合度	专家评价
	平台运营状况	1.销售平台相关人员的专业程度 2.平台业务流程顺畅与高效程度 3.产品仓储充足与物流高效程度	专家评价
市场表现	产品销售量比率	在一定时间段内销量占产品数量的百分比	市场检验
	产品销售利润率	在一定时间段内销售收入获得的净利率	市场检验
	对顾客粘性的影响	1.顾客购买率和重复购买率 2.顾客口碑及自发传播率	市场检验

第五评价阶段：售后影响

表4.8　售后影响阶段的评价内容

一级指标	二级指标	评价要点	评价操作
权益保护	授权保护	1.开发授权机制健全 2.品牌权益得到良好保护	专家评价
	专利保护	1.产品申请了外观、实用新型、发明专利等并得到了相应的保护 2.品牌使用的合理性与规范性	专家评价
消费反馈	好评率与投诉率	在一定的时间段内，产品的好评和投诉各占全部评价数量的百分比	公众评价
	产品返修与退换率	在一定的时间段内，产品的返修、退换数量占产品销量的百分比	公众评价
社会影响	博物馆形象宣传	1.产品能够对博物馆形象起到积极正面和深入人心的宣传作用 2.引发消费者对博物馆或其中某个展览、活动、藏品的关注	公众评价 专家评价
	文化与知识传播	1.产品对展览、藏品或文化的深刻解读程度 2.产品传递给观众的文化记忆深度 3.观众是否自觉自愿地介绍或推荐产品 4.在社会上引发某个正面话题的热议，成为全社会活跃健康的文化热点	公众评价 专家评价

　　第二，"机动性"特征。通过以上五个阶段评价标准的分列，我们可以发现，与将产品实物作为重点评价对象的方式不同，"机动性"评价体系强调的是将评价标准分布在产品设计的不同阶段中，并结合了长期指标和短期指标、主观

因素与客观因素的综合应用，兼顾了理论学术、社会热点、经济利益、生产工艺、用户体验等要素在产品中的合理分布，注重的是对产品从无到有的整体周期过程的全面评价，而绝非只对其中某一项标准的审评成绩，所关注的重点是"过程+结果"。

这种根据产品所处的不同阶段分别设定与之相适应的评价标准的方法，更易于及时从细微之处找到问题产生的根源。无论产品设计进行到哪一个步骤，评价体系始终与其保持了必要的互动与联系，随时提供理论、技术或经验上的支持，并及时做出反应，避免了产品在设计打样生产出来甚至是销售了一段时间之后才能获得评价反馈的不足，大量减少了设计过程中的重复劳动，缩短了研发周期，提高了设计的效率和成功率，规避了可能发生的设计风险。

第三，"广泛性"特征。作为文化传播的载体，一件能称之为"好"的文创产品除了要具有深厚的文化专业知识以外，仍要保持些"人间烟火气"。因此，在"机动性"评价体系中，一方面是设计师本人可以将评价标准作为各个阶段的设计要求，以自检的方式随时核查设计方案；另一方面，任何人均可依照评价体系中的要求对文创产品发表看法，或是将各类意见依据评价体系的设定进行归类梳理。通过扩大"评审团"的规模，将各行各业的公众意见广泛纳入整体评级体系中，这样更有利于提升文创产品评判的客观性和公正性，提高产品进入市场后的成功率。

当然，我们不能要求参与测评的人员都能完全理解各个流程的内容，所以要转化为可被大众接受的形式，提高可操作性。比如可将这些测评内容转化为问答题，通过市场调研的形式来广泛采集意见。参与评价的人员构成中，传统的专家评审方式必须保留，其中涉及一些关于学术、研究、文化背景等专业性较强的内容仍需由专业人士进行指导。保持学术理论评价与市场实践评价的双重评价体系，可以使评价结果更为客观、真实、全面。现在流行的"众筹"活动即可被视为一种用户对产品真实看法的有偿评价方式，除此以外，"试销"也是一种不错的检验方式。

（4）试销：测试评价结果的有效方式

无论是传统的评价体系还是"机动性"评价方法，都或多或少带有"纸上谈兵"的意味，其中难免有一些预判的成分和不客观的因素。因此，为了能够收集更为准确的、更有说服力的评价信息，以最小的投入和最安全的方式获取对产品相对准确的判断结果，就必须要建立一种测试评价结论的方式，用以检验产品与市场的兼容性。

将"试销"作为测试评价结果的策略即由此而生，它是一种以极小的代价和成本投入换取最为直接、准确的市场反馈信息的评价方式。在实际操作中，通常是在产品设计完成定稿打样并经过相关评估之后，再开始与生产合作方协商确定首批产品的生产数量。由于市场前景的未知因素较多，生产方一般会建议以最低起订量来生产首批产品，但在"试销"评价策略中仍需要根据已有类似产品的销售数据、前期调研评估结果、产品市场定位等因素综合慎重考虑，进一步降低生产数量。这种策略也可以被理解为一种加大数量的产品打样工作。

下图这件参考了"狮纹金花银盘"（见图4.16）和"鎏金银盘"（见图4.17）两件文物而设计的"国博纪念怀表"（见图4.18）即采用了试销的评价策略。

此前国博从未设计开发过怀表类的文创产品，其他博物馆的类似产品销售数据也未能清晰展现产品的市场前景，销量难以预估。而且此款产品的售价在国博的文创产品整体价格体系中属于中端产品，怀表中的电池还有保质期的限制，所以市场风险较大。设计者根据试销策略原则对产量进行了压缩，基本是以打样的方式生产出首批试销产品。当然，这样会带来极高的生产成本，但应明确，此时所考虑的策略重点是，尽可能收集真实有效的销售数据及市场反馈信息，用以检测产品的市场表现，而并非以营利为目的。而事实上，此款产品在试销过程中收集到的销售数据以及相关反馈意见和建议，为产品进一步的设计改良和批量生产提供了重要依据。证明了试销策略不仅付出的代价小，并且获取的信息准确可靠，具有极高的可信度，完全可以作为后期产品相关策略制定的主要依据。

在实践应用中，需要对进行试销的产品予以特别的关注。

首先，在试销的周期上应进行科学的设计。试销周期不宜过短，以留有充分的时间接受市场检验。根据大多数博物馆的客流量分布情况，将试销周期设定在半年左右较为适宜，这样可以使周期内至少包括了一个博物馆销售旺季。当然也会出现试销品在极短的时间内迅速销售一空的情况，在排除了一些市场恶意行为的干扰因素以外，可被认定为其真实地证明了产品在市场中的接受度较高，是一种市场发出的积极而可靠的信号。

图4.16 （唐）狮纹金花银盘[1]　　　　　　　　图4.17 （战国）鎏金银盘[2]

图4.18 "国博纪念怀表"部分设计方案效果图

（设计师：白藕，2014 年）

1. 中国国家博物馆. 中华文明：古代中国陈列文物精萃[M]. 北京：中国社会科学出版社，2010：507.
2. 中国国家博物馆. 中华文明：古代中国陈列文物精萃[M]. 北京：中国社会科学出版社，2010：194.

其次，在销售过程中，应设有专业的销售人员对消费者进行实地购买调研，对消费者所关注的问题、提出的意见等信息予以记录，并及时反馈至设计部门。当试销产品的品类有了一定的数量积累后，还可以考虑设置专门的"试销产品专柜"来集中销售这种小批量产品，这样更有利于消费者的分流与调研工作的展开。乐于光顾此类专柜的消费者应是对新鲜文创产品极有兴致的，通常都会比较积极地配合调研并提出诚恳的建议，可以在专柜上长期设有"意见建议表"，并对提出有价值建议的消费者予以适当的奖励。

这种策略的优势可以体现在以下三个方面：

第一，试销作为一种灵活机动的有偿评价方式，投入小，代价低，是对产品在大批量生产前的最后一次检验，也是对评价结论的二次验证和必要的补充测试。

第二，可以对产品设计做出真实、可靠的市场评价。一般分为三种情况：那些市场反馈良好、销量高、销售快的产品，完全可以扩大生产数量以获取更低的单件成本。如果市场反馈具有两面性，设计师则需要根据意见调整设计方案中的问题，并再次投放市场进行试销，接受二次评估。如果产品的反馈存在明显缺陷，且销量、周期等数据中的负面信息均远远超出预期，则应该考虑终止生产，避免更大的损失并深刻总结问题所在。

第三，试销评价方式能有效避免在制定生产数量和生产计划时的盲目性，根据产品的销量结果可以较为精准地计算出在一定时间周期内市场对产品的消费转化力，从而为科学地设定产品生产数量提供依据，规避了产品库存积压问题并提升资金周转率。

4. 调研的重要性

互联网技术的发展为人们带来了多元化的信息获取途径，但同时各类媒介传播的内容也呈现出碎片化的趋势，纷繁复杂的信息不可避免地分散了人们的注意力，干扰着人们对文化消费的判断，再加上市场环境、消费认知等诸多客观因素的影响，如今的消费需求变得更加复杂。这样的环境容易造成文创产品设计出现定位模糊、开发盲目的现象。

清晰而准确的市场定位一直以来都是设计工作的先决条件，直接决定了产品在市场中的表现，间接影响到文化信息能否有效传播。我们需要借助市场调研以明确消费需求，遵守设计题材选取原则，同时运用综合数据分析调整产品供给侧结构等一系列方法，提升设计定位的精准度，有的放矢地开发文创产品。

现代设计早已从"酒香不怕巷子深"的被动设计转向以"市场需求为导向"的主动设计。设计师不仅要关注"人"的各项需求，还要密切结合市场动态，洞悉供需关系变化，准确分析研判"事"的发展。

在这个过程中，市场调研是较为常见的沟通方式之一，是设计专业极为注重的环节。各类不同形式的调研可以使博物馆与拟定的目标受众群直接建立广泛、深入、持久的互动沟通，采集一手资料，了解市场需求，解读用户真实想法，探寻市场真实"痛点"，有针对性地展开设计工作。

美国曾经有一家博物馆为了了解观众对博物馆各类产品的满意程度，设计了每位观众只要完成一份简单的调查问卷，就可以从博物馆咖啡厅获得一杯免费饮品的调研方式。在一年内，这家博物馆以极小的开支获得了超过一万份问卷。通过对这些问卷的详细分析，该博物馆获得了许多信息，由此改进了博物馆商店商品的构成、咖啡厅服务的安排、捐款箱的位置等细节。这些改进使博物馆收入净增400%，同时也提高了观众满意度。这一案例说明高质量的市场调研可以为博物馆及其用户带来丰富的收益。[1]

当然，并不是说所有的调研都要采用烦琐的形式，很多信息其实都来自日常的观察与经验，所以可根据实际情况随时开展不同形式的调研工作，对不同类别、不同阶段、不同群体分批次、分阶段有序推进，并注意定期更新市场需求的变化。这是一个日积月累的长期过程，不可能一蹴而就。

市场需求的确有极大的不确定性，并会受到诸多客观因素的影响而发生变化，但这并非无迹可寻的盲目变化，其中含有必然性和规律性，需要通过科学的调研方法对市场信息进行分析总结，为制定设计策略提供可靠的依据。对所收集

---

1. [英]蒂莫西·阿姆布罗斯（Timothy Ambrose），克里斯平·佩恩（Crispin Paine）. 博物馆基础（第3版）[M]. 郭卉，译. 南京：译林出版社，2016：26-28.

的数据进行分类整理，逐渐建立起数据库，不仅能避免重复劳动，还符合未来大数据时代的发展趋势。当数据的积量达到一定规模再结合合理的算法，可以将数据库升级为数据化分析系统，为设计开发提供数据支撑，还可以通过模块化、参数化系统对产品未来的市场前景给予预判，用"芯算"代替"心算"，辅助提高设计的成功率。

如同画家为创作而进行的写生一样，市场调研通常由设计师本人或团队亲自完成，因此，如何设计调研问卷和调研方式就成为需要掌握的专业技能之一。比如在本书的研究中，为符合当前文创产品市场的实际情况，分别设计了线上线下的双线调研方式。

线上调研共有16道题目，包含了当前博物馆文创产品设计题材、形式、价格等受关注度较高的问题，并将调研目标分为博物馆从业者、文创设计从业者、院校师生、普通消费者等四类人群，共收集有效问卷243份。

在设计这类书面调查问卷时，需要注意一些基本的原则。首先，题目整体数量不宜过多，通常以10至20道问题为宜，答题时间一般控制在10分钟之内。其次，设计问题时尽可能符合答题者的思维逻辑和理解力。比如这次调研中有两道题目为"您决定购买博物馆文创产品的原因是什么"和"您不想购买博物馆文创产品的原因是什么"，分别从正、反两个方面提问的方式可以引导答题者较全面的思考问题，从而获得比较真实的答案。在设计类似这种关联性提问时要注意问题的前后顺序，先问"为什么要买"再问"为什么不买"比较符合正常人的思维逻辑，同时还要避免在这种关联紧密的题目之间插入其他问题，跳跃性的提问容易打乱受访者思绪。

另外还要注意问题的表述方法和措辞，对一些专业名词、行业术语要尽可能地转换为通俗简练的表达，保证答题者首次阅读即可准确领会问题内容，读题时间控制在5秒以内为最佳。比如其中一题表述为"您能接受的文创产品价格是多少"，实际上是想调查出当前博物馆文创产品市场最能够接受的合理价位是多少。但如果改为提问"您认为当前博物馆文创产品最合理的价位是什么"，看似是直接提出了想问的问题，但对受访者来说则会产生疑惑：哪个博物馆？什么样的产品？如何才算最合理？这种措辞方式显然是将答题者的身份和角度强行置换成产品价格制定者，会引发不必要的思考，显然不如以购买者的角度直接回答产品价格更为简捷有效。最后，在设计问卷题目时要以封闭式的选择题为主，仅保留一至两个开放式问答题为受访者提供建议留出渠道即可。

线下调研采用了实地考察和访谈的形式，我们分别走访了中国国家博物馆、故宫博物院、国家典籍博物馆、首都博物馆、鲁迅博物馆、中国民俗博物馆、浙江省博物馆、上海博物馆、陕西省历史博物馆、青海省博物馆、甘肃省博物馆、苏州博物馆、西宁市博物馆、阆中市博物馆、故宫鼓浪屿外国文物馆、商印博物馆、王皮影博物馆、中国科技馆、地质博物馆、厦门红点设计博物馆、福州三坊七巷景区、成都宽窄巷子景区、上海城隍庙景区、湖州莫干山景区、无锡灵山景区、重庆四面山景区、阆中古城景区、天宫院景区、四川省文化旅游厅、上海复兴艺术中心、清华大学艺术博物馆、上海大学艺术中心、杭州先临三维科技股份有限公司、泉州3D打印研究院、厦门亦翰文化产业投资有限公司、北京金漆镶嵌厂等几十家单位，前后共历时三年。涵盖了博物馆、旅游景区、文创企业、大专院校、非遗传承等几类与课题内容相关紧密的行业。

根据调研的对象、行业、目的的不同，我们也分别设计了相应的调研方式。比如对一些非市场表象的"内幕"问题可采用专家单独访谈的形式，在访谈前，要围绕调研重点事先准备好相关问题。对一些生产企业，则宜采用实地参观讲解并同步提问的方式。有些单位则需要采用信息交流的方式方可达到调研的目的，如小范围的座谈会、研讨会等。线下调研以简便、快捷、有效为标准，在形式上没有一定之规，需要一事一议。

5. 设计题材的选取原则 [1]

近年来，各级博物馆都纷纷亮出了各自的重要馆藏文物，通过不同形式的展览和活动大力宣传，重点开发。众所周知，博物馆文创产品设计离不开优质的

---

1. 本节中部分内容摘自：白藕.中小型博物馆文创发展现状思考[N].中国文物报，2019-12-10（5）.

馆藏文物资源，这已经成为业内的共识。但在实际工作当中，设计题材的选取一直是一个核心问题，其原因除了博物馆文物藏品数量多、范围广以外，更重要的是在已有的文物分类中多是以文物学、考古学等为价值标准进行的划分，缺少根据文创产业特性做出的系统性梳理和研究，这给文创设计工作带来了一定的困扰。

在浩如烟海的文物中选取设计开发所需的题材元素，如果没有适当的方法，我们就会感到无从下手。根据实际工作经验，我们发现只有采用遵循文物价值、艺术价值、社会价值等原则进行严格筛选，确保选取的元素具有历史学术价值的同时兼备艺术审美价值，符合政策导向，为社会提供正能量的选题标准，才有可能使设计出来的产品具有广泛的认知度，能够在多个层面被认可，使受众群最大化。因此需要特别关注以下四个原则性问题：

第一，要选取那些优秀的文化题材加以利用。这并非一句简单的空话、套话。不可否认的是，任何文化在发展过程中都会产生一些腐朽没落的负面元素，这就需要对文化题材加以细致的甄别，从中选出那些优秀的文化题材，同时还要避免错用、滥用文化元素。那么何为优秀的文化题材呢？在文化元素中有三种表达，一是在历史中有积极影响的，甚至是改变过人类历史命运的重要代表物证；二是符合文化核心价值的，具有正能量的各类题材；三是能够温润心灵、启迪心智的题材。

第二，要重视与当代的融合，通过二次设计开发形成与时代精神相吻合的题材。"要传播当代中国价值观念、体现中华文化精神、反映中国人审美追求，思想性、艺术性、观赏性有机统一的优秀作品。"[1]这就需要设计师密切关注当代题材的发展与变化，特别是那些关乎国家利益、国计民生的重要题材。比如2013年，习近平主席提出了建设"新丝绸之路经济带"和"21世纪海上丝绸之路"的合作倡议，为国家谋求发展的同时，也为我们提出了"一带一路"这一重要时代命题。

---

1. 习近平. 在文艺工作座谈会上的讲话[M]. 北京：人民出版社，2015（10）：7.

第三，题材要具有可被开发的价值。根据社会认可度高、知名度高、关注度高的文物题材设计衍生出的产品，通常会有较好的市场表现，这也是被业内普遍认可的设计选题原则。一件文物中普遍含有历史、艺术、科学等多重价值，但这多是从文物学、考古学角度作出的价值判断，更多地关注的是文物自身的内在价值。而从设计学角度来看，还要关注其外在价值，即是否能与当代人的思想意识、审美情趣、生活习惯形成共鸣的问题。如果按照这个评判标准，有些具有高度文物价值的题材就可能并不具有文创产品的设计开发价值，或是开发难度较大，这是两种不同价值判断体系所产生的结果。

对文创产品设计工作认识上的误区，往往导致认为只有高级别的文物才具有开发价值；而实际上对文创产品的设计者来说，其选择文物元素的评价标准与考古学对文物的评判标准不尽相同。在设计者眼中，只要具有独特性并且有清晰准确市场定位的，对社会具有积极影响的文化元素就都可以加以利用。通过设计来赋予其附加价值，甚至是创造出全新的文化符号，而并非必须遵循文物的定级标准，也未必将具象的文物素材作为设计开发的唯一元素来源。故宫博物院的"故宫猫"系列文创产品（见图4.19），苏州博物馆的文创产品"文徵明手植紫藤种子"等均未采用传统的选题方式，同样取得了不错的市场反馈。这其中的关键之处在于，要捕捉到准确的市场切入点和明确的价值点，通过设计创新进行合理有效的二次开发利用，满足传递文化信息的功能和消费市场的需求。

对于一些资源相对匮乏的博物馆来说，可采用交流展的形式，借用"他山之石"来弥补自身文物不足的短板，同时配合宣传，营造文化热点，捕捉市场节奏同步展开设计开发与运营工作；或联合多家博物馆合力打造共有的文创品牌，这种"抱团取暖"的方法可以有效解决单一博物馆文物元素不足和文创产品订单量太低所带来的制作成本问题；或采用设计大赛的形式，在广集方案的同时，形成一定的社会知名度，打造设计品牌；也可以通过与院校、企业合作，将博物馆作为实训基地等方式来间接地推动文创产业发展。因此，大可不必纠结于文物的级别和数量问题，而应该紧扣本馆的文化核心价值与文物特色，研究观众感兴趣的文化题材，通过对观众关注度的信息采集来定位哪些文物具有较高的"群众基础"，这种积极的选题方法对设计来说才是具有价值的。

图4.19　故宫猫形象设计[1]

第四，重视顺向选题与逆向选题。所谓顺向选题是指博物馆根据自身的文化资源优势，主观、主动地研发文创产品，以适应市场需求和自身发展的需要。无论是哪种性质的博物馆，能够存在的前提条件之一就是要具有独特的文化价值，同时也一定会有相应的文物来佐证这种价值的存在，只不过有些博物馆的馆藏资源丰富且显而易见，有些则相对比较匮乏而隐晦。这就要求博物馆针对各自独特的文化进行深度的挖掘和整理，形成文化价值的核心并为公众呈现出来、传播出去。即便它可能并非以有形的文物形式出现（如非物质文化），也可能并非最典型的精品文物，但对文化传播来说同样具有不可替代的价值。这种选题策略主要依据设计师对文化的主观判断，并靠设计将其价值加以落实和放大。

而逆向选题则是需要根据已有的项目、命题条件来选配适用的文物元素，其主要依据来自客观的要求，即先有"题"后有"选"。这种方式要求文物元素与题材的贴合度更高，对命题的解读要更加准确、清晰、深入，比如结合博物馆文物量大，系统性强的资源优势，可以采用"命题式"设计开发策略，由博物馆每年定期推出一至两个明确的设计主题，可以是结合了当年的重大活动、事件或是根据即将推出的重要展览等作为命题，以多种合作形式展开文创产品设计工

---

1. 周承君，何章强，袁诗群. 文创产品设计[M].北京:化学工业出版社出版，2019: 14.

作。这样既能够在相对固定的时间内，围绕相对明确的主题，设计目标相对一致的产品，同时又避免了文物种类丰富导致的设计题材选择过于分散，元素不够清晰的负面影响。

选题的重要意义在于，它是开展一切文创产品设计活动的基础，是决定后续所有工作能否顺利有效推进的关键步骤，在强调科学精准选题的前提下能够更加突出文化中的"善"意。下面以一件设计作品为例，进一步说明精准选题的重要性。

1955年出土于陕西省西安市半坡的"人面鱼纹彩陶盆"（见图4.20）是新石器时代仰韶文化的代表性文物，1995年5月25日被定为国家一级文物，2013年1月列入《第三批禁止出国（境）展览文物》[1]，在业内可谓大名鼎鼎，并且被常年收录在我国九年制义务教育历史教科书中。可以说，只要接受过义务教育的人对这件文物就不会陌生，无论是社会知名度还是文物价值，均具有极强的可开发性。

于是便有设计师开发了如下一组餐具类文创产品（见图4.21）。在设计技法上借用了符号化的表达方式，将文物中的"人面""鱼纹"等图形符号应用于设计中，在产品与文物之间建立起极强的关联性，使产品具有极高的识别度。在品类的选择上也具有合理性，这种成套系的实用产品本就具有一定的市场潜力，设计师还采用了杯、盘、碗、筷、餐垫等各个产品单独分装的形式，既可整套销售也可单独购买，在营销设计上考虑得也很周到。乍一看这仿佛是一组近乎完美的博物馆文创产品设计方案，但是其背后却有巨大的隐患。

如果仅从外观上判断，"人面鱼纹彩陶盆"的确很容易被理解为"盛器"，而实际上，在当年出土时它只是一个陶罐的封盖，陶罐的罐口用这件彩陶盆扣住，揭开陶盆后发掘者却发现陶罐内是一具几十年前的儿童骸骨。说明了人面鱼纹盆实际上是当时的一种丧葬用具，类似于后来棺材上的棺盖。这种流行于当时的墓葬形式被称为"瓮棺葬"或"缸葬"。而至于为何用"鱼纹"来做装饰则众说纷纭，有学者认为，在那个生命得不到保障的原始社会时期，鱼类强盛的繁殖力成为人类对生命向往和寄托的图腾。

---

1. 北京市文物局官方网站.关于公布《第三批禁止出境展览文物目录》的通知（文物博函〔2013〕1320号）[EB/OL].http://wwj.beijing.gov.cn/bjww/362760/362767/556574/556644/bwgjcjzl/557087/index.html.2018-01-25/2021-06-23.

至此，想必各位已经能够完全认清了这件设计作品中的致命缺陷，具有如此功能的文物被衍生成为生者餐桌上的日常用品，对于大多数人来说可能都是难以接受的。所以，要避免由于错误理解而产生的错误设计，对文物元素的选取不能仅仅依靠单一领域的知识，更不能凭感觉，需要综合考虑多种因素共同完成。如果文物元素选择出现失误，那么后续的所有工作皆为无用功，这个案例很好地证明了这一点。

图4.20 （新石器时代）人面鱼纹彩陶盆[1]

6. 设计类别的选取原则

除了要对文物题材进行选择以外，产品类别的选择也会直接影响到与市场的衔接，间接影响到文化传播的效果，需要根据社

图4.21 "人面鱼纹"餐具组设计效果图

会发展、市场变化、重大事件等时效性因素随时进行调整，这也使设计类别的选择问题会长期持续存在。其中有五点原则性问题值得关注：

第一，要符合博物馆价值定位的原则。 这也是核心原则。目前，在博物馆市场中的文创产品类别多样，总有一些品类虽然销售火爆，但是其文化价值内涵却较为低劣，其中还可能含有恶搞、媚俗等与国家所倡导的社会主义核心价值观格格不入的价值导向。此类产品在博物馆文创产品体系中应予以坚决淘汰，要站

---

1. 中国国家博物馆. 中华文明: 古代中国陈列文物精萃[M].北京: 中国社会科学出版社，2010，6: 47.

在维护国家文化安全的角度,确保博物馆行业的整体核心价值及总体定位。

第二,要符合与市场紧密结合的原则。这里的"市场"可理解为两层含义,一是指社会发展的整体"大市场"环境需求,要符合国家文化战略部署的整体要求;二是指在博物馆特殊环境下所形成的"小市场"需求,包括博物馆的价值定位、消费人群的特征以及在特定的时间或事件中的特殊类别要求等。从经济创收的角度来讲,与市场紧密结合的原则还适用于那些适销对路、利润丰厚、能创造更大的经济价值的产品类型。

第三,要符合产品整体架构的原则。这是决定博物馆文创产品丰富而有序的重要原则之一。不同博物馆通过不同的文化主题和文化内容,展现出各自不同的文化定位,例如北京故宫博物院主推的"明清两代皇家文化"主题,北京恭王府的"福文化"主题。中国国家博物馆则是代表国家收藏、研究、展示、阐释能够充分反映中华优秀传统文化、革命文化和社会主义先进文化代表性物证的最高机构,是国家最高历史文化艺术殿堂和文化客厅。[1]这个定位的特殊性使国博文创产品的品类更需要具有连贯性,方可对五千年中精彩的中华文明予以全面的展现。因此,在产品类别的选取上应符合博物馆各自的主题,从这一点来说也是依据市场原则的必要制约。

第四,要遵守创新性、独属性和市场前瞻性原则。博物馆文创产品发展的趋势之一是向多样化发展,需要在保持垂直发展的同时,兼顾产品品类向多层次、跨行业的横向发展趋势,从而建立起一批具有行业特征,创新优势明显,专属性强的独特品类,比如国博的防雾霾口罩系列产品,台北"故宫博物院"的纸胶带等,都是在以往的博物馆文创产品中少见或未见的品类,其品类自身已经具有了独属性和创新性。特别是纸胶带类产品,自出现后即引起了各个博物馆的效仿,目前几乎已经成为博物馆文创产品行业的"标配"。

第五,要注意品类的时效性原则。任何产品均具有不同的时效性,这就如同食品的保质期一样,文创产品的"保质期"不仅会受到时间周期、市场变化的

---

1. 中国国家博物馆官网. 国博简介[EB/OL]. http://www.chnmuseum.cn/gbgk/gbjj,2021-05-24.

影响，还会受制于科技进步、消费升级等产业发展中的诸多因素。比如U盘、手机壳这类产品会严重受到技术快速更迭的影响。这些产品的时效性是"活期"的，其更新速度取决于科技发展的进程，无法准确预判，只可大致估算；而有些产品则是"定期"的，会随着时间的推移呈现出准确的周期时效性，比如日历类文创产品、临时展览文创产品等。

所以要提倡将市场调研作为重要的方法，密切关注市场动向，因时而变、因势而变，在不违反以上原则的基础上及时对产品类型做出相应的调整。这里所讨论的时效性是针对中期、短期消费体验而言的，关注的是消费者所做出的消费决策和消费行为；而对长期消费体验来说，产品的时效性对其影响明显较弱。在P235将对"时效性"问题进一步展开讨论。

经营者和设计师总是希望设计的作品能够具有较长的生命周期，能够长时间创造产业价值，这就需要进一步分析在博物馆文创产品中究竟有哪些品类是受到消费者长期广泛关注的，这些品类也就是最值得优先设计开发的产品种类。在对"博物馆文创产品品类关注度"的调研中我们发现，各类选项从5.42%至62.08%呈现出极不均匀的分布特征（见表4.9），表明消费者对各类产品的关注有较大差异。

表4.9　您对博物馆的哪些文创产品感兴趣？ [多选题]

选　　项	比例（%）	
日常生活用品（如手机壳、包、台历、杯、扇子等）		62.08
文具用品（如本、尺、笔、书签、胶带等）		50.42
服装配饰（如围巾、耳饰、首饰等）		37.08
家居陈设（如装饰画、花瓶等）		32.5
DIY体验商品（自己动手体验的产品）		26.25
书籍、读物		25.83
文物复制品		24.17
玩具		14.58
图书音像制品		12.5
高档艺术品		11.67
特色食品		11.25
化妆品		7.08
电子产品		5.42

从调研结果来看，日常生活用品、文具用品、服装配饰、家居陈设得到了较高的关注，这几个选项也的确是当前各个博物馆重点发力的文创产品类型。如果仅从这个表面现象来看，似乎如若不能根据观众的兴趣点来选择文创产品类别，就会增加设计的盲目性和市场风险。但从另一个角度来说，过多的同类产品充斥在市场中已经为"同质化"产品的出现提供了可能，因此也不能完全依据调研表中的数据比例简单地调整产品类别，还需要深入分析各项数据背后的成因。比如有些数据的关注度不高，可能并不代表观众对此类产品毫无兴趣，而是在此类产品中尚未出现深度开发的设计作品，所以未能有效打动观众。从这个角度来说，不仅不能减少对此类产品的设计投入，反而应该在后续工作中予以重视和加强。所以我们在作数据分析时，尽量不要将结论简单地建立在单一数据基础上，而应该采用关联数据综合分析的方法，才可能得到真实可信的数据信息。

（1）学会综合数据分析

数据采集与分析是调整产品设计方向的重要依据，对提升设计精准度具有重要的实操意义。在各类数据中"销售量"和"销售额"是较为重要的两项，对其进行综合分析可以为品类选择提供有价值的判断依据，同时结合实际消费数据也可以判断市场的消费能力和转化能力，以便优选产品类型。在实际工作中需要借助综合数据分析法，切忌以片面数据作为依据。

此处以某类文创产品的阶段销售数据来举例说明。图4.22所示为不同价位的同一类产品在一定时间内的销售数量统计，其中可见从"A"至"O"共有15件产品，销量从2件到168件不等，数据变化幅度较大。如果依据此表所提供的数据信息，在接下来的工作中显然应该将销量突出的产品"I"和"D"作为样本，将设计重点放置于此类型产品上，而对于那些销量仅有几件的产品应该予以淘汰。但这样的判断是否科学合理呢？

在图4.23中，折线所表示的是在与图4.22相同条件下各个产品的销售金额统计。依据此表中的数据我们不难判断出其中哪些是具有高盈利能力的产品，哪些是盈利能力欠佳的产品。那么是否可以认为这些盈利能力不佳的产品已不具有市场价值了呢？

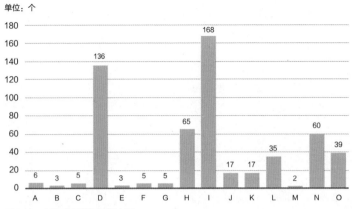

单位：个

图4.22　产品阶段销售量统计图

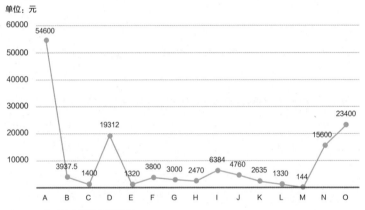

单位：元

图4.23　产品阶段销售额统计图

　　如果将这两张图进行简单的叠加，得出图4.24，便可以较为清晰地反映出单一数据图表中无法展现的一些问题。销售量最高的产品"I"其实盈利水平相当一般，而在销售量上几乎可以被忽略的产品"A"实际上却是盈利能力最强的产品。

　　我们可以看到，前两张图显示的都是一元信息，均无法全面真实地反映情况，而只有通过对数据的多元化综合分析方可得出较为科学准确的、对设计工作有价值的判断。在此案例中仅仅采用了最简单常用的"数据叠加分析法"即可将隐藏的信息提取出来，而在实际工作中类似这种建立在综合数据分析基础上的方法还有多种。

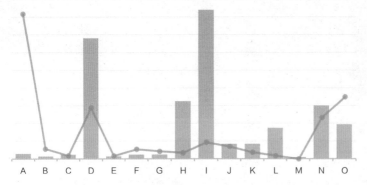

图4.24　产品阶段销售量与销售额叠加统计图

　　有人会担心供需关系的不对等使这种分析结果有"失真"的可能，比如大量提供某一类、某一价位的产品，也会导致其销量相应提升。这种顾虑有一定的道理，在一些只重结果、仅以单一视角展开的数据统计中也确实有这种现象存在。所以更要提倡运用多元化综合分析方法，深究各项数据形成的背后原因，从多个层面分析，方可确保数据结果的真实可靠性。

　　正如前文所述，博物馆文创产品并非生活必需品，其消费也并非为了满足生存需要的强制性消费，消费者掌控着做出选择的唯一主动权。因此，这种建立在真实消费数据基础上得出的分析结论可以被认定为"诚实"又可靠的，可以作为辅助筛选产品设计品类的参考。

　　下面以我国台北"故宫博物院"（台北"故宫"）对产品类别做出的调整建议为例进行简单分析。

　　2019年3月，台北"故宫"公布了《博物院上半年合作开发厂商说明会公告》，其中包括《商店销售简报》，将2018年的销售数据分别从"商品销售百分比""年度畅销品销量比较""2018年度提袋率与去年同期比较""2018年度平均客单价与去年同期比较""2018年度平均客单价与去年同期比较"五个方面进行了数据分析。

　　截至2019年3月22日，台北"故宫"线上与线下商品共计4484项。其中包括出版品728项，出版授权93项，合作开发2207项，品牌授权1456项。并分别列出了"建议开发的产品"和"不建议开发的产品"（见表4.10），其中约有30项产品类别被列为"不建议开发商品类别",其中竟然包括了"纸胶带""文件夹"等多项热销的"明星"产品,着实让人感到意外。我们可以从四个角度来分析这一策略性调整的必要性与必然性。

表4.10 建议开发和不建议开发产品类别表(作者根据台北"故宫博物院"《2019年合作开发厂商说明会公告》内容整理)

建议开发商品类别	
中价位礼品和商务礼品	要求价位控制在3000至5000台币 (按:2020年5月13日汇率1人民币=4.2136新台币换算,约合712至1187元人民币)
环保商品类	餐具、杯套、环保袋、食物环保袋
适合年轻人的礼品	创意生活用品、随手杯、疗愈小物
创意餐具类	餐垫、盘子、碟子、筷子、筷架
儿童商品类	儿童餐具、围兜、乐高等

不建议开发商品类别
头巾、发饰类商品、擦拭布及手帕、T恤、手表、镜子、扇子、文件夹、笔记本及便条纸、贴纸、纸胶带、明信片、磁铁类产品、书签、名片盒、鼠标垫、原子笔、钥匙圈、餐垫纸、马克杯、珠宝类饰品、相框、无框画、移动电源、人字拖、公仔、无功能性摆件饰品

第一,从设计的角度来看。 在"不建议开发商品类别"中的产品设计含量普遍较低,即前文所述的"贴花"类产品,产品附加价值不高且极易引起复仿制品的出现,十分不利于品牌的建设与维护。而事实上也是如此,自从"朕知道了"纸胶带成为爆款产品后,即引发了国内外对这类产品的大量效仿,并且在质量、价格方面均与台北"故宫"的产品不相上下,使其迅速沦为同质化产品。况且此类简单的类型化产品较难有深度开发的价值,市场中的同类产品几乎已将所有可能的设计形式开发殆尽,使其进一步创新设计难度增大。

第二,从销售数据的角度来看。 类别同质化现象使得产品的分流效应明显。这一点我们从"畅销商品销量比较表"(见表4.11)中可以清晰地看到。曾经热门的纸胶带类产品在2017至2018年的销量下滑了8%。如果根据公布的2019年第一季度销售数据进行简单估算:22837件×4个季度=全年销量约为91348件,这个数值相较于2018年全年销量的102189件来说下降幅度将达到10%以上,相较于2017年下降幅度更是达到了18%以上,因此,对这类产品及时做出调整是具有前瞻性与必要性的。

表4.11 台北"故宫博物院"2017至2019年第一季度畅销商品销量比较

商品名称	2019年一季度	2018年	2017年	2018年变动比例
造型磁铁	26606件	116490件	102156件	14%
纸胶带	22837件	102189件	111242件	-8%
文件夹	19999件	98290件	107104件	-8%
手机吊饰	18466件	87765件	109318件	-20%
钥匙扣	8620件	43631件	60987件	-28%

第三，从产品的适销性来看。随着社会的整体发展，人们的生活及消费习惯已经产生了明显的变化，一些产品由于不适应市场需求而被逐渐冷落。比如"钥匙扣"这个品类在各个博物馆的文创产品中均有大量出现，品类创新程度本就不高，随着科技的进步，指纹锁、数码锁等产品的普及更是导致使用实体钥匙的人群急剧减少，钥匙扣原本的使用功能和市场需求受到了严重挤压，销量下降28%是具有其必然性的。

第四，从盈利能力上来看。相较于"建议开发商品类别"来说，"不建议开发的产品类别"中除了个别品类以外（如珠宝类饰品）价格均相对低廉，虽然受市场欢迎但盈利能力有限。从经营角度来讲，保留一部分此类产品的目的是为了激活市场购买力，维持一定的市场热度，增加复购率。但过于专注此类品种的设计研发反而会使自身产品分布结构产生同类化竞争，出现互斥效应。要知道，实际上在每位消费者的潜意识中均有一定的心理消费预算，一旦达到了这个预算的上限，其消费行为即会大概率终止。假如在其消费中选择了过多的低价产品而耗尽了预算总额，那么也必将影响到整体利润。

通过以上分析我们可以看出，通过市场数据的变化对整体市场环境的发展趋势做出预判，并以此为依据对产品类别做出适当的调整，是具有科学性、合理性和前瞻性的，有利于及时纠正设计的方向。此次台北"故宫"对文创产品进行的品类调整也正是产业发展至一定阶段所必然产生的结果，可以视为产业升级的一种形式，具有一定的借鉴意义。[1]

---

1. 本案例部分内容摘自：文博圈.台北"故宫"公布2018文创销售简报，2019重点上五大类！[EB/OL].
   https://www.sohu.com/a/311026017_197694，2019-04-29/2020-12-25.

（2）文创产品也有"保质期"

接前文所述，任何产品均具有时效性特征，博物馆文创产品自然也不例外。可将其大致分为全时段产品（长期产品）、季节性产品（如暖手宝、扇子、雨伞等）、针对特殊活动推出的特定产品（如节日文创产品等）、短期快销产品（如配合临时展览设计的文创产品等）四个类别，不同类别的产品对时效性设计的要求各不相同。

第一类，全时段产品。此类产品可以被视为博物馆文创产品的基础层，作为长期销售的类型占据了博物馆文创产品市场中的主要份额，因其对时效性因素的反应相对迟钝，因此可以长期大量布局以充实产品线。在对这类产品设计开发时，要求遵循产品功能大众化、形式普适化、价格亲民化的设计原则，同时必须要依托于市场分析，择优选择有销量保障的，或者根据市场相关竞品的动态发展情况提前布局有长效性市场前景的产品类型。此类产品可能设计含量不高，但必须要具有市场销售的热度，是能够有效聚集人气的重要产品类别。

第二类，季节性产品。季节性产品主要有两种类型：一是依据自然季节的变化而设计的产品。这点很好理解，一年四季各有不同的消费侧重，在品类整体结构中可以分别考虑配置适用于各个季节销售的产品。二是根据市场活跃度的"季节"变化而设计的产品。博物馆文创产品市场在一年当中通常会形成明显的"旺季"波峰与"淡季"波谷的特征，观众数量及构成均会随之变动，可以根据博物馆各自不同的市场活跃度所呈现出的"季节"规律来合理规划"应季"的产品。

第三类，特殊活动产品。在各类文创产品市场中均会有针对特殊活动而推出的特定产品，这类产品多是通过与相关产业结合而形成独特的文化体验，对于文化传播具有极为重要的价值。此类产品有纪念性、时效性，其中还不乏情感价值的融入，突出收藏价值和纪念意义是对这类产品的基本设计要求，特别是在突出收藏价值时更要注意遵守一些设计规则，如限量稀缺、具有强烈的艺术性和代表性、产品的材质和工艺具有稳定性，要适于长期保存。

特殊活动产品往往对时效性因素反应敏感，比如近几年流行的各类日历型文创产品，便是以"年"为单位的特殊时效性产品，虽然其实用功能是在一年之内，但实际上可能仅有不到半年的销售时效性，因此在对这类产品进行设计开发时要求预留充分的提前量。与此相似的还有如U盘、手机壳、充电宝、数据线等产品，均明显受制于科技的发展和消费电子类产品快速更新迭代的节奏，在这些产品的设计中不得不重点考虑时效性因素，使其具备随时"升级"的可能。

第四类，短期快销产品。博物馆短期快销产品主要是指那些为配合临时展览或短期活动而设计开发的，与展览、活动内容关联极为紧密的文创产品，带有明确的专属性和纪念性，是四类产品中时效性特征最为明显的类型。

在临时展览的展出过程中，通常会包括开幕、高潮、平稳、尾声四个阶段，所处阶段不同，观众的构成和消费情绪也会有相应的变化，需要及时调整产品类别，以适应不同阶段表现出的时效性特点。比如在开展当天采用纪念戳的形式销售的明信片、笔记本等产品，可以加盖开展当日的纪念性标识使其具有较好的市场热度。而在展览的平稳阶段，此种方式的效果则相对较弱。在展览终止后，消费者对时效性产品的热情会急速"降温"，尽管其使用功能并未发生根本改变，但显然人们的兴趣点已经发生了变化。

7."集中开发"和"分散开发"

在文创产品设计的实际操作中通常有两种方式，一是对单一题材的多次开发，二是对多个题材的单次开发，或可将其简称为"集中开发""分散开发"。

集中开发是指根据一个题材或文物，分别设计出不同形式的多种产品，来共同表达这一主题。策略的核心是建立在单一题材上而展开的"分众"开发，是以一个"点"展开的"线"型开发，在达到对主题充分展示与利用的同时，满足了多样化的需求，较适用于那些主题价值明显、知名度高的"热门"元素题材。

其优势体现在，仅用较少的文化题材即可满足市场的多样化需求，节省了选取和研究文物元素所占用的时间，可以将更多的精力集中于设计研究上，在一定程度上提高了工作效率。通过不同产品分别从多个角度的切入，可较为全面深刻地展示出文化题材中所蕴含的历史、艺术、科学等多种价值，并使产品呈现出系列化的形式。从消费者的认知角度来讲，这样的系列化产品更容易引起他们的关注。

其劣势在于，首先，由于各类产品的材料、工艺都有适合与不适合表现的方面，因此在设计表现形式上会受到一定的限制，比如原始文物元素是件青铜器，其工艺决定了造型、纹饰等方面的特征，当采用其他工艺进行表现这些信息时，就有可能会涉及材质工艺的限制，因而影响转化的效果。其次，对同一题材进行重复表达时虽有系列感，但也容易产生千篇一律的感觉，特别是符号化元素的多次重复，容易造成审美疲劳，出现同质化特征。最后，由于是对同一题材的反复利用，因此对所选题材的依赖性较强，一旦题材选取有误，就会对后期工作带来较大风险，如上文提到的"人面鱼纹彩陶盆"设计案例。

从目前来看，此种设计方式已经成为各个博物馆所采用的主流，比如截至2021年6月23日，台北"故宫博物院"以"翡翠白菜"为元素开发的文创产品在其网络商城中已有115件之多，还有如北京恭王府博物馆以"福"文化开发的系列产品等，特别是大英博物馆在设计中对此策略的应用，也较有代表性。

大英博物馆成立于1753年，目前拥有约800万件藏品。在文创产品的设计与开发上依托其丰富的馆藏资源，以最著名的藏品为主轴采用了两种主要策略，一种是将带有流行文化背景的IP元素与本馆馆藏文物进行结合的方式，开发出大众喜闻乐见的文创产品，比如前文提到的"小黄鸭"系列文创产品；另一种则是将一些重要的馆藏文物以集中开发的形式加以展现，通过多样化的产品形式对同一件文物进行规模化开发，提高文物的"出镜率"，营造"明星"效应，比如以其著名馆藏文物"罗塞塔石碑"（Rosetta Stone）而开发的相关文创产品，即此种设计思路的具体表现。截至2021年5月，以此元素为设计题材开发的产品在其官方网店中可查询到共有70种之多。

此系列产品所采用的是两种极为简单的设计方式：一是保留了"罗塞塔石碑"完整的外观造型，直接将其等比例缩小复制成装饰品，或将其平面化图像印制在T恤、丝巾等常规产品上；二是提取了文物的碑文并将其图案化，重复应用于产品的表面装饰上。在色彩设计上，除了在个别产品中加入鲜艳的红色以外，几乎全部采用了黑白灰的搭配，从视觉上营造出一种坚实稳定的观感，这与原文物的石质材料给人的感觉相一致。简明的设计手法不仅完整还原了文物的原貌，对文物信息的传递也可谓极为准确有效，统一的视觉形象与色彩还使产品呈现出强烈的系列感，是集中开发策略的典型应用范例。

集中开发策略是为了推广、提升馆藏文物的知名度，而并非提升文创产品的知名度，务必要达到使人们通过文创产品可以迅速联想到文物及其文化的效果，所以要注意避免出现由于过度演绎、过度变形而导致的与原文物信息脱节的现象。在这个过程中，文创产品仅仅作为一种传播媒介而存在，起到的是对文物文化的宣传功能而绝非主导作用，这一点非常值得关注。

分散开发是指选取多个不同题材或不同类型的文物元素，分别对其进行不同形式的低频次设计开发，以表现各自不同的主题。

其优势在于，首先，与集中开发以"点"成"线"的策略不同，此策略所采用的是"点"对"点"的设计方式，即以单件文物元素对应单件产品，因此可根据题材优选最佳的设计表现形式，产品定位精准度相对较高，具有较强的专属性，在一定程度上能够弱化同质化现象。其次，相较于单一题材多次开发，此种方式中设计所受的限制较小，设计师可以自由选取题材中所包含的价值作为设计切入点加以展现，这种方式往往会产生让人意想不到的设计效果，有较大可能产生明星产品。第三，单次开发所占用的人力、物力、时间、资金等相对较少，因此显得更加灵活，产品差异化特征明显，适用于那些文物题材价值虽然并不十分突出，但是在市场中同类竞品较少的"冷门"产品类型。第四，在产品市场前景较难预判的情况下可作为一种试探性的开发策略，如前面提到的"试销"方式也可以被视为此种策略的一种实际应用。

而其劣势则主要表现在以下几个方面。首先，对单一题材的单次开发很难形成系列感，产品在市场中更多呈现出的是一种"单打独斗"的散乱现象，"孤品"特征明显，整体贯通性差。其次，单次开发所涉及的材质、工艺通常较不常规，有些加工工艺甚至具有一定的实验性和创新性，这就增加了研发时的投入，又限制了单笔订单的生产数量，由此很可能会导致产品成本相对偏高从而降低了市场竞争力。最后，相较于集中开发来说，此种策略由于"发力点"过于分散，对文物的推介力度、深度相对较弱，不利于形成合力集中展示与深刻传播文物的价值，即便出现了"爆款"产品，其热度也较难长时间维持。

应用此策略的产品在市场中也比较多见，如北京故宫博物院的"朝珠耳机"、苏州博物馆的"文徵明手植紫藤种子"等均属于此种策略的实际应用。

鉴于两种策略各自的利弊，在实际工作中，我们可以采用"集中开发"策略打"阵地战"来巩固产品类别的丰富与稳定，满足多样化的消费需求。而从文创产品的发展趋势上来看，产品结构层次多样性、独特性和差异性是发展的必然，一个品牌如果没有与众不同的"明星"产品，那么其品牌价值注定无法提升，在激烈的市场竞争中也难以长期生存。因此，可发挥"分散开发"的优势打"攻坚战"，不断打造"明星"产品，营造市场热点，制造传播话题，有节奏地频繁刺激市场热度，扩大品牌的影响力。由此看来，"集中开发"和"分散开发"两种方式相互间并不矛盾，而是互补、相互依存的，共同构成了博物馆文创产品设计的整体。

8. 文创产品的定价原则[1]

在通常的理解中，定价策略应该属于市场营销策略，但实际上落实这个策略需要重度依赖产品设计工作。这是由于产品设计工作是连接消费与生产的中间环节，在设计中采用何种造型、结构、材料、工艺以及所实现的功能等，都是直接影响产品最终价格的关键所在。也就是说，文创产品的各项属性不仅决定了它的目标受众，也决定了这件产品的价格。

纯粹的商业营销很容易走入"价格为王"的低价竞争中。有人认为只要价格足够低就必然会吸引消费者购买，这种思维在其他类型的产品中可能会奏效，但在博物馆文创产品中"价廉"未必能够拉动消费，因为博物馆观众更注重的是"物美而价廉"，首先是要"物美"其次才是"价廉"。

---

1. 本节部分内容发表于：白藕. 博物馆文创产品的定价策略[N]. 中国文物报，2021-05-04（6）.

价格作为产品的敏感要素之一，在制定时除了要与价值紧密相关外，还要综合考虑市场需求、促销方式、产品定位等因素的影响，需要采用产品自身价值与市场定位价值相结合的定价策略，准确控制价格阈值的范围，方能显示出定价的科学合理性。此外，在定价策略中还会涉及消费心理、经营管理等多个领域的内容，在本节中仅简要探讨与文创设计关联度较高的几个因素。

博物馆文创产品在消费类型上可以大致分为：平价消费型、高价消费型和活动消费型三种（见表4.12）。

表4.12　博物馆文创产品的消费类型

类　型	内　　容
平价消费型	这是博物馆文创产品价格的主要区间，所针对的是普通消费水平的消费者，在这类人群的消费观念中并不倾向于支付高昂的费用，具有平价消费习惯。此类产品多以常备常销的形式存在于市场中，在保证长期销售的同时获取适当的利润，也因此定价通常较为亲民
高价消费型	主要是指较为高档的礼品、收藏品以及珠宝、玉器等贵重物品。此类产品定价策略是以获取较高利润率为主要目的，锁定的目标通常是对博物馆文创产品的期望值较高并且具有一定购买力的消费群体。在设计这类产品时需要注重对产品细节的刻画和对情感体验的升华，精良的工艺、精致的包装都是需要在设计中进行反复斟酌的关键要素，并且应含有专属性极强的文化特色，能够切实给予消费者精神上的满足感。相较于平价产品，此类产品的定价策略更应综合考虑对文化附加价值和差异化价值的体现
活动消费型	主要是指通过各类营销活动来带动产品消费，原则上包括了"有形"与"无形"两类形式。例如设计不同的主题促销活动、捆绑销售、累积优惠、新品"早鸟价"等

合理的定价不单单是指单件产品的价格，更是指整体价格结构的合理性。通过对消费数据的分析，找寻价格的分布规律，特别是对其中的"价格密集点"要给予重点关注。价格密集点是广泛存在于各类产品中的普遍现象，一方面能说明市场消费群对某个价位的产品最具有接受度，另一方面也能说明产品设计开发具有十分明显的价格侧重。从数据及经验来看，价格密集点通常位于博物馆文创产品的中、低价区间，产品的多样性也主要体现在这两个区间中。

在销售数据中，最为集中的价格"高峰"点往往是最符合当前市场环境的和消费者心理的最佳状态点，各个市场均会有所不同。在设计开发时可以根据各自的市场特征将这个峰值点作为最佳介入点，投入较多的设计开发精力，布局最丰富的产品类型和数量。

从价格"高峰"向高、低价区间扩展时应注意价位的延续性，避免出现断档，可以有计划地设置阶梯状档位，使价格体系整体呈现出缓和渐变的"长尾"状态，呈现出"主峰"显著，"余脉"阶梯状递减的模式。"长尾"价位段的产品布局应重在"精"而不在"多"，在照顾到细分消费群体需求的同时，保证设计生产资金的合理投入和周转效率。当采用图形化表达这个价格布局特征时，通常会呈现出"橄榄形"或"金字塔形"的样式。

在此次研究的市场调研中我们可以发现，"100元以下"的选项上出现了价格集中点，呈现为"主峰"的形态，相邻的"300元以下"和"50元以下"两个价位则成为次高点。我们可以判断为：定价介于20元以上与300元以下的产品是目前市场中能够接受的主要价格区间，这其中又以100元左右的价位作为市场交易最为频繁的"价格密集点"。当产品价格向高、低两极价位过渡时呈现出明显的阶梯型递减状态，这个特征用图形表达后则表现为明显的"橄榄形"样式（见表4.13，图4.25）。

价格不仅是文创产品自身价值的量化表现，更是与市场衔接的重要环节。在产品价格的制定上要结合博物馆市场自身的特殊性，强调创意产品的附加价值，同时还应遵循广义商品的定价原则，整体调控各个价位段的品类及数量，使其

表4.13 对"博物馆文创产品单件价格接受度"的市场调研结果

选　　项	比例（%）
20元以下	2.5
50元以下	13.33
100元以下	37.92
300元以下	22.5
500元以下	6.67
800元以下	1.25
1000元以下	2.08
不在乎价钱，喜欢就买	12.5

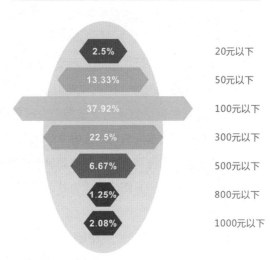

图4.25 "博物馆文创产品价格接受度"调研数据呈现出"橄榄形"特征

与市场接受度相互匹配，达到供求关系的平衡。此外还要综合考虑消费者心理及接受程度，结合市场消费的真实情况设计分布合理的价格结构，力求达到市场认可、公众满意、博物馆受益的共赢目标。

9. "定制化"设计的价值

通过前文中的分散性论述，我们已经了解到"定制化"是体现设计价值的重要方式之一。"定制化"设计与"设计定位"是截然不同的两个概念，区别在于"设计定位"是从主观出发的，是由设计师通过信息的收集、整理、分析而主观判断出的市场定位。虽然在判断的形成过程中依据的是市场中的各类客观数据信息，但是最终做出判断决策的却是设计师的主观意识行为。而"定制化"设计与其截然相反，其所有的设计依据均来自服务对象所提出的明确要求。设计师需要针对这些具体要求开展设计工作，主观发挥余地小，设计目的性、专属性更强，定位精准度更高，"孤品"特征明显。简单来说，"定制化"设计就是按照服务对象的需求为其提供相适合的产品及相关设计服务。

"定制化"设计的应用范围十分广泛，可以体现在各个消费层次的产品中，比如美国国家航空航天博物馆（The Smithsonian Institutions National Air and Space Museum）就曾经推出过"美国兵身份牌"的定制化文创产品，现场观众只需要支付大约10美元即可得到一个冲压有自己个性化信息的定制身份牌。2021年7月17日，由北京冬奥组委主办的"北京2022奥林匹克徽章文化周"活动在北京王府井工美大厦举行，现场有一台个性化徽章制作机，消费者只需要进行几步简单的操作就能将个人形象镭射到冬奥主题的徽章上，从而得到一枚有特殊纪念意义的定制化徽章产品。还有如早些年在国内也曾经有过定制个性化文化衫的服务，等等。这些都属于简单的、低端的纪念品定制服务，而在高端的礼品中，由于对产品设计的差异性要求更高，"定制化"设计的优势能够得到更充分的发挥。

在2012年，国博迎来了建馆100周年的庆典活动。面对这个百年一遇的机会，设计部运用现代设计思维，自主设计研发了近30件具有纪念意义的文创产品。这也是国博新馆成立以来首次为重大活动进行的定制化设计工作。

通过对馆藏文物的详细研究和梳理，我们在近千件备选文物中找到一件"青花百寿字罐"（见图4.26），以此文物的"百寿"寓意作为对"百年国博"的献礼显得极为适合。根据此件文物元素，我们设计开发的两种材质和颜色的"百寿丝巾"（见图4.27）被选为了庆典活动礼品。同样是直接表达祝寿寓意的还有如根据清代"粉彩过枝桃纹盘"（见图4.28）设计的"洪福齐天"瓷罐（见图4.29）等。

图4.26 （明）青花百寿字罐[1]

图4.27 "百年国博"活动礼品"百寿丝巾"设计效果图
（设计师：白藕，设计生产：北京君诚诚贸易有限责任公司）

图4.28 （清）雍正 粉彩过枝桃
纹盘[2]

图4.29 "洪福齐天"瓷罐
（设计创意：白藕，设计生产：法蓝瓷实业有限公司）

1. 中国国家博物馆. 中国国家博物馆馆藏文物研究丛书·瓷器卷（明代）[M]. 上海：上海古籍出版社，2007：168.
2. 中国国家博物馆. 中国国家博物馆馆藏文物研究丛书·瓷器卷（清代）[M]. 上海：上海古籍出版社，2007：74.

另一件名为"四季"的献礼作品，将产品的功能性与中国茶文化进行了融合。作品以"莲瓣纹青瓷钵"（见图4.30）为原型设计了一套瓷质茶叶罐，采用了春绿、夏红、秋黄、冬青四种代表季节的色彩，分别存放适合不同季节饮用的茶品，传播了以茶养生的文化信息；并设计了限量100套的营销方式，以表达国博所经历的一百个四季（见图4.31）。这显然已经不是对单一产品设计技术的展现了，其中融入了情感设计、营销设计的概念，初步运用了产业链的设计思维。

图4.30　（五代·吴越）莲瓣纹青瓷钵[1]

　　此外，设计师还对如何摆脱文物"形"的束缚，仅以"意"作为设计要素的表达方法做了大胆尝试。如下页这件"百年奋进金鼓"（见图4.32）。

　　在国博的展览中曾有一个极为特殊的展览——《友好往来·历史见证：党和国家领导人外交活动受赠礼品展》，集中展出了新中国成立以来党和国家领导人在外交活动中受赠的611件（套）具有代表性的

图4.31　"四季"茶叶罐套装
（设计创意：白藕，设计生产：法蓝瓷实业有限公司）

1. 中国国家博物馆.中华文明：古代中国陈列文物精萃[M]. 北京：中国社会科学出版社，2016：550.

图4.32 "百年奋进金鼓"纪念摆件（设计创意：白藕，设计生产：北京金一文化发展股份有限公司）

　　这件作品最初的设想是为此次活动而设计的纪念币，但完全打破了传统的产品形式和设计思维，在没有采用"纪念币"的固有造型和任何馆藏文物元素符号的前提下，仅以"百年奋进"作为设计题材，将无形的精神内涵具化为有着鼓舞、振奋寓意的中国传统"鼓"的造型。由纯金制造的鼓内部中空，可以用鼓槌轻轻敲击而发出声响，使本来仅有收藏纪念价值的产品也具有了一定的互动性和趣味性。

礼品，见证了新中国60余年辉煌的外交成就，凝结着中国人民和世界各国人民的友好情谊，反映了不同国家各具特色的文化艺术，具有特殊的历史意义和很高的艺术价值。[1]其中的展品有一个显著特征，就是在最高级别的礼品——"国礼"的选择上，各个国家和地区不约而同地选择了独具特色的"定制化"产品，而绝少出现机械化批量生产的"同质化"产品。这就从一个方面证明了"定制化"设计的价值，它已经不仅仅是简单的产品设计生产活动，其中更多地蕴含了对人文、历史、文化、情感等深层次内容的精准表达，使产品更具有独特性、唯一性、代表性，更能体现民族文化及人文精神。从这个角度讲，"定制化"设计有着不可替代的优势，其带来的社会效益和文化效益将远远大于经济效益。

---

1. 中国国家博物馆官方网站. 友好往来　历史见证——党和国家领导人外交活动受赠礼品展简介[EB/OL].
http://www.chnmuseum.cn/zl/ztcl/201812/t20181220_32179.shtml,2021-05-25.

下面我举两个亲身经历的"国礼"设计案例，进一步阐述定制化设计的价值。

2017年9月3日至5日，金砖国家领导人第九次会晤在福建厦门举行，此次会议的主题是"深化金砖伙伴关系，开辟更加光明未来"。会议强调鼓励金砖国家加强文明交流互鉴，在多元共享基础上培育共同价值理念，弘扬多元文化，促进人文交流，深化传统友谊。

在这样的背景下（也可以理解为"定制化"设计的要求）设计开发的会议礼品"四海升平八音盒"（见图4.33）以中国文化为背景，福建文化为依托，厦门文化为题材，融合了南音、鼓浪屿、漆线雕、白鹭、三角梅、凤凰花、围楼、五福、四方来朝、四海升平、海水纹等物质和非物质文化素材。

八音盒以钢琴形象为主体造型，创意来自被称为"音乐之岛"的厦门鼓浪屿，岛上拥有国内唯一一家钢琴博物馆。底座座面中心采用了中国传统的"五福"纹饰，代表了此次参会的五个金砖国家，座面四角纹饰为海水纹变形，代表四海升平，也体现出厦门市滨海的地理特色；钢琴侧边纹饰采用的凤凰花是厦门

图4.33　2017年金砖国家峰会国礼"四海升平八音盒"设计效果图

（设计师：白藕，2017年，入围方案）

市树，基座四个立面纹饰中采用的三角梅是厦门市花；八音盒所鸣奏的乐曲为国家级非物质文化遗产"福建南音"；包装模仿了世界文化遗产"福建围楼"的独特外观造型，圆形外包装与方形产品迎合了传统文化中"天圆地方"的说法；工艺采用了国家级非物质文化遗产"福建漆线雕"，红、黑、金三色为漆器的代表性色彩。在一件产品中融入如此多的文化题材，并且每项元素均与本次会议相关，使这件产品具有了明显的代表性、唯一性、纪念性，体现出定制化设计的实际应用价值。

另一个案例是2018年6月9日至10日，"上海合作组织成员国元首理事会第十八次会议"在山东青岛举行。为支持青岛峰会，贡献国博力量，受峰会主办方委托，中国国家博物馆委派本馆专业设计人员参与了国礼设计工作。在一个多月的时间里，专业设计人员精心设计了6个系列共19款国礼方案，供峰会主办方参考使用。

此次设计任务明确要求以中国文化以及齐鲁文化、青岛文化、泰山文化和海洋文化为题材，设计国礼级的文创礼品。设计师通过调研分析，确定了以"龙山文化""泰山文化""泰山玉""海水江崖"等文化信息构成基本设计元素，并着手进行对文物的搜集、整理、研究和元素的提取工作。

龙山文化因1928年首次发现于山东济南章丘县龙山镇而得名，年代约为距今四千六百年至四千年前后。其超薄的黑陶工艺是一大特色，被喻为"蛋壳陶"。通过对文物的多方比较，设计师最终选取了其中具有代表性的"蛋壳黑陶高柄套杯"（见图4.34）作为设计的主体元素。

泰山玉主要产于泰山山麓，岩性为变辉石橄榄岩。早在五千年前的新石器时期，大汶口的先民就已经用泰山玉制作出碧玉铲、臂环、佩饰等艺术品。《山海经》中记载"泰山其上多玉……环水出焉，东流注于河，其中多水玉"。魏晋时曹植的诗作《驱车篇》中有"神哉彼泰山，五岳专其名……上有涌醴泉，玉石扬华英"的描写。

海水江崖纹是中国的传统纹样，常饰于古代龙袍、官服的下摆。在图案的下端排列着许多弯曲的线条，名谓水脚。水脚之上有波涛翻滚的浪花，水中立一山石，并有祥云点缀。寓意着"福山寿海"，也有"一统江山"的含义。2014年

11月10日在北京举行的"APEC领导人欢迎宴会"中，专为参会的各国领导人所设计定制的服装就采用了"海水江崖纹"的设计元素。

我们对传统文化进行了必要的学习和了解之后，从中分析提取了可用于此次设计开发的设计元素，开始了一系列的草图绘制和方案制作。限于篇幅，以下仅展示其中一件设计方案。

此件"四海升平"景泰蓝金镶玉瓶是以"蛋壳黑陶高柄套杯"（见图4.34）为原型，结合了青岛特有的泰山文化、海洋文化以及青岛市市花"耐冬花"纹饰，并融入了海水江崖纹、如意纹等中国独特的传统文化符号。制作工艺采用了中国首批非物质文化遗产景泰蓝工艺，辅助以贵金属铸造工艺、玉石镶嵌工艺等多种传统技艺，注重了对传统工艺的继承与发扬，同时又有独特的创新，整体呈现出华丽、精致的设计效果（见图4.35、图4.36）。

在会议圆满结束后，中共山东省委、山东省人民政府特意为此次国礼设计工作给国博发来了感谢信，在信中表示："国家博物馆认真贯彻落实党中央决策部署，按照中央筹委会的统一安排和要求，始终想峰会之所想，急峰会之所急，助峰会之所需，聚焦筹备工作重点方向任务，调动资源力量，全力支持保障青岛峰会，做了大量艰苦细致、卓有成效的工作，在国礼设计制作方面给予我们巨大支持和无私帮助，充分展示了国家博物馆高度自觉的大局意识和强烈的责任担当，为青岛峰会的成功举办做出了重要贡献。在此，中共山东省委、山东省人民政府以及一亿多山东人民向你们表示衷心的感谢，致以崇高的敬意！"此次活动不仅展示了国博自主研发设计的水平，更集中展示了国博所代表的国家级文化文物单位的综合实力，无论工艺还是设计思维，体现的是国博水平，展示的是国家形象，亮出的是中国名片，为国博赢得了声誉。[1]

10."线上"与"线下"产品的设计差异

电子商务的出现为博物馆传播、销售文创产品提供了新的通路。这种方式

---

1. 中国国家博物馆官方网站.国家博物馆获外交部和中共山东省委、山东省政府致信感谢[EB/OL].http://www.chnmuseum.cn/zx/gbxw/201807/t20180706_2053.shtml,2018-07-06/2020-07-15.

图4.34 （龙山文化）蛋壳黑陶高柄套杯[1]

图 4.35 "四海升平"景泰蓝金镶玉瓶正视效果图
（设计师：白耦）

如意纹饰：传统吉祥纹样

耐冬纹饰：青岛市花，寓意理想、谦让

LOGO预留位置

耐冬纹饰：青岛市花，寓意理想、谦让

泰山纹饰：用作底部纹饰，寓意稳固、太平盛世、泰山安、四海安

海水纹饰：突出青岛依山傍水的地域特征，与泰山纹组成福山寿海的寓意

泰山碧玉：底部镶嵌十二颗碧玉珠，寓意一年十二个月的吉祥祝福

图4.36 寓意说明图

---

1. 山东省博物馆官方网站，http://www.sdmuseum.com/detail/423.html

不受时间和空间的限制，可以随时组织丰富多样的销售活动，易于将产品信息复制、转发和交流，具有极强的传播效率，能够及时准确地对各类信息进行收集、管理和分析，容易培养消费者"黏性"，弥补了传统销售模式的缺陷，成为现代商业运营中拓展产品销售渠道的重要方式。

新业态的出现为产品设计工作提出了新的课题，毕竟线上产品与线下产品在设计侧重上会有细微的差异。目前网络技术的特殊性与局限性使线上销售更加注重产品所呈现出的二维效果，高质量的精美图片、符合色彩构成学的颜色搭配、直观而友好的UI界面设计甚至是页面传输的速度，都会直接影响到消费情感的愉悦程度，间接影响消费体验。

这些差异化的特征导致了在线下实体店中畅销的产品在线上销售时未必会有好的表现，反之亦然。究其原因，主要是两者在购物体验、消费群体构成、消费情感等方面存在区别。通常来说，适于线上销售的产品不仅要具有线下商品的全部设计特征，同时还要关注以下几点：

第一，消费群体影响设计风格。《2018年天猫博物馆文创数据报告》显示，截至2019年5月16日，博物馆文创类线上总体用户中"90后"占据了53%的份额；在职业上，公司职员、学生、个体经营者分列前三名；在性别上，女性占其中的76%。[1]这从量化数据的角度解释了目前线上博物馆文创产品整体倾向于低龄化、女性化设计风格的产生原因。"女性、上班族、年轻化、个性化"几个关键词勾勒出当前线上消费群体的整体画像，似乎我们可以这样认为，由于博物馆文创产品的线上消费群是以中青年女性为主，从而影响到整体设计风格的变化趋势，这一点在多家博物馆网络商店中均有体现。

通过在"天猫商城"中分别采集中国国家博物馆、北京故宫博物院、广东省博物馆、苏州博物馆、国家宝藏"你好历史"五个品牌店中各自销量前10位的文创产品进行比较，我们可以察觉到其中所共有的女性化设计倾向（见图4.37至图4.41）。

---

1. 中国互联网资讯网.2018年天猫博物馆文创数据报告[EB/OL].http://www.199it.com/archives/893520.html, 2019-06-19/2020-09-06.

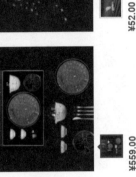

¥75.00　中国国家博物馆3D小夜灯卧室LED床头灯创意中国风生日中秋节礼物　总销量：2万+

¥52.00　中国国家博物馆以梦为马胸针徽章学生书包生日文创礼物配饰男女生　总销量：1万+

¥228.00　中国国家博物馆长乐未央红手绳首饰转运创意生日礼物女创意手链礼盒　总销量：2万+

¥559.00　中国国家博物馆秋影金波茶具礼盒套装茶杯盘子餐具礼品母亲节礼物　总销量：1万+

¥119.00　中国国家博物馆斗转星移小夜灯卧室暖居母亲节泵圈星空灯生日礼物　总销量：4万+

¥69.00　中国国家博物馆以梦为马卡包复古证件简约交通卡证件生日礼物男女　总销量：2万+

¥59.00　中国国家博物馆创意撞色单肩帆布包女中国风学生文创女友生日礼物　总销量：5万+

¥68.00　中国国家博物馆锦上添花书签套装中国风创意学生生日礼物博物馆　总销量：2万+

¥30.00　中国国家博物馆龙形全步摇夜光书签创意中国风女生礼物博物馆文创　总销量：7万+

¥45.00　中国国家博物馆大观园镂雕空卡片创意文艺贺卡博物馆生日礼物　总销量：2万+

图4.37　中国国家博物馆天猫旗舰店销售量前10位的产品

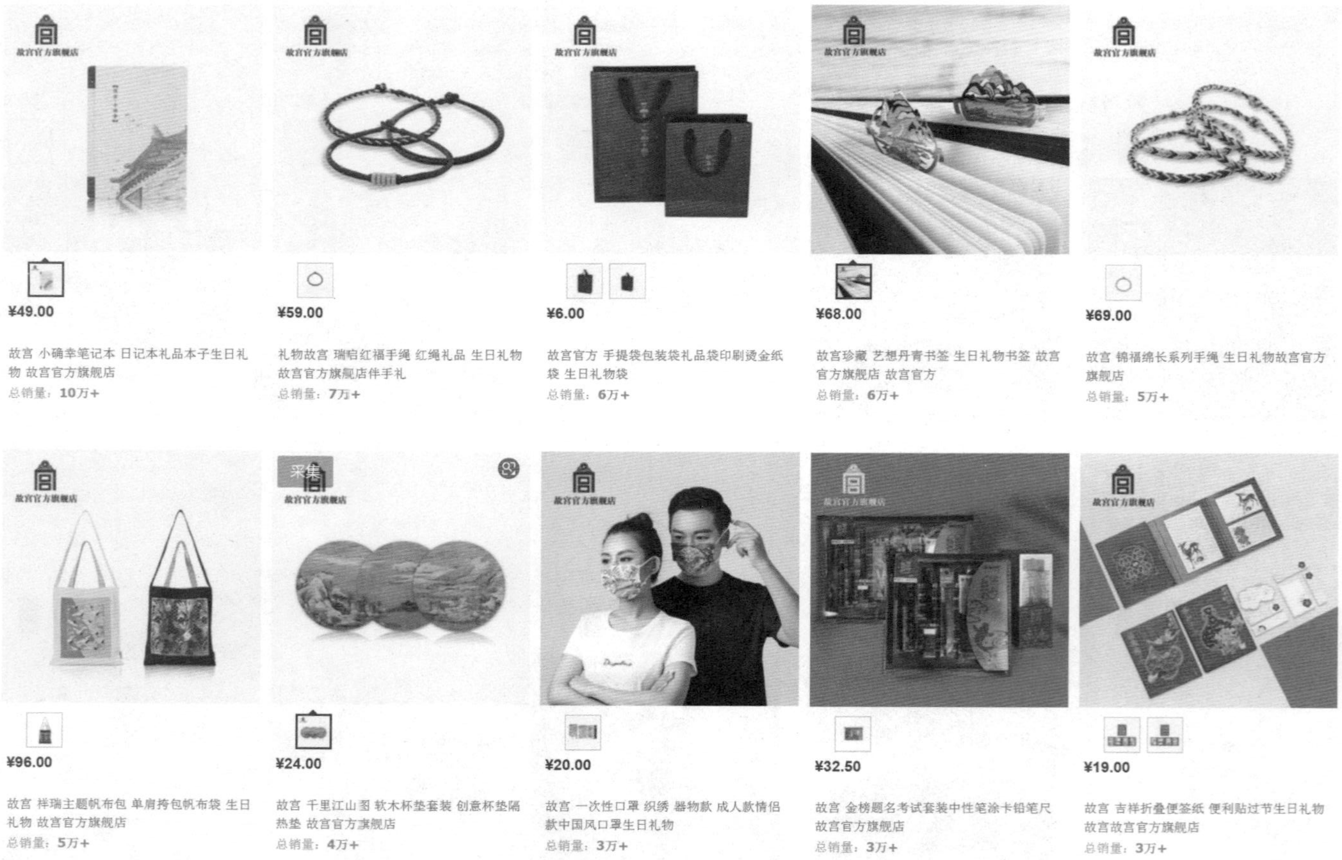
故宫官方旗舰店
¥49.00
故宫 小确幸笔记本 日记本礼品本子生日礼物 故宫官方旗舰店
总销量：10万+
¥59.00
礼物故宫 瑞佰红福手绳 红绳礼品 生日礼物 故宫官方旗舰店伴手礼
总销量：7万+
¥6.00
故宫官方 手提袋包装袋礼品袋印刷烫金纸袋 生日礼物袋
总销量：6万+
¥68.00
故宫珍藏 艺想丹青书签 生日礼物书签 故宫官方旗舰店 故宫官方
总销量：6万+
¥69.00
故宫 锦福绵长系列手绳 生日礼物故宫官方旗舰店
总销量：5万+
¥96.00
故宫 祥瑞主题帆布包 单肩挎包帆布袋 生日礼物 故宫官方旗舰店
总销量：5万+
采集
¥24.00
故宫 千里江山图 软木杯垫套装 创意杯垫隔热垫 故宫官方旗舰店
总销量：4万+
¥20.00
故宫 一次性口罩 织绣 器物款 成人款情侣款中国风口罩生日礼物
总销量：3万+
¥32.50
故宫 金榜题名考试套装中性笔涂卡铅笔尺 故宫官方旗舰店
总销量：3万+
¥19.00
故宫 吉祥折叠便签纸 便利贴过节生日礼物 故宫故宫官方旗舰店
总销量：3万+

图4.38　北京故宫博物院天猫旗舰店销售量前10位的产品

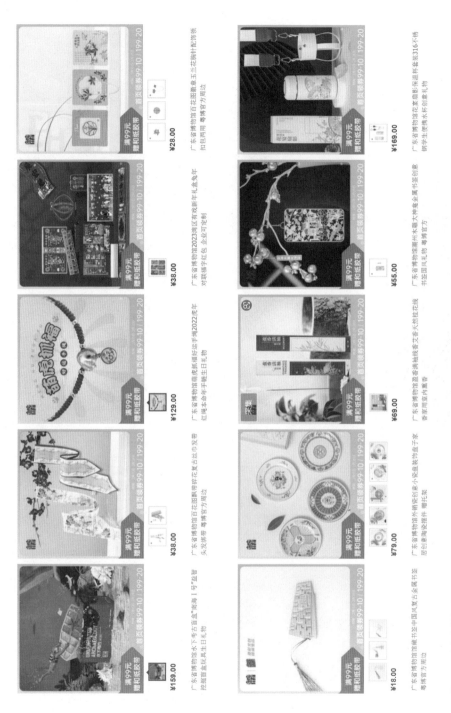

图4.39 广东省博物馆天猫旗舰店销售量前10位的产品

苏州博物馆 礼物袋 礼品袋 学生商
务送礼包装简约的文艺包装纸袋
总销量：1万+

¥5.00

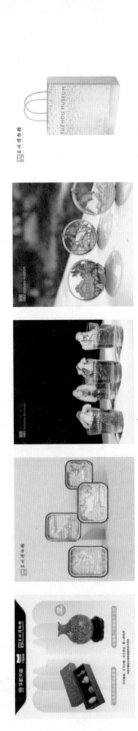

苏州博物馆 木刻冰箱贴 木质磁贴
创意记事照片贴留言装饰纪念品
总销量：2万+

¥20.00

苏州博物馆 唐黄茶创意茶泡袋装茶
包花茶礼盒玫瑰红茶乌龙桂花绿茶
总销量：3万+

¥39.00

苏州博物馆 木质小夜灯卧室充电
式伴睡灯小夜灯女友围蜜生日礼物
总销量：4万+

¥99.00

苏州博物馆 陶冶之珍冷宏冰箱贴
精美古器釉窑器迷你器窗留言贴
总销量：6万+

¥20.00

苏州博物馆 仙山楼阁书签创意文
艺金属夹古风铜制书签学生礼物
总销量：1万+

¥29.00

苏州博物馆 众芳麦秀花开手账本
笔记事本小清新学生便携日记本
总销量：1万+

¥29.00

苏州博物馆 贝聿铭的建筑密码创
意3D解谜礼物套装文创生日礼物
总销量：1万+

¥209.00

苏州博物馆 大邦之梦意喜学院风
固定陶针生日礼物送女友创意礼物
总销量：1万+

¥20.00

苏州博物馆 层创中古风真丝团扇中
国风八角扇双股女生创意生日礼物
总销量：1万+

¥98.00

图4.40 苏州博物馆天猫旗舰店销售量前10位的产品

图4.41 国家宝藏"你好历史"天猫旗舰店销售量前10位的产品

（图4.37至图4.41 源自各品牌天猫旗舰店，信息采集时间：2023年2月28日）

第二，购物心理决定价格和品类。从购物心理因素分析，消费者产生购物行为一般要经历对商品的认知过程、情绪过程和意志过程。消费者首先要对商品的品质、功能等形成初步的印象，在未触及真实产品以前普遍会存有疑虑、徘徊的心态，而较低的产品价格会部分抵消掉这一负面影响。

　　网络销售给予人的一个印象就是商品的价格比实体店低。这一认知大约形成于2000年前后，当时出现的"阿里巴巴""当当网""卓越网""淘宝网"等早期电子商务平台即开始对公众灌输这一特征。一方面是由于运营成本确实要低于实体店面；另一方面得益于便捷的消费方式以及层出不穷的优惠打折、促销领券、积分抵扣等网络促销活动，线上消费群体的不断扩大，量的堆砌进一步摊薄了成本。

　　除了价格优势以外，如果在设计时选择生活中常见的产品类型，消费者完全可以根据自身的经验对产品进行比对与评估，也可以从一定程度上消除网购"见图不见物"的认知顾虑。

　　这些因素共同导致了目前博物馆文创产品在网络销售上普遍呈现出价格低廉化和品类常规化特征。图4.37至图4.41的产品也可以充分体现出这一点。经过统计，这50款产品最高价为559元，价格超过100元的有9款产品，介于50元至100元之间的有19款，价格在50元（含）以下的有22款，并且在各个品牌销量前3位的产品中仅有3款超过100元，其余售价均在百元以内。

　　在品类上，各个品牌销售居前的产品均具有常规化、通俗化的特征，甚至消费者仅通过产品名称即可判断出大部分产品的功能及大致的价格范围。

　　第三，与流行元素相结合。与市场流行元素紧密结合，也是由网络购物的群体构成所决定的。乐于选择网络购物的人群大多是伴随着网络技术崛起和普及而成长起来的中青年群体，他们对社会热点、流行元素的关注度通常较高，具有一定的敏锐度，愿意尝试和参与新鲜事物，甚至会特意寻找与流行元素相关的文化产品进行购买。这也使如今很多线上文创产品设计夹杂了大量的流行元素、时尚符号、网络用语等。但这并不意味着在设计时就要盲目地迎合市场，而应该提倡在保持文化尊严的前提下适度地抓取流行符号，并以适当的形式融入文创产品设计中，使其成为连贯今古文化的一种方式。

第四，线上平台带来的无差别竞争。国外的很多博物馆都是采用在本馆官网开设网络商店的方式，如大英博物馆、维多利亚与艾尔伯特博物馆等，这从一定程度上维持了文创产品与博物馆之间的联系。而国内博物馆通常会选择如淘宝、天猫等共用销售平台作为渠道，这类平台会将所有商品以相同的方式进行展示，消费流程也趋于一致。这种标准化模式的优势固然可见，但却带来了不分领域的消费体验，无差别的竞争将博物馆文创产品等同于一般产品，弱化了其本应具有的独特性与文化间的关联逻辑，更难以展现文化类产品所需的临场感和体验感。

第五，趋同性来自高频次的更迭与简单排序。线上销售要求产品更新频率要明显高于线下产品，网络平台还为消费者提供了一些便利的数据分析方式，如按条件排序、同类搜索、比价都是消费者常用的功能。但这也使一些排位靠前的产品更加引人注目，聚焦了市场热点，变相造成了消费集中化，容易使设计简单跟随热点而形成趋同的现象。

虽然线上销售的优势显而易见，为博物馆发展文创产业提供更加多样的选择，丰富了文化价值的转化方式，但是，在网络消费群体基本一致的市场背景下，各家博物馆的文创产品无论是在设计创意、产品品类、营销方式、客户群体还是服务体验上都开始愈发雷同。产业中的多个要素逐渐趋同之时，也会大概率地造成产品设计风格趋于一致，这与线下实体销售所经历的过程具有相似性、重复性。如今，全国各地的博物馆都纷纷采取了相同的电子商务模式，使这个本具有一定差异化的发展策略又迅速地被同质化起来，我们从以上几个品牌的文创产品设计风格及品类中可以明显地感受到这一点。

在接下来的发展中，博物馆文创产品设计工作需要思考如何围绕线上销售的特征打破这些定式的问题，可能仍需要回归到产品设计的初衷，重新审视当前的发展状态，梳理自身的资源优势。避免简单地以某种风格作为追随的标准，而是通过对消费群体进行更为细致的"用户画像"细分消费行为，确定消费目的，满足深层潜在的消费需求，方可发挥电子商务的优势，设计出引领文化消费的产品。所以，运用设计的思维方法，从本源上找寻差异化发展的核心定位，才是破局的关键。

三、走向"开放式"设计发展的新阶段

1. "引进来":搭建文创设计平台

博物馆的属性决定了其所有活动均应建立在公共原则的基础之上,如今,博物馆已然成为文化艺术领域的公共机构,而在未来,博物馆还将成为公共创意的中心。

创意类工作的公共属性可以着重体现在开放性上,借助资源价值的优势倡导开放式设计发展策略,是改变现有产业状态、实现产业升级的一个积极途径。实现这个目标需要博物馆与社会资源展开内容丰富、形式多样的合作,调动社会各界广泛参与的热情。此时的合作设计机构或个人或将不再是纯粹的"乙方",而是与博物馆共同以"甲方"身份出现,对文化应用享有"话语权",共担责任,共同促进行业的变革与发展,形成"共创"的发展局面。

与各行各业紧密沟通,不仅可以使博物馆随时了解新信息、新业态、新技术,还可以与商品市场保持同步,弥补博物馆长期以来始终游离于商业市场之外的不利局面,由此也可培养一支高度专业化的设计研发团队,为未来产业升级提供竞争力。

此时的博物馆更像是一个展示多方价值的平台,在这个平台上,学术理论、设计实践、创意思维均可得到充分展现,并借助于平台实现其相关价值。平台可以采用线上、线下的双线推进模式,分别发挥各自的优势。

线下平台模式主要以讲座、展览、研讨、设计竞赛等活动形式出现,利用博物馆环境、场地、硬件设施等资源优势,展现品类丰富的广义文创产品。

比如借助展览这种教育传播形式,策划、组织国际级的"博物馆文创产品设计展",将世界各国的优秀文创产品加以集中展示,每年定期展出,将其打造成为博物馆文创产品设计行业的展览品牌,并根据展览内容协调组织相关的学术研讨和评奖活动,引进的各类文创产品在展览期间可以公开进行销售,满足广大消费者需求的同时也可为博物馆创造经济效益。有如被誉为设计界"奥斯卡"的"红点奖"[1]

---

1. Red Dot Award,1955年在德国城市埃森(Essen)设立的工业设计大奖,是世界上知名设计竞赛中最大最有影响的竞赛。与德国"IF奖"、美国"IDEA奖"并称为世界三大设计奖。

一样，一方面可以广泛吸引行业内外的关注，另一方面可以在其中寻求有价值的设计机构、产品加以合作，推动设计成果的转化。

再比如采用向社会开放讲座、研讨等业务知识技能交流培训的形式，引领全民设计意识。可以将博物馆的学术研究成果作为创意元素，设计出全新的讲演活动形式，使其成为一类特殊的文创产品。如同"TED大会"[1]一样，创造性地改变传统讲座中呆板、晦涩、冗长的形式，以全新的理念向公众展示文化，传播知识，形成有规律的活动，创建品牌效应。而后可以通过版权交易的形式向各个出版商或媒体平台出售会议的内容或视频，以书籍、视频节目等作为产品形式，在保持博物馆科研成果学术价值的同时，实现其向社会效益和经济效益的转化。

线下平台能够发挥博物馆特有的临场感、真实感、体验感等核心资源的优势，并通过人与人之间面对面的交流提升产品中的情感互动沟通。以目前的科技水平来看，这些内容在线上产品中尚难以完全实现。

线上平台的优势在于可以随时随地进行多样化的互动沟通，为博物馆拓展新的设计增长点。这里所说的"线上平台"并非现有的"线上销售平台"，而是泛指基于网络信息技术设计研发的用以实现博物馆公共属性的各类信息化产品。

创意设计的一个特征即在于其中有规律性也存有偶发性。灵感的价值对于设计师来说弥足珍贵，这一点对于从事设计行业的人来说都深有体会。而突发性的灵感并非设计师独有，在每个人身上均有发生的概率，只不过对于那些经历过系统训练和具有丰富经验的设计师来说，灵感的发生率会相对高一些，与目标的偏离度也会相对低一些。但这并非绝对真理，如同前文所提的"翠玉白菜伞"即来自一位年仅16岁的非专业人士的设计创意。这类人群的创意思维较少受到"行业思维"的套路化影响，完全不受已有的固化模式干扰，如同天马行空一般的创意灵感，往往会绽放出意想不到的效果。

---

1. TED是英文"technology，entertainment，design"的缩写，即技术、娱乐、设计。1984年诞生于美国，会议的宗旨是"值得传播的创意"。

这些散落在个体思维中的创意及其蕴藏的价值，需要有收集者和管理者来助其完成兑现工作，线上平台的一个主要职能即在于此。通过有计划地组织、收取、整理有价值的创意点，使文创产品设计不仅是博物馆的工作，更是全民共创的理想。

一个创意想法最终得以实现，将给创意者带来极大的满足感和成就感，同时能够激发群体思维的活跃度，提升社会整体的创新活力。日本电视台（NTV）制作的全民创意综艺真人秀竞赛节目"欽ちゃん&香取慎吾の全日本仮装大賞"[1]就是通过鼓励全民参与来实现"人人具有创意梦"的主题。而博物馆作为平台的运营者和管理者，则可以采用海纳百川的态度将各类创意灵感源源不断地纳入平台系统中，使之成为取之不尽的创意源泉。

线上平台的另一个优势在于，可以借助网络科技手段设计研发各类线上文创产品。例如线上游戏在当今已经具有极高的普及率，中国音像与数字出版协会游戏出版工作委员会和中国游戏产业发展研究院联合发布的《2020年中国游戏产业报告》显示，中国电子竞技游戏市场收入从2019年的947.27亿元增长至2020年的1365.57亿元，同比增长44.16%。其中，我国自主研发的游戏国内市场实际销售收入2401.92亿元，比2019年增加了506.78亿元，同比增长26.74%。2020年，中国电子竞技游戏用户规模达4.88亿人，同比上涨9.65%，用户数量保持稳定增长。[2] 2022年1月11日，数据分析平台"Sensor Tower"发布的预估数据显示，2021年全球手游市场（包括App Store和Google Play双渠道）内购收入将达896亿美元，其中超过10亿美元的游戏有8款，排名前三的均出自中国游戏公司，分别为腾讯旗下的*PUBG mobile*（合并《和平精英》收入）、《王者荣耀》和米哈游旗下的《原神》。[3]

---

1. 中文翻译为：超级变变变。该节目于1979年12月31日开播，每年播出一至三集，截至2020年2月已连续播出97集。
2. 中国音像与数字出版协会游戏出版工作委员会,中国游戏产业发展研究院.2020年中国游戏产业报告[P]. https://www.sgpjbg.com/baogao/24468.html，2020-12-17/2021-04-02.
3. 谢若琳.2021年全球8款手游收入超10亿美元中国游戏公司狂揽前三[EB/OL].证券日报网.http://www. zqrb.cn/finance/hangyedongtai/2022-01-12/A1641951422194.html,2022-01-12/2022-01-12.

这是一个规模巨大且仍处于高速发展期的市场，而博物馆界尚未对此领域深度涉足。事实上，我国游戏产业已经具备了相对完整的产业链，完全具有了跨界合作的可能。在游戏中大量融入博物馆相关元素，可以与用户建立起强大的"黏性"。

借助网络平台的优势不仅能够实现游戏自身的娱乐功能，还具有社交的性质和数据分析的能力，在游戏中实时互动所带来的消费体验，是在线下产品中绝难展现和体会的。在未来，借助于"元宇宙"等科技应用，甚至可以将线上虚拟世界中所取得的成果转化到线下真实的世界中，这种虚拟与现实互相转化的模式即在落实"SoLoMo"概念中的社交化（Social）、本地化（Local）和移动化（Mobile）的多重功能，可以视为未来博物馆文创产业未来升级发展的一个重要趋势。（有关"SoLoMo"概念的论述请参阅P306。）

2."走出去"：向馆外发展

向外发展通常可以从两个方向进行思考，一是"硬性"价值，如经营场所；二是"柔性"价值，如经营策略。

如今，博物馆向馆外推广文创产品经营布局的发展趋势已然日渐明朗，在文旅融合的大环境中，商场、机场、景区或其他博物馆等人流密集的公共场所都成为推广文创的渠道。一些博物馆已经进行了积极的实践，比如大都会博物馆在馆内共设有6处商店，在美国各地还开设了12家分店。而由南京博物院发起的"博苏堂"联合了江苏省内多家博物馆来共同打造这一文创品牌，参与单位均可将自有的文创产品在品牌平台上销售，带动了整体区域的文创产业发展。广东省博物馆则采用了在机场、商场等公共空间中设立专卖店的方式，极大弥补了自身销售场所不足、覆盖面狭窄、形式单一的问题，在实现经济效益的同时增加了社会曝光率，提升了品牌知名度。但从目前的整体情况来看，大部分博物馆尚未规模性开展"走出去"策略，仍然依赖于馆内实体店和线上商城作为文创产品销售的主要方式，这不仅使博物馆文创产业缺失了重要的发展渠道，也在一定程度上影响了文化传播效能和经济回报。

从经营策略上分析，产业中的各类环节都可作为向外输出的价值点，这其中自然包括了设计环节。设计作为文创产业发展的重要核心，以提供根基性产品的方式为产业运营提供保障。作为一种实践性极强的学科，设计的快速发展必须要建立在实践的基础之上，这是行业自带的属性。其核心动力来源于人的能力，在设计产业或设计师本人的成长过程中均应重视信息的交流与学习，故步自封、闭门造车的思维均是造成设计与时代脱节的重要原因。

所以，提高设计水平必然要"走出去"，面向社会、市场积极参与讲座、研讨、竞赛、审评等各类学术与实践活动，与行业间的广泛交流能够拓展设计业务的领域，增强设计师自身的设计能力及其在设计行业中的影响力，通过商业合作也可将设计的软实力兑现为其本就具有的各类价值，将设计工作本身作为一项特殊的商品向外输出。这种"卖设计"的策略不仅能兑现设计的价值，同时也是贯彻向外发展战略思维、进一步凝聚设计力量的有效途径。

现阶段我国博物馆文创产品设计工作通常都较为低调，有种"藏于深闺人未识"的感觉。对消费者来说，只能看到最终的成品，而绝难知晓产品的设计者究竟是谁，以及背后隐藏的设计过程。其实在我看来，博物馆文创产品中除了包括文物文化元素的故事性，还包括了文创产品自身的故事性，那些有关产品设计的故事也是具有价值的资源，但目前尚未得到重视与善用。

设计作为独立产业，其发展历史远远早于现代博物馆文化产业，产业的成熟度与完善度也远高于仍处于发展初期的博物馆文化产业，已经完全具有了向外发展的价值，比如国博从2009年开始就成立了文创产品设计部，历经多年的深耕，所积累的经验与成果具有极为重要的隐性价值。前文中的国礼设计即一次文创产品设计单项工作"走出去"的价值体现。

2019年，由文化和旅游部资源开发司主导的"创意进景区"项目也是这种"走出去"策略的实际演练，但与"国礼设计"的不同之处在于，此项工作更加注重文创产业链中多个价值点的综合输出。下面引以为例，简述策略的具体实施过程，同时也对文旅融合发展进行简略的探讨。

2019年11月22日，"创意进景区"项目正式启动。此项工作意在进一步贯彻落实党的十九大和党的十九届四中全会精神，统筹文化和旅游资源，探索新时代文旅融合的工作方式和有效措施，推进文旅产业的深度合作发展，充分发挥国家级文化单位的专业优势，指导"三区三州"旅游景区的创意提升，引导社会专业力量共同参与，以创意设计激发旅游产业的内生动力和可持续发展的能力，传播优秀传统文化，助力乡村振兴，促进旅游景区特色文化产业发展和整体创意设计水平的提升，同时也是配合脱贫攻坚，全面建成小康社会的具体举措。因此，这项工作的综合性较强，在过程中整体贯穿着设计的思维与方法。

按照试点先行、稳慎推进的原则，项目首先选择了6家旅游景区单位和6家文化事业单位作为首批试点，采用结对合作的形式分成了6个工作组。具体分组情况见表4.14。

表4.14 "创意进景区"项目结对单位分组表

序号	地区	旅游景区单位	文化事业单位
1	甘肃	炳灵寺世界文化旅游区	故宫博物院
2	青海	茶卡盐湖景区	中国美术馆
3	四川	阆中古城景区	中国国家博物馆
4	云南	独龙江生态旅游景区	恭王府博物馆
5	新疆	天山天池景区	中央美术学院
6	西藏	文成公主藏文化风情园	国家图书馆

在此，以中国国家博物馆与四川省阆中市阆中古城景区（以下简称：阆中景区）合作组为例，简述双方共同探索文旅融合发展新模式的过程。这项工作共历时一年的时间，可分为三个阶段。

第一阶段：此次活动被命名为"创意进景区"，其中的"进"字可以被理解为不是简单的、一次性的"帮""扶"工作，而是具有延续性的长期合作。鉴于参与项目的各家单位在文创产业方面均有一定的实践基础，遵循理论与实践相结合的原则，资源开发司首先对各合作单位的负责人展开了短期培训。

培训期间，国博与阆中景区进行了初步沟通，大致拟定了三个主要合作方向，一是要辅助阆中旅游产业升级，探索文旅融合新业态；二是要策划系列活动；三是要指导阆中的文创产品设计。

国博方主要采用技术输出的方式，通过培训、讲座、策划等形式辅助景区梳理自身的价值点；景区方则以实体资源的优势开展各类活动，将无形价值以实物化、场景化的形式加以兑现。这种优势互补的合作思路贯穿了项目始终。

第二阶段： 实地调研是落实向外发展的一个重要步骤，以"走出去"的方式通过真实的所闻、所见、所感广泛收集各类信息，对项目合作内容进行精准定位。依托于国博多年来的积累，将研究成果与实践经验作为一种咨询类产品对旅游产业的发展进行指导，通过输出这种无形产品的形式兑现向外发展的策略价值。

2019年12月24日至27日，国博派出了调研组赴四川省阆中市展开实地调研工作。通过实地考察我们了解到，阆中古城面积达4.59平方公里，古城核心区域2平方公里，是国家5A级旅游景区，千年古县，中国春节文化之乡，中国四大古城之一（其他三座为安徽徽州古城、山西平遥古城、云南丽江古城），并拥有一百多项非物质文化遗产，文化资源极为丰厚。由于时间关系，调研组此次主要考察了世界人类非物质文化遗产"川北皮影戏"和国家非物质文化遗产代表性项目"阆中丝毯织造技艺"。

随后通过与阆中市相关部门、文旅企事业单位的相关负责人召开座谈会的形式，调研组进一步了解了当地的文旅资源、文产业态以及文创工作开展的基本情况。会中，调研组根据实地考察情况提出了初步建议，认为目前阆中古城景区的文产业态环境较为健康，但仍处于初级阶段，尚有一些影响产业升级发展的隐患。集中地表现在"乱、散、多"三个方面，这是由当地业态的"自发性、随意性、重复性"造成的。

第一，"乱"源于自发性。 经过调研我们发现，阆中古城景区内的店铺产权大部分属于原住民私有，使用的决定权掌握在产权人手中。产权人可以根据自身的条件做出多种选择，如自主经营、出租店铺，甚至不参与经营，具体经营哪种产品也是由产权人或承租者决定，这就使景区内部的整体业态具有了较强的自发性特征。景区中的店铺并没有严格统一的营业时间，大部分经营者多是根据自身的生活规律和习惯进行安排，造成了在"夜经济"方面与国内多数景区相比存在较大的差距。

第二，"散"源于随意性。 阆中的文创产业虽已具有了一定的基础和规模，但尚未形成具有影响力的品牌和产品，总体上停留在低端产业的竞争上。古城内虽然有文创产品商店"阆风物"和自主文创品牌"阆苑仙品"，但品牌的潜力尚未得到有效挖掘，其经营的商品未能突出景区特有的文化，随意、散乱的产品结构使整体产品线过于分散，难以形成具有影响力的"主线"产品，缺少具有高度辨识度和真实打动消费者的"热点"产品。展示空间和产品包装设计均有待提升，对商品的管理、摆放、维护也存在无序化和更新不及时的现象。

第三，"多"源于重复性。 文化产业链短，产品系统性较差，结构层级划分不清晰，导致低端产品重复性集中，所经营的产品以当地的土特产品为主，在产品品类数量上表现为"多"，但在层次上表现为"少"。比如在景区中的各类商铺约有一千余家，其中贩卖当地特产"张飞牛肉"和"保龄醋"的竟占约30%，使得产品在内容上具有极强的重复性和可复制性，能够代表当地文化的高质量创意设计产品极为匮乏，呈现出较强的同质化现象。

实际上，阆中景区存在的这些问题也是当前各个景区中普通存在的现象，对此调研组也提出了三点建议：

第一，深层次调整产业链结构。 建议通过政府管理部门的上层设计对产业链进行深层的梳理与调整。从长期持续发展角度出发，采用构建产业发展平台，重新梳理并延长产业结构链。将统筹与整合工作作为当前产业发展的核心，统一管理IP资源，清理市场散乱现状，为景区文化产业整体升级营造外部环境。

第二，找准切入点，避免"大而全"。 阆中古城的文化资源深厚，特别是春节文化、科举文化、三国文化等，均是大众耳熟能详的良性传统文化元素，具有丰富而亲民的特点，十分"接地气"。但这种"大而全"的文化特征也造成了当地文化产业难以精准定位，因此更加需要对文化脉络进行细致的梳理。在实际操作中，可将文化元素定位成多个"点"，在找到准确切入"点"的基础上进行文创产品的垂直开发，以形成纵向的"线"型产品结构，当产品线的数量足以构成"面"的规模时，这种"以点成线，以线成面"的整体产业格局将得以成型，这样可使当地的文创产业形成规模，业态面貌得到根本改观。切忌以"一刀切""大干快上"的心态简单落实、批量落实文创产品设计开发工作。

第三，选择适合的设计合作模式。 客观来看，当前阆中景区自身确实不具备自主设计开发高质量文创产品的能力，需要借用委托设计或合作设计的模式引入一批具有设计实力的团队力量作为补充，以改善被动局面。

经过梳理与讨论，双方之间已经显现出一些具有深度合作的价值点。比如旅游景区的文化资源与硬件资源正是博物馆行业所缺少的，也是阻碍博物馆

"走出去"的重要因素，而景区对资源的开发利用停留在旅游产业的思维模式中，缺乏对文化深层次价值的提炼与总结性研究，也缺少合理的创新设计表达方式，这就从根本上阻碍了进一步提升产品附加价值的可能。此时，国博多年以来积累的设计工作经验起到了关键性作用，这也是前文所说的"设计工作可以作为单独价值输出"的具体体现。

第三阶段：发挥博物馆的文化资源优势，以博物馆的文化资源提升旅游产品的文化内涵和质量；发挥旅游产业的市场实体规模优势，以旅游行业的市场资源来提升博物馆文创产品的传播途径和效率——**"以文化为核心内容，以旅游为表现形式"而展开一系列资源优势互补型合作，成为落实具体工作的主要基础**。在此基础上，双方开始制订了一系列有序计划，推进各项工作的稳步落实。使合作既有短期效果又有长期成果，是第三阶段工作的主要指导思想，并形成了三项具体的工作成果。

第一，"春节文化博览会"项目合作。2020年1月17日至2月8日在阆中当地举行了"第三届落下闳春节文化国际博览会"。作为"文创进阆中"系列活动的一项重要内容，国博积极参与了此次盛会，并支持了大量与春节文化相关的文创设计产品。此次合作可实现两点意义：首先，利用国博的品牌影响力扩大阆中的知名度，提升当地的文化氛围，以实际行动切实支持当地的文化建设，辅助阆中完成产业升级，探索文旅融合新业态。其次，借助"春博会"的平台可以收集当地真实的消费数据，分析当地市场消费特征，为下一步即将开展的设计工作汲取一手数据资料。

第二，为阆中引入设计合作力量。为配合阆中文创产品的整体升级，弥补当地设计力量匮乏的短板，合作双方通过考察设计机构、提供设计方案等方式，结合当地正在建设的文创产业园项目，建立了文创产业孵化平台。这一举措极大缩短了"试错"的过程，降低了在市场中海选合作方的时间成本和人工成本，快速完成了设计方案的落实工作。同时，还积极动员了阆中当地的大专院校师生以及当地原有的设计力量共同参与该项目，发挥了当地人更了解当地文化的优势。

2020年7月16日，"阆中和美乡村旅游发展有限公司与云南骏宇国际文化博览股份有限公司文创项目战略合作签约仪式"在阆中古城景区举行。双方共同成立合作公司，明确了文创产品设计工作及运营的责任主体。此次合作是在"创意进景区"项目背景下直接促成的，是重要的阶段性工作成果，弥补了阆中当地的文创产业链中始终缺少独立的文创产品设计、生产及运营一体化机构的短板。

第三，指导阆中文创产品设计开发。通过前期对现有文创产品结构的梳理，规划未来发展方向，以及成功为当地打造的专业文创团队等一系列准备工作的顺利推进，阆中具备了较为清晰的文创产品研发策略思路及设计生产能力。经过双方研究，确定了"廉政新文创"与"游在阆中"两条产品设计主线。

"廉政文化"被确定为首批文创产品的主题，由新组建的合作公司负责落实，由国博的专家团队提供技术支持，负责设计及产品质量的把控。国博专家提出将文创产品命名为"廉政新文创"，以区别于对廉政题材古板、单调的传统认识，另提出创新要与时代发展同步，要积极遵循实用性、时尚性、文化性的原则，使廉政文创产品走出"旧"的观念，以全新的面貌加以展现。

"游在阆中"是以阆中古城文化作为根基，以春节文化、科举文化、三国文化等题材设计的文旅融合产品。不一定是有形的实体文创产品，也可能是结合当地特色的活动、演出、体验等无形文创产品，从旅游角度丰富拓展当地的文化市场，并可以带动实体文创产品的销售。即以"大文创产品"带动"小文创产品"策略的具体实践应用。

最终，根据两条主线，合作公司在极短的时间内就设计出近300件套的方案，其中部分方案得以顺利实施，这几乎是当地几年的设计产量之和。所以，当设计不出成果时，可能并非设计环节自身的问题，也有可能产业逻辑关系没有厘清，因此不能仅局限于对单项环节的思考。前期梳理工作十分必要，在厘清思路的前提下，各项成果才会有效展现，这才是值得提倡的产业化思维模式。

2020年11月，此次为期一年的合作成果在上海举办的"中国国际旅游交易会"中成功亮相，获得了领导及专家的肯定。

"创意进景区"项目是为了配合文旅融合发展的整体战略部署而展开的一项跨行业、跨地域的实践工作，对于合作双方来说，具有短期效果和长期成果两方面的价值。

从短期效果来看，部分梳理了当前旅游景区文创产品的发展现状，总结了其中普遍存在的短板及成因，并将近年来博物馆发展文创产业的思维、经验与旅游产业相互融合，相互印证，归纳出有针对性的应对策略及解决方法，为旅游景区梳理出产业化的经营思路，用理论指导实践的方式设计出一批相对质量较高的产品，最终形成能落地、销售，能为当地带来切实效益的实践成果，体现了设计工作的产业价值。

从长期成果来看，项目增进了合作双方对文旅产业融合发展的认知，为进一步探寻互利发展的可行性提供了重要帮助。由于大多数博物馆在产业资源配置中严重缺乏旅游资源的构成，在一定程度上限制了向外发展的空间，借助于此次合作的契机，双方初步探索了"博物馆+旅游景区+文创"的产业资源互补型协同发展模式，在实现多赢的前提下，积极落实了"走出去"的发展策略，为未来文旅融合发展做出有价值的探索。

同时，我们也可以从这项工作中看出，"开放式"设计发展策略是建立在"大设计"的思维框架下的系统化设计策略，即前文所提及的"这种思维模式不是基于一物一品的狭隘设计观，而是立足于'大设计'的整体思维体系，从调整产业构成与适应未来发展的角度来深度思考设计模式在其中的价值定位问题"。策略的核心是将博物馆产业链中多个环节作为价值输出点，与不同领域的产业进行跨界合作，以馆内资源作为"圆心"，产业链为"半径"向外拓展产业领域。在这个动态过程中，新的价值增长点将会不断出现，产业内容也将不断丰富。

"开放式"策略仅仅是一种形式而并非目的，利用这种形式最终所达成的目标，是将文化内容以更为深入人心、更为真实有效的方式加以传播，拓展对博物馆文创产品的认知局限，使文化传播形式有更为多样的选择，这是实现博物馆全产业发展的具体规划和实施方略之一。在这个过程中需要持续激发大众共同参与的热情，博物馆应被定义为一个能够使观众围绕其内容进行创作、分享并与他人交流的场所。这些行为都应基于文化机构自身的理念和藏品，并围绕主题内容来实现。同时也应注意，参与的目的在于提升传统文化机构的品质，而非取而代之。[1]

---

1. [美] 妮娜·西蒙. 参与式博物馆：迈入博物馆2.0时代[M]. 喻翔，译. 杭州：浙江大学出版社，2018: 3.

探索篇

新时代中的新文创

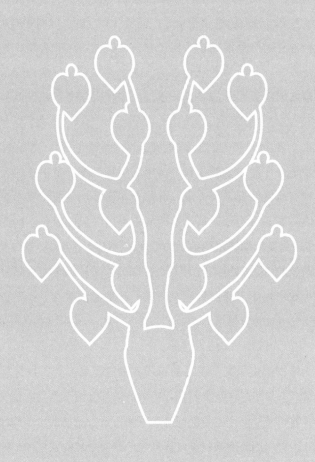

文创产品可以记录社会发展的信息，使我们能够感受到过去，同时也预示着未来的发展，成为人们遇见未来的一种途径。在这篇中我们就来聊聊那些散落在市场中的热点，这些现象多是在最近几年出现的，发展时间不长，有的还只是初现端倪，但已经可以预见其必将会对产业的未来产生影响。

一谈到未来，可能很容易让人想到科技发展为生活带来的改变，这当然是一方面，但并不是在此讨论的唯一重点。

当我们探讨文创产品时，往往会因为重视其"文化"的传播属性而忽略了其作为"商品"的产业属性。就目前来看，博物馆行业的确尚未广泛而深度地介入商业市场的竞争中。

博物馆文创产业的文化资源、市场受众、运营方式都有其独特性，在其发展过程中虽然需要与各个领域相互结合，但最终都会融合成博物馆独有的形式展现出来。这种独特的产业模式也造就了其自成体系的产业格局，其主要的竞争对手其实还是来自行业内部甚至是自身。因此，其他领域的运营策略、经验在转嫁到博物馆文创产业中时需要进行适当的转化，以便重新设立目标点，重置运营策略。

一直以来，各类产业的发展都受制于两个主要因素：市场容量和生产能力。市场容量是由产品需求总量和个体可支配货币总量来决定的，具体来说就是人们对某种商品究竟有多少需求、可能会花费多少资金来获取满足需求的产品。这个数值几乎无法通过简单计算而准确得出，因此需要一些参数来进行约定。时间和范围是其中两项重要的制约维度，比如我们可以计算出某种产品在一年之内某个区域的总体销售量，因为还会有渴望交易等未能实际发生的交易存在，所以这个数值也不可能做到完全精准，还需要再加入一些系数予以客观修正。而生产能力相对较容易计算，人工、设备、物流等环节的生产效率都可以通过标准化操作进行预估。

那么对于博物馆来说文创产品的市场容量究竟有多大？设计制造能力究竟是多少？显然，不弄清楚这两个问题，各项决策都会陷入盲目。前文中曾围绕如何计算市场容量和提升设计能力展开过大量的讨论，烦琐的论述和错综复杂的关系最终可被总结为：拓展市场容量、提升设计产能是产业发展的核心。为了便于理解和操作，我们再通过一个简单的公式来更加直观地表达：

$$\frac{M（Market\ capacity\ 市场容量）}{D（Design\ capacity\ 设计产能）}=N$$

在这个公式中，M代表市场容量，表示产业或是某种产品的市场需求量及其发展前景。D代表的是生产能力，在这里将其更加具体地表述为设计产能，表示博物馆对某种产品的设计生产能力，这样更贴近博物馆的现实情况。N则是判断市场供需关系是否取得了平衡的关键值，当$N=1$时，表示供求完全平衡，当然这在现实中几乎是不可能出现的；N值大于1，表明产能不足，供不应求；N值小于1，则表明产能过剩，供大于求。

根据N值的不同，我们可以做出短期或长期的策略规划，是拓展市场容量，刺激消费需求，还是调整设计产能以适应供给？这必须要根据实际情况来予以判断。但很明显，N值越大就意味着市场蕴藏的潜能越大，这是我们希望看到的结果。所以，接下来要讨论的内容都将围绕着这个公式的思路展开。

一、IP设计的交互体验与情感认知

文化市场的繁荣为整体社会发展带来了强大的自信和动力，在文化产业运营中，IP作为产业发展的重要核心资源，逐渐成为被广泛关注的焦点之一。文化产业的核心是内容产业，而IP则是内容产业的浓缩和精华，因此可以被视为产业运营的源点，围绕这个源点所做的各类衍生会逐渐构成产业网，这也就是我们一直在强调文化产业不能仅靠垂直化发展，而应该多采用网状思维的原因。

我们知道，文物是具有历史、艺术、科学价值的人类遗物。按照这个思路，也可以将IP资源解析为具有历史文化、科技创新、人文思想、时代元素、市场运营、艺术审美、产权保护和商业衍生等多重价值的本体资源，这也造成其价值的表达方式具有多样性和复杂性的特征，文学、影视、漫画、戏剧、游戏、文物、故事等都可成为塑造IP形象的具体方式。而且，发达的信息传播工具提升了日常中我们与IP接触的频率，可以说今日并不缺少IP资源，但是极度缺乏具有影响力的IP标杆。

这就暴露出一个问题，**一个具有市场号召力的IP形象并不是"画"出来的，而是"划"（策划）出来的**。作为具有高净值的形象本体，如何将其"溢价率"做高才是关键，如果没有强大的策划运营管理，"画"得再好也很难兑现其市场附加价值。不弄清楚这个问题，就很容易形成"只要有了IP形象就可以顺利地展开文创工作"的片面认知。如果真是这样，那为什么这么多年以来市场中已经出现了成千上万的各类IP，但真正能够产业化成功且持久运营的案例却寥寥无几呢？所以IP资源不仅要"生"，还一定要"养"，而具体如何"养"则有多种方法。

就博物馆来说，其IP资源已经与馆藏资源紧紧地绑定在一起，其商业活动又受到了公益性单位的种种限制，所以在产业化运营时不能完全生搬硬套纯商业运营的模式，而需要另辟蹊径，先要认清自身"有什么"，才能考虑"怎样做"的问题。

从实践经验来看，目前主要采用的方式无非两种，一种是"从舞台走向柜台"，即先催生IP形象的明星价值，再将这种高附加值落实在各类产品之中。另一种则是"从柜台走向舞台"，即先根据IP大量开发产品，以产品的市场热度带动IP形象的知名度，谋求更高更广的价值回报。

1. 从舞台走向柜台

这是一种最常见的运营思路，也是最有可能将IP做大做强的方式，美国的华特·迪士尼公司（The Walt Disney Company，迪士尼）就是深谙此道的绝佳案例。这家于1923年创立的公司距今已有百年历史，其产业化发展方式可以大致分为三种。

第一，海量化的原创基础。一切都要从那只神奇的老鼠开始说起。1928年，迪士尼出品了人类电影历史上第一部有声卡通片《威利号汽船》（*Steamboat Willie*），这部短片仅有7分24秒，"主演"就是那只对后世产生极大影响的卡通形象——米老鼠（Mickey Mouse）。[1]从诞生到今日，米老鼠的形

---

1. 此前，由米老鼠主演的动画还有两部，分别为《疯狂的飞机》（*Plane Crazy*）和《骑快马的高卓人》（*The Gallopin' Gaucho*），但未公开发行。

象历经多次改进，识别度逐渐提升，变得越来越可爱，对其"人格"的设计也渐渐丰富了起来。在米老鼠身边先后出现了女朋友"米妮"（Minnie Mouse，1928年）、宠物狗"布鲁托"（Pluto，1930年）、朋友"高飞"（Goofy，1932年）和"唐老鸭"（Donald Duck，1934年）以及情敌"莫提墨"（Mortimer Mouse，1936年）等一系列卡通形象。在单体形象设计上不断完善，在群体形象设计上不断丰富，使迪士尼渐渐积累了大量经典的影视形象。这种群像式的人物设定不仅活化了米老鼠的"社交圈"，使它更加具有人性化的特征，而且，非单一化的形象也为未来铺垫出规模化发展的产业格局。

第二，规模化的实体商业布局。 在1955年之前，迪士尼主要是将电视、广播、影院等作为舞台，深度孵化着各个角色。而在1955年7月，世界第一家迪士尼乐园在美国加利福尼亚州安纳海姆开园，从此，迪士尼便开始大规模地将舞台上的角色转入线下实体。此后，又先后在美国奥兰多（1971年）、日本东京（1983年）、法国巴黎（1992年）、中国香港（2005年）和中国上海（2016年）开设了多家迪士尼乐园。无论在哪个城市，迪士尼均保持着统一的品牌形象，标准化的运营模式，同时又保持着与当地文化之间的互动融合。那些曾经只能通过荧屏被动观看的角色和场景如今竟然真实地出现在身边，这种体验上的巨大转变不仅极大地满足了人们的情感需求，还为各类实体产品的经营创造了物理条件，几十年累积下来的各类无形资产终于有机会得到有形转化，实现了从"看到"至"得到"的价值提升。

第三，资本化的产业并购。 2000年以后，迪士尼通过资本化的产业并购开始了迅速扩张。先是在2006年以74亿美元的价格收购了著名的"皮克斯动画工作室"（Pixar Animation Studio），又在2009年收购了拥有"美国队长""蜘蛛侠""钢铁侠"等众多知名IP的"漫威漫画公司"（Marvel Comics），为此迪士尼花费了42亿美元。时隔三年，大名鼎鼎的"卢卡斯影业"（Lucasfilm）也被其收入囊中，收购价为41亿美元。更让人吃惊的是，2019年迪士尼花费了713亿美元的天价，将好莱坞八大电影公司之一的"21世纪福克斯"（Twenty-First Century Fox,Inc.）买下。一系列"烧钱"的收购策略，彻底夯实了迪士尼在影视业的头部地位。在福布斯发布的"2020全球品牌价值100强"名单中，迪士尼排名第七。2021年，迪士尼以北美票房和海外票房"双料冠军"的成绩继续稳坐好莱坞头把交椅。

这三种方式犹如三把镰刀，分别收割着不同市场的资源价值。原创设计作为核心基础，以影视、授权等最直接的方式创造价值，也为各类衍生品提供着发展所需的"能量"；实体乐园则是将看得见、摸不着的形象转化为四维空间中的鲜活体验，并且融入了更多的感官元素，延长了体验的时间，加深了体验的效果；大规模的产业并购则针对公司在行业内的垄断地位，不可估量的产业价值也将由此而获得长期而稳定的提升。

这种"三步"式的产业发展策略犹如教科书一般，独立而稳健，并且不可能被轻易复制。原因就在于其自始至终依靠的是原创设计，从沃特·迪士尼在100年前画下米老鼠的第一笔开始，就已经为这种"种树"式的发展策略埋下了第一颗种子。如今，这颗种子已经成长为参天大树，难以撼动。

舞台上的各类形象深深地植入了那个时代和人们的心里，受到极大影响的一代人也会自觉、自发地将自身的体验传递至下一代。这也就是前文中所说的"文化产业的发展更多的是循序渐进，润物细无声的过程"。适时地将舞台转向柜台不是偶然，而是市场需求使然，是瓜熟蒂落的必然。

如果说迪士尼的产业发展之路是个"百年工程"，难以满足我国当前文创产业高速发展的现状和短期见效的要求，那么我们再来看一个具有短线爆发力的经典案例。

熊本县是日本重要的农业县，辖区内物产丰富，气候宜人，极适合开展旅游产业。但由于地处日本最南端的九州岛，交通不便，使得熊本县的知名度一直不高。然而，随着2011年"新干线"在九州岛全线贯通，现代化的交通网线为长期没有"存在感"的熊本县带来了转机。当地政府也早就看准了这个机遇，事先在2010年就设计出当地的吉祥物——熊本熊（Kumamon）（见图5.1），并赋予其拉动当地旅游经济的使命。

"萌"可能是熊本熊给予人的第一印象，但随着人们对它的行为认知逐渐深入就会发现，"萌"仅仅是表面现象，"蠢""呆""笨"才是其本质，这只仿佛智商永远不足的"淘气"熊让人觉得可爱、可笑又可"恨"。而当你有了这种感觉时，就已然落入了熊本熊的"圈套"，因为这一切都是为其形象策划的人为设定。

与熊本熊的外形一样，它的一些标准动作和行为也是经过多次设计揣摩出来的。比如"捂嘴""跷腿"等动作都是标准化的，遵循着它的整体性格。为此，穿着笨重的熊本熊人偶服的扮演者要经过多次演练，方可使每次动作都标准一致。不仅如此，参加活动时策划者还要根据不同的主题来设计动作和一些突发事件，以达到既能符合熊本熊性格又能烘托主题的效果。

深入研究角色的肢体语言，使得熊本熊相较于其他僵硬的、

图5.1 熊本熊形象设计，设计师：水野学，2010年[1]

符号化的吉祥物更具有人性和情感特征，爱捣乱、经常办错事，还有点好色，这些在现实社会中出现在人类身上的缺点被熊本熊呆蠢的形象"萌"化后都成为"笑点"和优势。

为了让熊本熊更加真实，策划者还专门为它设计了不少故事，比如在2010年，熊本熊刚刚问世就担任了熊本县的临时雇员，专职负责提升熊本县的知名度。这个"临时工"的岗位设定符合很多人初入社会时的经历，"共情"的作用在这里得到了体现。一年后，由于工作"表现出色"，熊本熊被提升为熊本县营业部部长兼幸福部长，这是仅次于熊本县知事、副知事的重要的职位。在升任领

1. Good design company官网[EB/OL]. http://gooddesigncompany.com/works/kumamon，2022-01-10.

导岗位后，熊本熊便开始了一段优越的生活，对自己的身材管理开始放松，由于过度肥胖，熊本熊在2015年又被降职为代理营业部长。众所周知，日本是极力倡导减肥的国家，日本政府在2008年甚至还颁布了相关法律，规定40岁以上的男性腰围不得超过85cm，女性腰围不得超过90cm，如果超出这个范围就会被强制进行减肥，违者甚至需要接受处罚。所以，这一看似"无厘头"的剧情设计背后其实有着深刻而真实的社会根源，提醒人们即便是虚拟的人物也要遵守现实的法律。同时，策划团队还用科学的果蔬食谱引导人们正确的减肥方法，目的是为了推广熊本县具有的农业优势。此时的"剧情"与"实情"又相互融合在一起。

除了循规蹈矩的公务员职场生活，策划团队还时常加入一些突发事件来制造话题、营造热点、提升形象知名度。比如在一次去大阪出差的途中，熊本熊竟然脱岗离队，下落不明。当地政府为此紧急召开记者发布会，希望有知道熊本熊消息的人通过Twitter告知。很明显，这是一次有"预谋"的失联，目的就是要制造社会热点，为熊本熊新开设的线上社交账号作推广。但为此竟然不惜采用了官方出面召开记者会的形式，不得不令我们佩服日本人假戏真做的决心和"一本正经说瞎话"的勇气。

2013年，同样还是在官方的"安排"下，熊本熊遗失了标志性的腮红，变成了一只普通的黑熊。县政府认为此事件非常严重，再次紧急召开新闻发布会，表示县政府已成立调查组专门调查此事，并在各地张贴"寻腮红启事"，甚至通过电视台发出这一启事希望大家提供线索、帮助找回腮红，为此熊本熊还特意跑到东京警视厅报了案。实际上这也是当地政府为了普及熊本熊的设计理念而在特意"搞事情"。熊本县境内有世界上最大的重叠式活火山——阿苏山，堪称世界罕见的奇观，并且还有"阿苏火山博物馆"，独特的地理环境使其自古就有"火之国"的称号。设计师使用的腮红不仅代表了当地的火山地理，更代表了诸多美味的红色食物。通过这次事件，更多的人了解到"红色"对于熊本县的重要性，而在这个普及知识的过程中，始终没有采用说教、解释、说明的形式，而是通过制造舆论话题，激起了公众主动关注和自发了解的热情，可谓高明。事后有日本媒体表示，这次事件达成了6亿日元的广告营销成果，名利双收。

熊本熊在诞生后的短短两年多时间里，就给当地带来了超过1200亿日元（约68亿元人民币）的经济效益。2013年，一项日本官方调查显示，九州、关西和首都圈地区的居民对熊本县的印象分别从2011年的第6位、第6位和第7位，上升至第2位、第3位和第5位，民众前往熊本县观光旅游的意愿也有大幅提升。而此时熊本熊的形象认知度已经是全日本第一，超过了米老鼠、Hello Kitty等老牌IP，其活动范围更是遍及日本各地，甚至远赴海外参加宣传活动。

随着知名度的提升，申请授权的商品也从2011年的3600件升至20000件。一系列煞费苦心的策划终于有了成果，到了该将无形价值兑现为有形价值的阶段了。于是，策划团队决定：开放形象专利，只要通过审核，有助于熊本熊的宣传，机构或商家就可以使用。此后，熊本熊的形象开始更加频繁地出现在公益活动、文化演出和各类商品上，成为流量明星。据日本《朝日新闻》2015年的报道称，2014年熊本熊衍生品的销售额高达643亿日元（约35亿元人民币），是上一年的1.4倍。[1] 2017年熊本熊的周边产品销售额达到1408.742亿日元，同比增加10%。

熊本熊在极短的时间内即实现了社会价值与经济价值的双赢，当然首先要归功于形象设计的贡献。道理很简单，创造人人喜爱的形象就是在创造市场，图形化的表现方式超越了国界和语言的限制，使其能够被更快速、更广泛地接受和认可。

但仅仅依靠具象的造型也只能引起人们的本能层情绪，而想要在更深的反思层级中找到"共情点"，则需要借助一系列深度人格化的综合加工，将形象塑造得更加丰满而立体。其中还特意植入了很多人类的缺点，当这些不良习气出现在熊本熊身上时，不但没有引起人们的反感，反而增加了它的真实性、亲人性。这也体现出文明社会之所以"文明"，可能并不是因为将不文明的现象简单粗暴地直接消灭了，而是采用更为宽容的态度将其容纳和引导了。相较于那些只能被动"观看"的吉祥物，熊本熊这种深度"共情"的设定使这一虚拟形象看起来更加率真，甚至比人还像人，比人还真实。

---

1. 林蔚. 熊本熊：二次元时代网红养成史[N]. 中国青年报，2016-02-05（10）.

除此以外我认为更重要的，也是更值得我们学习的，就是它的IP养成系统和战略布局设计。如果说形象设计可以归功于个人的劳动成果的话，那么"养熊"的过程则必须由团队合作来完成，需要投入大量的智力劳动和时间成本。

不难发现，在熊本熊成长的早期，多是采用制造舆论热点、提升知名度、参加各类宣传活动等方式间接创造着价值，这一阶段中的授权也多是免费使用，目的就是先赚取"名"；而后随着知名度的不断提升，有了深度的市场认知，才开始以各种方式获取"利"。这个时间点大概是在2018年，熊本县官方宣布将允许海外企业制造和销售熊本熊周边商品，但要收取商品零售价的5%作为"熊本税"用于打击盗版和各类相关活动的开支。这一年，我国共享单车品牌"ofo"与其进行了合作，共有5万辆印有熊本熊形象的共享单车投入市场，提升了它在中国的知名度。[1]

无论是迪士尼的"百年工程"还是熊本熊这种短期见效的"特效药"，可以看出IP资源的战略要地只有两个——"柜台"和"舞台"，策略重点也无非是先"成名"还是先"取利"。多数情况下，名利很难在同一发展阶段中兼得，总要有一定的侧重点。至于究竟应该先迈出哪一步，还是要看具体的市场需求和整体的战略定位。

2. 从柜台走向舞台

在狭义理解中，文创产品通常被作为一种对文化的"物"化表现，采用的多是三维空间的设计语言，实际上是在表达文化流中的某一个"点"，其局限性在于很难清晰而全面地展现一件"事"。打破这种束缚就要借助于四维空间的表达方式，在加入了时间轴线后，我们就可以重新安排那些散乱的"点"，使它们能够依据时间的逻辑而具有连贯性，以此来弥补实体文创产品分散性表达带来的沉浸体验效果不佳的缺陷。我们可以通过一些影视作品、舞台剧目、表演节目来领会这种表达方式。

---

1. 熊本熊案例内容部分参考：百度百科. 熊本熊[EB/OL].https://baike.baidu.com/item/%E7%86%8A%E6%9C%AC%E7%86%8A/13129473?fr=Aladdin,2022-01-10.

众所周知，北京故宫博物院拥有大量的实物文创产品，其柜台销售业绩长期处于业内头部地位，而在2016年，故宫将这一优势进一步拓展至"舞台"。在与中央电视台共同出品的纪录片——《我在故宫修文物》中，以全新的视角展示了"文物修复"这一较少出现在公众视野中的"神秘"职业。片中既没有宏大的叙事，也没有刻板的说教，而是采用了平实的叙述方式，有温度地记录了文物修复工作的日常。朴素而亲民的风格也使得该片获得了多个大奖，"豆瓣网"更是给出了高达9.4的评分（满分为10分，数据采集于2022年1月5日）。虽然片中自始至终都未曾直接提及文创产品，但却用了另一种表述方式让人们更深刻地体会到什么是美：文物是美的，匠人精神是美的，生活是美的。这种萦绕于全片的画外音时刻都在为文化做着注解，细腻的情感塑造加深了品牌的亲和力，使故宫的整体品牌形象更加深入人心。

　　2017年，在中央电视台热播的《国家宝藏》节目同样是以文物为主要线索，结合了综艺节目、情景剧目、口述讲解等新颖活跃的形式对博物馆文化、文物、文创产品的传播进行了有益的探索。2019年3月，《国家宝藏》在天猫开设了名为"你好历史"的旗舰店，截至2021年6月14日，共推出了如"洛水一梦鼠标垫""醉花沾花瓣纸胶带""江山变色马克杯"等约200款文创产品，通过与电子商务平台的跨界合作，较好地利用了舞台节目所营造的文化热度，带动了柜台产品走进了人们的视野。

　　还有如2021年上映的粤剧《白蛇传》电影版，通过现代影视作品的视觉表达方式将粤剧这种受地域限制较大的非遗文化重新进行了演绎，扩展了受众群，探索了传统地方戏剧的推广方式。

　　对于旅游景区来说，客流量是最为重要的构成，吃、住、行、游、购、娱皆要依赖于此。随着文旅融合的发展趋势越来越明显，各个地方的旅游文创也纷纷将摆放在柜台中的实物产品挪移至舞台中。如早期的"印象刘三姐"（2004年）、"印象西湖"（2007年）、"印象普陀"（2010年）、"印象武隆"（2011年）等"印象"系列作品就是将景区的实景资源优势融入演出产品中，在时间的流动中，生动细述了各个地方的特色文化，为旅游景区汇集了"人气"。这种只有在四维空间中才能体验到的沉浸式感受，是在以"物"为唯一表达方式时难以呈现的。

2019年，借着"创意进景区"项目的机会，我也亲身体验了四川阆中古城的"阆苑仙境"实景演出。节目本身虽是为旅游服务的，但其中却融合了三国文化、川剧、皮影、小吃、丝绸等多项当地特色文化。整个表演被安置在阆中市南津关古镇商业街中，采用了单向单线式的观赏路线。舞台被分散安置在步道两旁林立的商铺之间，这些店铺多售卖与表演相关的文创产品或土特产品。其实这种商业街在全国乃至世界各个旅游景区都极为常见，但这个演出的整体策划设计却十分聪明地将购物与表演融为一体，在游客边走边看的过程中，即可实时品尝到或购买到剧情中出现的各类文化实物。这种"虚""实"两条线的剧情设计不仅加强了体验感，还将刻意的购物环节自然地融入其中，食、游、购、娱这四项旅游基本要素在此时已经由一种轻松的方式串联在一起，营造出一种自然随性的文创生态系统。

近些年来，类似形式的产品在各地多有出现。不难发现，它们均以四维语境表达，采用了多元化的感知方式，将各类文化元素和文创产品整合起来，其宽泛的表现形式、极具故事性的情节形成了具有连续性的内容，更便于观众对文化形成持续性的解读。这也是通过"大文创"设计思维营造品牌形象的一种具体落实方式，在对这类产品进行策划设计时更显功力。相较于传统柜台销售中缺少主动性、生动性的被动"等"买家，显然利用舞台的形式大大增加了产品的曝光率和表现力，更加人性化的表达也更能激发主动消费的热情。

当然，这种方式的缺点也是显而易见的：费钱、费力、费时，但这种"费"并不是"浪费"。耗费极大心力设计出的舞台产品一旦成熟，将有可能成为标志性的、持续性的长效IP资源，并能创造、激活、带动更多的资源共同发展，对产业来说更具有长效价值。

对于国内的博物馆来说，受客观条件的限制，很多都是从"柜台"出发，先创造出一个IP形象再将其加工成各类文创产品，试图以这种低成本的方式打通市场。按这个思路，这些年各个博物馆也做出了很多吉祥物，但不得不说，其中真正能够成功的寥寥无几，在形象设计和产业化运营中的问题更是乏善可陈，总结下来大致有以下五点：

第一，只"生"不"养"，情感缺失。IP运营的第一步当然是要有一个可供衍生的具体形象，但如果只停留于具象设计而缺少意象的发挥，那么这个形象势必将成为一个仅能供人观看的符号，无动于衷地看并不能调动情感的深度融入。所以在完成形象设计之后，更显功力的"养育"工作才刚刚开始，这时需要从不同角度将形象塑造得更为立体化，更具时空感，使其成为可感知、可体验、更亲人的真实形象，也只有这样，方能将人们的情感带入其中，相互捆绑，达到融情、共情的效果。这一点"熊本熊"做到了。

第二，形象突兀，亲和力差。对品牌来说，情感要素的价值远远大于产品质量、价格等低端要素，那么如何与消费者建立高于传统柜台交易的情感链接呢？很多品牌会选择影视明星做代言人的方式，这当然是个不错的思路，借用明星的知名度、影响力、亲和力可以迅速提升品牌的流量价值。然而，围绕在明星群体中的种种随时都有可能爆发的负面新闻，也使品牌犹如步入了危机重重的"雷区"。而IP形象显然不受这种因素的影响，它永远会依据着设定好的形象向人们展示着被赋予的价值，成为人们希望看到的那样，没有负面新闻，总是充满活力，这样"性格"优秀的好"员工"无论何时都会受到市场的欢迎。

虽然我们不提倡以貌取人，但IP形象的"颜值"的确是个大问题，"长得"不讨喜，没有亲和力，无疑会大大影响IP的未来发展，很多IP形象设计就输在这条起跑线上。这个问题没有更好的解决方法，只有通过不断的修正来加以改观，其实无论是"米老鼠"还是"熊本熊"，都是历经了多次的修改才成为如今人见人爱的经典。

第三，过于烦琐，难以应用。IP形象设计的初衷有两点，除了以代言人的身份代表某个品牌、某种文化、某类题材以外，更重要的一点是要在日后的运营中能够具有广泛转化的能力，因此必须要考虑便于各类工艺形式的生产制作，这一点在很多形象的设计初期阶段都会由于各种原因而被忽视。有些形象就其本身来说可谓设计精良，华丽而"养眼"的设计非常适合在二维平面中应用，但对细节的精雕细琢使其在转入三维领域应用时，其难度和制作成本都会大大提升，间接影响了市场转化力。

第四，文化错位，不知所云。博物馆开发的IP形象与纯粹的商用形象虽然本质相同，但在设计中还是有所区别。对文化的解读固然要深刻，但同时也要考虑到非专业人士的认知能力，一个晦涩难懂的形象很难快速实现其传播价值和商用价值。有些IP形象虽然寓意深刻，内涵丰富，但如果不能事先对相关的历史文化有所了解，恐怕大多数人都很难直接通过视觉的方式形成认知。因此在设计时不能仅站在"已知者"的视角来进行判定，而应该更多地采用"未知者"的角度来审视形象中的文化寓意是否能够得到真实、准确、直观、快速的传递。

第五，偶然显现，神秘莫测。一个IP形象如果从诞生就过起了"隐居"生活，仅仅在一些特殊时刻才会闪现在公众视野中，那么即便每次出现都是声势浩大的隆重活动，其效果仍然不及细水长流的日常伴随。其道理即前文所说的艾宾浩斯遗忘曲线。因此，IP形象需要保持较高"出镜率"，"脸熟"了才更有可能提高其知名度，间接影响商用价值，比如熊本熊的新浪微博基本能够保持周更的频率。这种"高频"打"低频"的操作，在IP资源养成计划中可被视为一种常规而有效的方式。

以上五点均会不同程度地影响IP形象的市场转化能力。此外，时刻保持与市场热点同步，在大型活动中绝不缺席，保持IP调性的绝对一致等，都是在培养过程中需要重点关注的。无论如何，IP运营绝对不只是在设计一个形象标志，而是一个长期有序的"养育"过程，其间需要有专业的团队细心的策划与管理。

二、"盲盒"带来的启示

盲盒，顾名思义就是在相同的盒子中放置不同的商品，消费者只能事先大致知道其中的种类，但不知道每个盒子里装的是具体哪一款产品。这种类似于抽奖的营销方式自古即有，极易刺激消费者购买的欲望，成为当下吸引青少年群体消费的营销方法之一。

现代意义上的盲盒，其最早出现应该是在20世纪初期的日本，当时的百货公司将产品放在一种被称为"福袋"的密封包装中出售，这种不完全公开商品信息的营销方式与今日所说的盲盒极为相似，可被视为现代盲盒的萌芽阶段。1964年，一家名为"海洋堂"（KaiYoDo）的公司在大阪成立，成为较早规模化设计生产胶囊玩具和可动人偶模型的专业企业。[1]20世纪60年代末，它们开始大量设计一种名为"食玩"（Candy Toys）的小模型玩具，这是一种附加在儿童零食包装盒中的附属产品。由于在拆开包装前无法预知究竟搭配了哪种玩具，因此也成为当时儿童们竞相收集的一种游戏，同时大大提高了零食的销量。到了20世纪80年代初，日本又开始流行起一种名为"扭蛋"的产品销售形式，各种商品被放置于一个圆形或蛋形的不透明包装中，消费者通过一台类似于自动售货机（扭蛋机）的设备投币购买，只有打开包装才会知道里面是什么，新颖又刺激的购物方式迅速风靡了东南亚地区。"扭蛋"的营销形式已经脱离了附着的其他产品，成为一种完全独立的商品，其核心与盲盒几乎没有任何区别，因此可以被视为现代盲盒的前身。

这种看似简单的形式实际上是在收藏、集物心理作用下的一种饥饿营销，其中还掺杂着赌博的成分，目前主要针对的是对时尚潮玩感兴趣的年青一代收藏人群。抽奖式的营销不仅大大刺激用户的重复购买率，作为一种销售形式还具有很强的兼容性。很快，各行各业的商家纷纷发现这其中的商业价值，迅速将其嫁接到餐饮、美妆、文具、图书等诸多消费领域之中。如今，盲盒已经成为互动营销中常用的方式之一。

几年前，曾经有一家文创机构向我咨询有关盲盒的市场情况，想通过这种具有热度的营销形式将他们设计的"红色文创"与市场形成对接，我当时的回答是比较武断的：这种形式不够严肃！当时的我确实不认为这种消费形式有何值得提倡之处，特别是将其运用在"红色文创"题材之中，其创新价值无非是一种变相的"抽奖"活动，利用的是"彩票"心理，这显然不是为具有理性消费逻辑的人设定的一种游戏规则。然而现实却极为"打脸"。

有调查显示，2019年国内盲盒行业市场规模为74亿元，预计2021年将突破百亿。2019年8月2日，在天猫发布的"'95后'玩家剁手力榜单"中显示，手办、潮鞋、电竞、Cosplay和摄影成为"95后"年轻人中热度最高、也最"烧

---

1. 海洋堂官网.https://kaiyodo.co.jp/company/#gaiyou.2019-08-02/2022-01-04.

钱"的五大爱好，"潮玩手办"位列第一，而且盲盒收藏成为增长最快的领域。有近20万天猫用户在盲盒上每年花费超过2万元甚至百万元来购买盲盒。其中"95后"占了大多数，似乎他们可以一年不买衣服，却不能一周不买手办和电竞装备，这种为兴趣爱好买单的疯狂程度远远超出了人们的想象。[1]

2019年"双十一"，以经营盲盒为主的"泡泡玛特"（POP MART）天猫旗舰店1小时的销售额就超过2018年同期全天的日销额，同比增长295%。其中55000个"LABUBU迷你一代"系列盲盒9秒就已售罄，最终，全天销售额达到了8212万元，在天猫玩具类中名列第一。[2]

2020年12月11日，这个被称为"盲盒第一股"的"泡泡玛特"在香港交易所主板上市，开盘即涨100%，报77.1港元，总市值瞬间达到了1065亿港元。在其招股书中显示，2017至2019年，泡泡玛特的营收从1.58亿元增长至16.83亿元。截至2020年前三季度，营收从2019年同期的10.34亿元增加至15.44亿元，其自有IP、独家IP、非独家IP的年毛利率为71.3%。如果以盲盒平均售价51元计算，其成本仅为14.6元。即便是高毛利代表——房地产头部企业，也不是泡泡玛特的对手，其产品的毛利率几乎是头部房企的两倍。

但不论业绩如何耀眼，盲盒只不过是一种销售形式，而真正决定市场的是IP资源是否吸引消费者。截至2020年6月30日，泡泡玛特共运营着93个IP，包括12个自有IP、25个独家IP及56个非独家IP。需要注意的是，销量最好的两个自有IP"Molly"和"Dimoo"都是收购而来。曾经的"爆款"Molly带来的收入贡献也已呈现大幅下降趋势。对此，泡泡玛特也意识到单一爆款IP的局限性，发表声明称："公司并无法确保Molly的受欢迎程度能一直保持在其现有水平，如果Molly受损害或未能保持其目前对消费者的吸引力，则将面临没有替代品的困境。"可见，吸引人且具有垄断性质的IP资源才是这类公司业务的核心。

---

1. 中国日报网. 天猫发布《"95后"玩家剁手力榜单》潮玩手办、电竞成95后最烧钱爱好[EB/OL].https://caijing.chinadaily.com.cn/a/201908/02/WS5d43d736a31099ab995d6e1c.html.2019-08-02/2022-01-03.
2. 凤凰网文创《文化风向标》发布盲盒报告：盲盒出路在何方？https://cn.chinadaily.com.cn/a/202010/22/WS5f9155f4a3101e7ce972ac6b.html.2020-10-22.

为了解决这个问题，泡泡玛特一方面通过雇佣全职设计师自主开发了9个自有IP，其中表现最好的Bobo&Coco在2020年上半年的收入是3294万元，占营业收入的4.8%，而剩下8个IP的收入占比不到0.5%。另一方面，泡泡玛特与合作艺术家创作的独家IP也需要更漫长的时间巩固。IP授权协议的期限亦可能构成风险，因部分产品授权协议期限通常在1至4年，其中有的不会自动续约，届时公司将不再有权出售产品。潮流文化快速迭代使得核心IP生命周期加速老化，这些因素都有可能对业绩造成不利影响，使公司的未来发展存在着一定的不确定性。[1]

根据这些资料我们可以发现，盲盒维持市场热度的一个方式是必须要不断孵化吸引人的IP资源，并通过对未知的神秘体验来牢牢地抓住消费者；而另一个重要方式则是制造稀缺性，利用彩票心理，打造高溢价产品。通常，每个系列的盲盒中都会有一两款广受欢迎，但这种产品数量较为稀少，再加上人为的炒作，一些款式的二手价格往往会比原价贵出50%以上，更别说每个系列还会有极其稀有的"神秘款"甚至会在二手市场中被炒作到几千元的高价。

这也促使很多消费者醉心于享受拆盲盒所带来的不确定性与惊喜感，引发冲动购买，助长了非理性消费行为。尤其是青少年群体，由于他们好奇心强、喜欢攀比、消费观念尚不健全，十分容易为盲盒"上瘾"，有的甚至为了抽中"神秘款"而直接"端箱"[2]。

非理性的消费注定会引出负面影响。2020年10月，一位家长在接受媒体采访时表示，其刚上高中的女儿买了很多盲盒，主要就是为了抽中一个"神秘款"，每年5000多元压岁钱和零花钱几乎全部用于购买盲盒，但是玩了两年多却一个系列也没集齐。又如，一位盲盒爱好者在接受媒体采访时称，她从2019年年初开始购买盲盒，截至2020年11月，一共购买了300多个盲盒，其中有8个更是单价接近千元。还有玩家为了抽中某款单价约999元的限量版玩偶，一次性买了500

1. 中国日报网. 盲盒第一股泡泡玛特今日上市[EB/OL].https://caijing.chinadaily.com.cn/a/202012/14/WS5fd72d1ea3101e7ce97351c2.html.2020-12-14/2022-01-03.
2. 假设一个盲盒系列共有20款不同样式的产品，一箱共有12个系列，加起来是240件产品，商家会在其中放入一个形状特殊的"神秘款"，价格一样。但如果采用单次购买的方式，显然买到"神秘款"的概率只有1/240，只有一次性购买整箱产品才能保证100%买到。这种疯狂的行为在盲盒圈内被称为"端箱"。

只盲盒，单次消费高达3万多元。

盲盒除了费钱，还费神。各类有关产品质量、虚假宣传、售后服务等方面的负面新闻在最近几年内集中爆发，使消费者在金钱受损的同时还要花费时间和精力维权。2021年12月2日，"国家企业信用信息公示系统"披露了北京泡泡玛特文化创意有限公司由于销售产品与宣传不符被罚款20万元的消息。时隔7天，又有天津市滨海新区市场监督管理局对天津泡泡玛特文化传播有限公司予以警告并罚款5万元的新闻爆出，原因是其利用虚假的价格手段诱骗消费者与其进行交易。

其实早在2021年1月26日，中国消费者协会就曾发文提出：当前有的经营者产品本身并没有过硬的竞争力，只想着蹭盲盒的营销热度；有的经营者将盲盒当作"清库存"的工具，赢得了眼前的利益，却丢掉了长远的口碑。[1]

虽然种种市场乱象引起了社会的广泛关注，标示着现在盲盒市场中的确存有不少的问题，但从文创产品设计角度来说，其中还是有值得借鉴之处的。

第一，虽无创新但仍能被认可。盲盒这种形式虽然只有"低度"的技术创新价值，但是却有"高度"的市场认可价值，并正在培育出比较完整的闭环产业链，这对文创产品设计来说是件好事。作为设计师，不仅要思考如何将产品做出来，还要思考如何将产品卖出去，而这通常并不是设计师的强项。盲盒这种在销售形式上的创新，能够从一定程度上解决产品的销路问题，从而大大减轻设计师的压力，使其能更加专注于文创产品的"内容"设计，并且还能从一定程度上反向引领设计的创新趋势。无论是早期的米老鼠、Hello Kitty还是近期的Molly、Dimoo，其设计都具有强烈的时代特征，这是客观存在的，决定了盲盒中的产品设计定位必须要具有当代特征。而且，通过对这些形象赋予各自的性格，相互的关系，就可以将一系列角色串联成具有故事性的整体，这为日后能够进一步开发如影视剧等更大型的衍生产品提供了必要的储备。

---

1. 中国消费者协会.经营者销售盲盒当规范，消费者购买盲盒勿盲目[EB/OL].https://www.cca.org.cn/jmxf/detail/29916.html.2021-01-26/2021-12-12.

第二，IP是根本，潮玩是关键。盲盒的发展是建立在强大IP基础之上的，这无疑正中了博物馆的下怀。博物馆拥有大量可供开发的IP资源，经过二次设计衍生出的各类元素，构成了博物馆发展文创产业的上游资源，这些资源时刻都在找寻一种可被市场广泛接受的衔接方式，盲盒的销售形式正好弥补了博物馆文创产业链中缺失的环节。然而，近年来也有不少博物馆在模仿盲盒的形式，但大多收效甚微。为什么相同的销售形式却最终达不到相同的效果呢？这其中可能有个认知盲区。盲盒仅仅是一种销售形式，其核心是盒子里的独特产品，乐于购买盲盒的消费者多是希望通过这种"潮"的方式获取"潮"的产品。如果不给予文物新潮的设计，产品内容没有潮玩的元素，而是直接将现有那些既不潮又不好玩的文创产品简单地、随意地装入盒子中，甚至是作为积压产品的倾销工具，这本身就已经违背盲盒的游戏规则。因此，为了能使销售形式与产品内容相互协调，务必先要拥有独特的、能真正打动消费者的产品。消费者最终购买的是产品，而并非盲盒这种销售形式。产品才是关键，如果产品本身就不吸引人，那么套用任何新颖的销售形式恐怕也都难见成效，甚至还会让人产生被"套路"的感觉。

第三，看似小生意，实为大产业。现在市场中大部分的盲盒单价基本在30至80元之间，完全属于前文中通过调研得出的"100元以下"为价格"主峰"的博物馆文创产品定价标准，也只有这种符合大众消费的价格才能催生出巨大的大众消费市场，这也正是博物馆一直在苦苦找寻的能够撬动规模化消费的营销工具。而盲盒的形式也有进一步演变的可能，比如近两年又出现了数字盲盒的新形式，使其摆脱了线下实体销售的局限，进一步拓展了营销的领域。

第四，定位准确，受众清晰。如今的年轻人有独立自主的消费主张，特别是20至30岁的消费群，初入社会并有了一定的经济基础。这一代人的成长过程中深受"二次元"文化的影响，对他们来说，传统的基金、股票等单一追逐经济利益的投资形式，显然没有将爱好作为投资品更有吸引力，而盲盒热销的背后实际上映射出的是适合当代年轻人的投资品较少这一市场现象。尤其是一些热门的盲盒在二手市场上的涨幅竟然可达几十倍，比如2019年9月，一款原价仅为59元的

"潘神圣诞隐藏款"盲盒在某二手交易平台售价被炒至2350元，涨幅达到了近40倍，几乎相当于中了一次小彩票。本身就喜欢，还能挣点钱，何乐而不为？因此，盲盒的市场消费群体定位是非常明确的，应该把握住这个群体的特征展开定制化设计。

第五，一定要物超所值或是有可能物超所值。盲盒中的产品可以是在文创商店里也能同时买到的产品，但是有一点很关键，就是以什么价格买到。这一点买卖双方都会进行精确的计算。卖家需要计算的是如何通过规模销售来均摊成本，通常会采用平均单价低于商店直购的价格，但总销售价会高于零售同量产品价格的策略。而买家则要计算的是怎样才能以最少的购买频次拿到心仪的产品，为此甚至有玩家还分享过心得和攻略，这无疑也从一个方面催生了市场的热度。

第六，诚信很重要。大家都想要的热销款和那个"神秘款"务必要占有总货量的一定比例，但说实话，这其中确实有作弊的可能，并且很难监督。盲盒中装的究竟是什么？究竟有没有那些消费者渴望得到的产品？宣传照片与实物差距究竟有多大？打开盲盒的瞬间是失望还是希望？种种问题都有待在市场发展中通过多方努力才能得以解决，而作为博物馆这类爱惜羽毛的单位，是注定不能用自身的品牌和口碑作为代价的。

三、舌尖上的文创：文化也能"吃"出来

食物不只是人类生存的基础，更关乎着生活的质量和对美的追求。《说文解字》中将"美"解释为：甘也，从羊，从大，羊在六畜，主给膳也。美与善同义。[1] 因此我们将饮食称为文化，既是文化，必可创意。近年来在设计界就悄然兴起了一种新的设计类别——食品设计。

1997年，加泰罗尼亚设计师玛蒂·吉克斯（Martí Guixé）在巴塞罗那首次

1.（汉）许慎，（宋）徐铉，等.说文解字[M].北京：中华书局，2013：73.

推出食物设计展，成为最早使用"食物设计"一词的设计师。2005年，法国"促进工业创造机构"将"让·普罗韦设计奖"授予斯特凡纳·比罗（Stéphane Bureaux）设计的甜点，这也使得"食品设计"终于有了正式的名分。但这个时期的食品设计仅着眼于形状，因此"设计"的价值更多地体现在对食材的处理方式与外在展示方面。荷兰设计师卡蒂娅·格鲁特耶斯（Katja Gruitjers）和玛丽耶·沃格桑（Marije Vogelzang）从饮食的行为而非食物本身进行设计，催生出"关于吃的设计"的概念，为食物设计带来多元性：从分子物理学、生物学、遗传学、人类学到营养社会学，最终让这一新领域在21世纪最初几年获得概念上的巩固。[1] 2006年，国际食品设计师协会（International Food Designer Association）在美国纽约成立，这个组织中聚合了各个国家和地区从事食品经营、食品设计、烹饪技术研究、饮食文化研究、食品营养研究、饮食服务研究与教育等行业的专家学者。2014年，荷兰的埃因霍芬设计学院（Design Academy Eindhoven）新开设了由玛丽耶·沃格桑负责的本科专业"Food non Food"。2015年，意大利米兰工业设计学院（Scuola Politecnica di Design）与米兰语言与传播自由大学（International University of Languages and Media）联合开设了食品设计硕士课程，聘请了玛蒂·吉克斯担任教师。

至今，这一领域在国外已经悄然发展了二十余年，学科的系统化建设已经日趋完善。而就在近些年，国内也开始逐渐关注到这一点。2016年，中国美术学院开设了食物设计选修课。2019年，中国食物设计联盟（China Food Design Society）成立。2020年8月，江南大学设计学院开设了题为"食品系统设计与体验创新"的艺术类研究生培训班。同年10月30日，中国首个以"未来食物"为主题的国际设计节在广东省顺德市开幕。

细心的读者可能会发现这里出现了两个不同的名词——"食品设计"和"食物设计"，二者均是针对食物展开的设计研究，但涉及的领域一广一狭。

食品设计包含的内容是极为宽泛的，所研究的重点涉及食物内在属性与各

---

1. 赵乐. 舌尖上的设计，吃与吃的实验与反思[J]. 艺术与设计，2020（4）：84.

领域之间的关系问题，是针对食品产业系统及流程的研究。如文化内涵、造型设计、社交礼仪、情感沟通、加工运输、营销服务、空间环境等，都是这个领域不可回避的研究内容。也就是说，所有与食品直接或间接相关的设计都可归为此类，具有综合性、跨学科特征。而且，食品行业本身所具有的包容性使这个领域的内容还在不断地扩展。

食物设计则是食品设计的分支，所指内容更为具体，注重的是对食物本身的具象化设计和与食物具有直接关联的内容，比如食材、食物形状、颜色、温度、口感、营养健康、进食方式等，这些内容与食品设计衔接得甚为紧密，对食品产业链的发展起到了关键的核心作用。

虽然食物是不折不扣的"刚需"，是人类生存的必需品，但同时它也对我们的身心健康产生着巨大的影响，从这一点来看它更像是一种"投资"，是对生命的投资，对生活质量的投资，为此人们愿意付出更多的时间、精力和金钱而换取一种更为"高级"的生活方式。

这就触及我们要讨论的本质问题了。饮食文化并不是人类与生俱来的，我们的食谱曾经与动物们的食谱并无太大分别，而随着意识的觉醒，社会的进步，能够健康而优雅地进食成为文明的象征。古时，上至帝王将相，下至平民百姓，他们吃的一样吗？答案显然是否定的。在物质资源相对匮乏的时期，吃什么、怎么吃、何时吃都成为财富、地位、身份的象征。今日，我们虽早不以此作为标准，但从吃饱到吃好，再到吃得健康、环保、科学直至吃出文化，不得不说，人类在饮食方面的进步是肉眼可见的。

在七八年前，有人曾经向我推荐了一种专门调制鸡尾酒的全自动设备，它将近千种鸡尾酒的调制方法储存在电脑中，消费者可以根据个人喜好选择并下单，由设备自动调配完成。其实这不过就是一台自动调酒机，并没有什么特殊的价值，但进一步的介绍才真正吸引我。这台设备将所有调酒师竞赛中获奖选手的调酒方法、摇酒时间、酒温控制、特殊配料等独门秘技都编入了程序中，这就意味着人们不需要再花费重金聘请这些调酒大师，就能品尝到相同品质的酒品。当时我在想似乎有很多类似的产品，如奶茶、咖啡、冰激凌等都可以依据这个思路予以创新，虽然算不上多么稀奇的创意，但肯定很有市场。而近几年，随着3D打印技术开始广泛介入食品设计中，用于制作简单的甜品和无需复杂烹饪加工的主副食上，依托这种科技成果制作的巧克力、糕点、咖啡等已经将当初的设想变为了现实。

类似这种运用科技手段解决食物设计终端体验的方式虽然可取，但如果将其理解为食物设计的全部内容就显得有些片面了。我们应该注意到，这类产品无论获取方式设计的如何新奇，都始终未能触及食物的本体。这就如同是在一件精美的餐具中盛放着的菜品，餐具的设计固然重要，但食物本身才是主题。所以我理解的**食物设计，应该追求的是从人类对食物需求和体验出发而进行的本质性创新设计**。

举几个例子来对比一下。首先来看近年来在旅游景区和博物馆中大量出现的文创雪糕，在炎炎夏日中几乎已经成为游客们解暑的必选产品，由于雪糕造型捕捉到当地景区、文物、文化的特征，很多游客都愿意在购买后立刻进行实景拍摄以此留念，使其具有"道具"的特征。这些文创雪糕虽然花样繁多，但大多是在造型上寻求变化，设计思路、制作工艺甚至价格几乎趋同，吃起来也与传统的雪糕没有太大区别，属于典型的同质化产品。但由于有"刚需"的支撑，似乎不必在意创新的价值也可以无休止地开发下去，但如何才能形成质的突破呢？

再来看一个案例。2015年，日本设计师佐藤大（Oki Sato）受法国巴黎国际时尚家居设计展览会（MAISON&OBJET PARIS）的邀请，设计了一组十分特殊的巧克力。这组巧克力共有九块，采用了建筑构件的设计手法，每一块巧克力的长、宽、高均被严格地控制为26mm，这也是人机工程学中最适合入口的尺度。虽然原料、制作技术、辅料等因素都会直接决定巧克力的最终味道，但在这组产品中，设计师显然更关注的是"形状"给人带来的味觉体验变化，巧克力被分别赋予了尖凸、镂空、圆润、粗糙等不同造型结构或肌理。我也曾试吃过这组巧克力，在制作原料完全相同的前提下，感受到形状各异的巧克力从入口直至融化过程所营造出的不同口感。这是从产品外观设计角度出发，通过赋予食物本体不同的结构、形状、质感来改变食用体验的一次创新实践（见图5.2）。

图5.2 Chocolatexture 设计师: 佐藤大 摄影: 吉田明弘 (Akihiro Yoshida) [1]

　　佐藤大的另一件作品是将黑巧克力设计成瓶子,白巧克力做成瓶塞,另有五种不同口味的糖豆,人们可根据个人喜好倒入瓶中,调配出独一无二的口感。这种将食物本身作为器物并融合了互动设计的思维方法,使人们在享受美味的同时,还可以感受到"体验"所带来的乐趣(见图5.3)。

　　通过对比,我更加坚定地认为食品设计是围绕着食物而创造出的饮食体验,而并非仅仅是针对某种食材的外观、色彩、造型而进行的视觉上的狭义创新。在这个认知层面我们就可以拓展出庞大的食品设计谱系,产品设计、空间设计、体验设计、服务设计等领域的内容都会被纳入其中。其特殊之处就在于它非常自然地打破传统的学科分类,将科技、文化、美学、艺术、营销、服务等多种元素整合在一起,每个元素之间又都相互影响,相互关联,使其充满了无限的可

---

1. Nendo官方网站[EB/OL].https://www.nendo.jp/en/works/chocolatexture-2/?,2022-01-20.

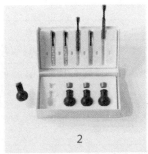

图5.3 chocolamixture 设计师：佐藤大 摄影：吉田明弘（Akihiro Yoshida）[1]

能性。也正是借助于各个要素之间的共生关系，才能构建起一套完整的饮食文化体系。从这一点来看，显然食品设计的价值一直以来都被低估了。

无论是食品设计还是食物设计，其最终目的都是为了让食物更符合人的需求，为人提供更好的服务。为了使这个目标更加明晰，更具操作性，奥克兰理工大学设计与创意技术学院的弗朗西斯卡·赞波罗（Francesca Zampollo）将食物设计归纳为食物产品设计（Food Product Design）、食物器具设计（Design For Food）、食物加工设计（Design With Food）、饮食空间设计（Food Space Design）、餐饮服务设计（Food Service Design）、食物社交设计（Critical Food Design）、食品系统设计（Food System Design）、食物可持续设计（Sustainable Food Design）、进食方式设计（Eating Design）等九个分支，构建起一个庞大的食物设计体系。我们可以按照这个体系的分类方法，进一步梳理出食品设计的四个层级，每个层级可再分别加以细分（见表5.1）。

表5.1　食品设计层级细分表

层级	重点	内　容
本体核心层	食材	食物本体所使用的材料，包括主材与辅料，这是核心中的核心，是食品设计的本源
	加工	根据不同的食材选择不同的生产加工方式，强调创新价值在其中的体现
	造型	食物外在的物理特征，如形状、色彩、气味、温度、湿度、味道等
	健康	设计科学合理的营养组合，健康的饮食习惯

层级	重点	内　　容
辅助器物层	食器	加工食材及进食所使用的相关器物设计，如餐具、家具、装饰等
	包装	此处主要指用于对食物起到保护作用的包装设计，注重的是包装的功能性设计
	运输	包括产品的集中运输与消费者购买后的携带运输设计
情感体验层	空间	与食物相关的各类空间环境设计，整体空间与局部空间都应与食物本体达成一致的"调性"
	信息	食品所传递出的文化、情感等各类信息，注重体验性设计在其中的表达
	服务	与食物相关的各类服务
	包装	此处主要指食品的包装所承载的种种情感信息，比如拆解包装的仪式感，包装设计带给人的愉悦感等
	审美	食品本身和整体食品系统带给人的审美感受
社会生态层	环保	食材、辅助器物、加工过程等对自然环境或社会环境产生的持续性影响
	文明	食材及食用方式是否符合文明社会的要求，对社会的进步能否起到推动作用
	创新	食品设计中的创新价值是否对人类生命、生活具有积极的影响
	礼仪	食用时所具有的仪式感和行为设计，这是将食物由"器"上升为"道"的关键内容，需要考虑地域、风俗、宗教等文化细节问题，并能够与食物相互烘托
	社交	食品可以作为社会群体划分或社会身份认同的重要标志，并且是现代社交的重要方式之一

　　食物（特别是传统食物）都是自带情感体验和文化内容的，情感体验多来自体验者此生的记忆，而文化内容则多来自隔世的传承，同时还受到了地域、民族、风俗等多方面因素的影响。那么文化究竟该以何种方式才能"吃"出来呢？显然，传统的菜系或是知名的菜品由于本身已经具有了专属的制作工艺和极强的品牌效应，很难再以这些作为切入点。因此我更偏向于结合新需求、新市场、新形势、新体验，注重表达方式的新颖性、独特性、创新性，从人机工学、设计心理学、行为学等方面来重构新的"食品文创"思维方式。

　　博物馆界对这一领域的设计实践工作也已然开始。一马当先的即一些饮食行业博物馆，如成都川菜博物馆（2007年开馆）、中国淮扬菜文化博物馆（2009年开馆）、中国杭帮菜博物馆（2012年开馆）、中国皇家菜博物馆（2014年开馆）、中国徽菜博物馆（2015年开馆）等均是以中国传统菜系为根本，多是采用实地游览、品尝或是亲手制作等活态化的体验方式传承着各自独特的饮食文化。

而综合类博物馆对食品的设计表达则更加具有创新性和创造力，近几年博物馆食品文创时常会掀起刷屏高潮，一些有文化、有故事、有历史的传统食品率先被博物馆"盯上"，以月饼为代表的各种糕点就是其中一类。

2017年，北京故宫博物院和北京稻香村合作开发的月饼礼盒套装"掬水月在手"，取得了相当不错的销售业绩。粉蓝色的包装与凉凉秋意十分搭调，月饼被分别设计成月亮、玉兔、祥云的形状，延续着故宫惯用的"萌"系风格，当然更萌的还是那只"肉松蛋黄小螃蟹月饼"，可爱得让人不忍下嘴。策划团队还专门制作了一条名为"朕收到了一条来自你妈的微信"的H5在朋友圈"肆意"传播，"朕就是这样迷人的汉子""一定是哪个刁民想害朕"等"粗糙"而"暴力"的文案设计，"快闪"风格的表现形式，都使整条H5充满了喜感。据后台统计显示，发布当天播放量即接近300万次，达到了宣传"故宫食品"的目的。

早在2014年，苏州博物馆就推出了"秘色瓷莲花碗曲奇饼干"，设计原型来自其馆藏文物"五代秘色瓷莲花碗"。为了能与文物的颜色更为近似，饼干特意采用了绿色抹茶口味。独特的创意一时之间引来了网友的热捧，第一批200盒饼干上架仅两周即售罄，时至今日仍保持着不错的销量。此后又有三星堆博物馆推出的"古蜀面具文物饼干"，陕西省历史博物馆推出的以"长乐未央瓦当""开元通宝"等为原型的系列文物饼干，还有如棒棒糖、雪糕、3D打印的咖啡、巧克力等各类品种，都纷纷出现在博物馆食品文创的"菜单"中。

随着案例越来越多，食品逐渐成为博物馆文创产品中的一个大类。但博物馆的特殊属性与行业要求，使其始终难以采用如煎、炒、烹、炸等复杂的加工方式；而且出于安全和卫生保洁的要求，如方便面、自热型产品等也不适合在馆内食用，这就使博物馆在食品品类的选择上受到了诸多的限制，目前多是以半成品或成品的形式出现。

在设计方法上以具象表达为主，将食物模拟成文物的形状，或是将文物以符号化的形式印刻在食物之上是最为常见的表现手法，设计含量普遍较低，并且与食物相关的系列衍生品较少，产品还是在以"点"的形式出现，难以形成"线""面"的规模化发展，这些都造成了博物馆食品文创在市场中呈现出"孤军奋战"的态势。

此外，一些针对节日或活动而推出的特殊产品普遍市场寿命较短，一旦过了时令就会被永久"雪藏"，仿佛每年都必须要推倒重来，设计出新产品、新花样，这样方能显示出创新的价值。而在我看来，这个"必须"可能是自认为的，而并非市场的"必需"。博物馆推出的那几百件几千件"批量"产品，其实还远远不能满足市场首轮消费的需要，更不用说次轮消费了。大量的消费者想买却买不到，种种"上线即被抢光"的新闻除了达到了博取眼球的目的之外，其背后是否也浪费了大量的市场剩余价值呢？如果按这个标准来定性的话，恐怕这些看起来很"养眼"的新闻都应该算作是负面新闻了，至少说明了缺少前期市场调研，对市场需求量判断失误，备货不足。当然如果是为了制造热点，引起关注，这些新闻的确达到了目的，但事实上有不少产品确实是供不应求。假如真是需要评价标准的话，也应该比拼谁卖得多，而不是比谁卖得快，这才能证明文化得到了广泛的传播。

其实对那些口碑、市场均反馈良好的产品完全可以扩大产量，将其作为常态化产品持续运营下去。这种一年一变的经营思路不仅会直接带来设计、宣传、加工等各项成本的上升，而且如果持续沿用这种策略，何时才能形成"拿手菜""看家菜""品牌菜"的效果？况且，谁又能保证每年的新品都能获得成功呢？显然，这还是在用产品"拼"市场的"内卷化"思维逻辑，不断跟自己"较劲"的后果就是在加大了自身投入的同时，也增加了运营的风险，而品牌长久运营的核心思想恰恰是如何降低风险。在品牌运营思维中，推陈出新并不代表着推倒重来，而应该是步步为营的层层积累和锦上添花。要保持住一些具有特色和影响力的单品，在此基础上再开发新品，逐年递增产品类型，方能有所积累，而不是永远用单一的新品来冲刺市场。

食品是比较特殊的文创类别。首先，人类对味觉的需求并不是每日一新的，而是持久的、稳定的，并且可能是很难改变的，诱人的味道一旦形成为"感受体验"便具有了恒久的存在价值，而这个价值恰恰在于"不变"。看看那些老字号是如何在人们的情感中确立地位的，稳定的食品质量和一成不变的口味恐怕才是其中最重要的一环，这显然与追求持续迭代的快消品有着本质的区别。其次，食品毕竟是用来吃的，只能看到却吃不到，或是这次错过了就永远买不到了，这如何能实现食品中所承载的文化传播价值呢？除非是供应链确实紧张或是出于保质期的考虑，否则就不太适合长期采用"饥饿营销"的方式了。毕竟食品所针对的还是一个大众化的消费市场，这个需求量远远不是用文创产品的批量化概念来衡量的，这也使得食品设计的运营思维不能简单套用其他类型文创产品的运营方式。

在传统的饮食文化中还有一种极具影响力的品类——酒文化。历史中大量的文物、人物、事件均与酒相关，且故事性极强。如今，我们虽然不提倡过量饮酒，但它的确也是生活中不可或缺的一类饮食，并且极具开发潜力。由于对酒文化的讨论过于庞大且复杂，在此不再展开。

四、认清"内卷化"现象的本质

借助于网络自媒体的发展，一些专业用语被不断地挪移至大众传播领域。"内卷化"（involution）就是近几年高频出现在网络中的热词之一，所指的是一种社会或文化模式在某一发展阶段达到一种确定的形式后，便停滞不前或无法转化为另一种高级模式的现象。[1]当一个行业进入了这种状态，既不能保持稳定，也不能迅速转变，只能使内部变得更为复杂，表现为一种没有实质性增长的内耗状态，人均效益降低。

此时人们最直接的体验，就是个人的努力程度和工作量虽然大大提高了，但效益却不会因此而得到相应提升，投入与产出呈现背离，努力与成绩相互间的联系仿佛被割裂开了。如今，这个概念已经从社会学领域扩展至政治、经济、教育、文化等细分领域。这种泛化漫延使"内卷化"成为被广泛讨论的话题，因为它的确揭示出社会发展中的真实现象，并使很多人产生了共鸣。但遗憾的是，这

---

1. [美]杜赞奇.文化、权力与国家[M].王福明，译.南京：江苏人民出版社，2003: 53.

种现象不但早已出现，而且还会继续存在。

以我个人对文化产业的理解，内卷化与同质化其实都是对产业发展状态的描述，二者同源但"发生地"不同。内卷化描述的是"体"，是本质核心问题；同质化描述的是"用"，是外在表现问题。

一个产业在高速发展的爆发期之后，通常都会进入缓慢发展的瓶颈期，此时的内容创新逐渐萎缩，形式上的重复越来越明显，形式大于内容并逐渐替代内容，这种主次倒置的关系为出现内卷化现象提供了条件。于是，行业间相互模仿抄袭，产品量增而质不增等同质化特征开始显现。也就是说，有量无质的同质化产品是内卷化的必然产物。

博物馆文创产业同样会受到这种发展规律的影响，在经历了高速发展期之后也将步入缓慢发展期，近些年出现的一些现象已经可以证明这一点。有些原本有市场销量的品类由于被无休止地反复开发、重复开发，最终丧失了文化传播的功效，甚至产生了负面影响。像冰箱贴、钥匙扣、手机壳等传统品类的市场需求，实际上极为有限，在市场趋于饱和的状态下无论再怎么"折腾"，也无非是消费者买了这个就不买那个，总收入并不会因此而获得大幅提升。这也是内卷化的另一层含义，即"过密化"的表现。

在这种状态下大家都在消极地"等"，而并非积极地"创"，等到市场中一旦出现了热销的品类便一拥而上，前面说的"文创雪糕"就是一例。当然，我不否认这种方式在短期内不仅保险而且有效，做法固然有可取之处，但想法却一定不值得提倡。如果最终产品、产业模式甚至合作单位都完全一致，那么究竟应该比拼什么呢？又该以什么标准来评价这类产品呢？

市场发展就是这样，不停地制造着问题和矛盾，引发我们的思考。而解决这些矛盾问题的过程，也最能体现设计存在的价值。在别人眼中的问题，通常也是设计师眼中的机会。

市场发展永远会遵循着供需关系均衡的原则，而从设计的角度来看，"供给"与"需求"是截然不同的两种设计方式。在一段时期内，同一市场中的同一需求一定是有限的，没有市场需求何来设计供给？除非出现了新的增长条件，否则在M（市场容量）值基本恒定的前提下，所有的竞争注定都是存量竞争而非增量竞争。此时对D（设计产能）值进行盲目投入无疑是不理智的，大概率会造成内卷化现象。所以，以设计创造需求来引领供给才是比较健康的、容易见效的产业发展方向。可以从调整供需关系和提升自身能力这两个根本要素出发，来考虑这个问题，同时结合以下五点来予以落实：

第一，新产品展现新科技。"天有时，地有气，工有巧，材有美，合此四者然后可以为良。"[1]古人这种综合多方因素共同影响产品的思考方法，在如今看来仍然适用，只不过在今日我们应该考虑得更加细致。比如新科技、新材料、新工艺这些本就代表创新生产力的要素都可以为产品带来新的价值，拓展出新的市场需求。

在2007年iPhone手机横空出世以前，可能很少有人想到智能手机会对人类生活造成如此深远的影响，当时人们的思维普遍被固化在实体按键手机的操作模式中，认为电话理应如此。而全屏智能手机的出现彻底颠覆了人们的认知，改变了思维模式，创造出新的需求，手机产业也因此走向另一个发展阶段。而仔细分析iPhone的出现，我们会发现绝非偶然的神来之笔，而是各项科技发展交织出的必然。高集成化的芯片技术可以使手机在增加功能的同时减小体积，触屏技术此时也已突破了灵敏度的束缚，基带和网络技术更是让通信速度显著提升，还有电池技术的革命，等等，将它们适时地集合在一起，即创造出这种具有时代变革意义的新产品。

现代社会的发展注定离不开科技的引领，作为第一生产力的科技也时刻在寻求着与市场的共生。在产品中适当融入科技元素，展现科技的商用价值将会为产业开辟出大片的新兴市场，从而稀释原始产业的稠密度，这似乎可以作为逃离内卷化的良方。

第二，新需求引领新体验。人的需求是无限的，但很多都是潜在的，甚至是不自知的，需要借助一些特定的条件予以激发。iPhone当然是一个有说服力的案例，但在文创产品中是否有机会同时融汇如此多的前沿科技呢？我想很难。有别于纯科技类产品，文创产品的安身立命之本还是要以文化为核心，以需求为导

1.闻人军.考工记译注[M].上海：上海古籍出版社，2008：4.

向，以综合体验作为最终的表达形式。

近几年的一些影视作品，虽然使我们感受到前所未有的视觉体验，但糟糕的剧本、尴尬的台词、拙劣的演技并没有营造出良好的整体效果，甚至适得其反。作为综合性文化产品，影视作品中实际上汇集了多种价值，而对这些价值的需求也是有主次之分的。忽略了主要价值需求，而刻意地强调次要价值需求，无疑将会使产品陷入本末倒置、形式大于内容的内卷化泥潭。因此，这类影片无论场面多么宏大，效果多么震撼，都无法弥补故事性、情感性的缺失，而观众报以最大期待的却往往正是这些内容。

由此看来，不断发掘有价值的潜在需求，才是创作文化类产品的要旨，再以这些需求为导向而创造出的体验才会是良性的，这也是增容扩需的关键步骤。

第三，新标准开拓新领域。中国的文创产品展现的是中国文化，那么对它的评价是否也应该采用中国的标准呢？现代设计创生于20世纪初的西方，百年的发展使其建立了一套基于西方文化标准的评价体系。这一点我们从各类国际设计大奖的获奖产品中可以有所体会，几乎所有的获奖作品都是符合西方文化价值标准的，绝少见到有符合中式设计思想的获奖作品。我们当代的文创产品中也充满了解构主义、立体主义、抽象主义、构成主义等设计方法，使中国的产品中掺杂着大量的"洋味儿"。不是说这种现象不好，毕竟设计的语言应该是超越国界的，但是否可以考虑增加中式的表达方式来实现文化的自洽呢？

当前，国内文创产品市场确实火爆，但基本还都是在国内流转。粗糙地说，还是在挣国人的钱，而更加辽阔的国际市场能否成为未来成功"出海"的目标，实现国际社会对中国文化的认知呢？我想这首先取决于我们能否建立起新的标准、新的价值体系，之后再将这种价值观推向那些全新的领域。

第四，新环境吸引新资源。对于文化产业这种注重内容的行业而言，需要依靠不断创造出新资源来开拓新的市场空间，维持产业发展。那么新资源从何而来呢？

简单来说，资源包括物力与人力两部分内容，物力资源中又包括了物质与非物质。物质资源中包括了用于生产的物理环境和工具等，非物质类资源中包括了行业前景、个人待遇和发展空间等，这些都是比较容易理解的。人力资源则需要借助物力资源的吸引。

文化终究是人的文化，需要依靠人的知识、经验、智慧来创造，但很可惜的是，人类并没有进化出能够通过遗传而继承这些能力的基因，一切只能重新学起。古人与今人有何不同？生理上没有不同，但所处的环境不同。所以我们要研究、学习环境带给人的影响，这里说的学习不是狭义的，而是时刻都会发生在我们自身能力、意识上的自我完善。

在产业高速发展期更需要"人力"，而在瓶颈期显然更需要具有"破局"思维的高水平"人才"。提供有利于学习的工作环境，创造有发展空间的行业前景，尊重个人能力价值的发挥等，都是当代产业汇集人才的重要条件。

物力与人力重新整合出的新环境能够有效吸引新资源，这也是逃离内卷化的重要动因。在这个过程中当然需要资本的支持，但有别于其他行业，在这里资本的功效并不是唯一的、绝对的，所以我也一直不认可做文化产业是要靠钱"砸"出来的观点，而是认为资源比资本更重要。

第五，新制度激发新能量。从创意人才的个人发展角度来看，最大的束缚来自对非创造性价值因素的重视与强调，这其中有管理制度方面的问题，也有个人能力和认知水平的问题。

如今，在设计界已经出现了种种"定式"，风格定式、思维定式、形式定式、符号定式，这种"套路化"设计出来的产品在市场中屡见不鲜。"手机壳就应该这样设计，钥匙扣就应该那样设计"，类似这样的想法在行业中十分普遍。但我想这些"应该"恐怕都是自以为的"应该"。设计一旦陷入了"套路化"的思维就已经是"内卷化"的初现。

实际上创意设计本就是打破"规矩"的一种工具，赋予它高度的限制本就破坏了其发展的土壤。除了一些基本的常识性问题需要遵守规则以外，创意设计中还充满了大量的空间可供任意发挥，"自由之思想，独立之人格"这句本是陈寅恪先生用以纪念王国维先生的表述，如今用在创意设计工作中恰如其分。

不同于事务性工作，创意工作更注重的是程序而不是制度，创意水平也不会因为制度严格而有大幅提升，恰恰相反，被放进制度盒子中的创意反而会枯竭。

一些勇于创业的"文创青年"要么曾在体制内单位固守于重复性工作岗位，一眼就能看到职业上升的天花板；要么曾在高度竞争的民营或私营企业煎熬于"996"的重压，自己的潜能、价值难以得到充分发挥。[1]于是这些年轻人为了逃离内卷化，纷纷选择了自由职业，他们多是具有艺术、设计学历背景的，这也是当前我国从事文创设计行业的主要构成人群。显然，落后的管理制度与不切实际的管理方式难以赋予他们更高的自由度，限制了职业的发展，导致了大量人才流散在民间。

　　当然，从产业整体发展的角度来看，这并不意味着人才流失，多样化的发展格局正是文化繁荣的具体表现。也正因如此，才更加需要具有创新性的制度来对这些群体进行管理和引导。

　　内卷化不是指精益求精的工匠精神，对一件产品的反复揣摩与修改并不是在做无用功，相反这种工作态度是最值得肯定的。如今我国大力提倡的工匠精神并不是简单地提倡要多培养匠人，更不是在推广流水线上对工人的管理方法，反而强调的是精神，是态度，是情感上的、发自内心地对所从事行业的喜爱，这是用落后的管理方法很难培养出来的。事实上，这些落后的管理制度过多的干预往往适得其反，甚至会造成从业者的逆反，从热爱变为应付，为了完成而完成的态度，自然不是创意设计应有的状态。

　　所以，当我们在提倡设计创新的同时，是否也应该重新思考下制度创新呢？管理者恐怕应该从这个角度，反思文创工作所具有的行业特征及其存在的价值和意义问题，为创意设计人才提供能够提高创造性劳动，避免重复性劳动的工作氛围，从而弱化高度竞争带来的异化发展趋势。**创意设计的价值不应该只体现在工作的时间上，而更应该体现在工作的空间上。只有打开了空间，创意思维才会更加活跃。**

　　通过对历史的回顾我们可以发现，内卷化普遍出现在各个历史时期、各个行业发展过程中，特别是在瓶颈期都会大概率出现这种现象，直到多方因素最终汇集成一个奇点，才会产生突破性的革命。比如历次的工业革命，甚至是在战争

---

1. 张庆梅，风笑天.文创青年：一种"去内卷化"的实践逻辑[J].中国青年社会科学，2021（6）：81.

之后，都为各项产业带来的前所未有的发展空间。特别是"二战"后的德国和日本，虽然都是战败国，但在"二战"后的几十年里迅速发展成为设计强国，出现了一批具有影响力的设计大师。

从20世纪90年代开始，我国现代设计行业也经历了迅猛的发展。如今在一些领域，中国的设计制造已经确立了国际领先的地位，这是国力整体增强的具体表现。但在此前的计划经济时代，设计也曾经历了长时间的内卷化发展，几十年一成不变的日用产品、服装、家具、电器，都成为那个时代的烙印。

虽然有人认为内卷化为产业发展带来了负面影响，但在我看来这实际上是在了为产业爆发而进行的"空中加油"，通过对产业内部的不断细化来完善自身基础，夯实现阶段的种种条件，为形成突破积蓄着能量。所以，不能完全以悲观态度看待暂时的内卷化现象，也不应该断章取义地将其理解为一个消极的词。与同质化一样，它只是对一种阶段现象的描述。

人类社会整体上是在不停的演化中，而从局部来看则存在着无数的进化，不主动进化也会被动进化。一个行业只有保持不断地进化，不断地创造出新的价值，才不会被社会所淘汰。以上探讨都是围绕着如何创造新价值，扩容市场需求，激活新的生产力而展开的。虽不全面，但我想这应该算是逃离文创设计内卷化的一些思路。

五、文创设计中的"智慧"要素

从技术发展来看，博物馆大致经历了实体博物馆、数字博物馆、智慧博物馆三个阶段，目前正处于数字博物馆向智慧博物馆发展的过程中。

实体博物馆有历史悠久的传统形式与不可替代的实物展示优势，在这种形式中，观众不需要太多的知识储备，仅凭观察展品的特征即可发现视觉中的逻辑关系，寻找解释的线索。

虽然现代科学已经证明，人类需要通过视觉来获取80%以上的信息，但这种对单一获取方式的重度依赖，也会使文化传播效能在形式、时间、空间上受到制约。反映在文创产品设计中，通常会表现为不断丰富的视觉要素，越来越多的色彩、符号、图形的出现，使产品变得越来越花哨。而其带来的负面影响则是在这种设计思维模式中，创新被永久地限制在同一层级中寻求变化，很难获得本质上的突破。

然而博物馆惯用的这种信息输出方式很少会受到质疑，人们已经理所当然地接受了这种固化的体验形式。但我们不禁要问，除了视觉以外，博物馆是否还有其他可能的表达形式以满足更多的需求？比如如何让盲人感受到文物艺术之美？这是一项很有价值的研究，课题将实体博物馆所依赖的视觉传播方式强制性地完全剥离，设定了一个全新的领域来重新思考和构建传播方式的问题。研究表明，借助于场景的营造以及听、触、嗅、味、动等感官的综合调动，不仅可以使有视觉障碍或失明的人能够感知到艺术作品内容，还可以为视力正常的观众提供更加丰富的体验，观众对文化更容易形成深入的认知。这种被称为"多模式视觉"或"多感官感知"的传播方法，强化了博物馆讲述历史文化的"语言"表达能力，丰富了博物馆的体验形式。[1]

实体博物馆中的时空限制可以通过数字博物馆的形式加以改善。如今已有大量的博物馆开始借助于信息网络技术将文物展览、文创产品挪移至互联网上，使人们可以随时随地地进行参观浏览、消费购物。而且，数字技术还可以实现对文物或产品的放大缩小、360°观看、语音解说、动画解说、特殊视听效果、相关信息实时查询等功能，这些在实体博物馆中难以呈现的体验形式在数字科技的维度下均迎刃而解，为博物馆与观众之间提供了丰富多样的沟通选择。

虽然数字博物馆突破了藏品在传统展陈形式中的时空限制，但仍存有局限性。在传播方式上，数字博物馆仍是单向传递，被动地观看和简单地互动均已无法为消费者提供更好的体验，尤其是在咨询、服务、社交等功能方面的欠缺，使其终究无法营造出博物馆文创产品所需的交流体验氛围。而智慧博物馆则以"多模态感知技术"（Multimodal Perception）的方式替代了数字博物馆集

1.[美]妮娜·莱文特（Nina Levent），[美]阿尔瓦罗·帕斯夸尔-利昂（Alvaro Pascual-Leone）.多感知博物馆：触摸、声音、嗅味、空间与记忆的跨学科视野[M].王思怡，陈蒙琪，译.杭州：浙江大学出版社，2020：243-245.

中静态采集数字信息的方式。在这种模式中，视觉的重要性被刻意地弱化了，触觉、听觉、嗅觉、味觉等体感可以与其同时存在，共同成为获取信息来源的途径，并以此为基础重新构建人与人、人与物、物与物之间的信息系统交流网络，形成更为智能的体系。

在这种新业态的引领下，博物馆文创设计也开始呈现出向无形产品拓展的趋势。利用新的技术手段和传播媒介，对传统文化和文物典藏以数字化的方式加以设计表达，也因此成为值得探索的创新方式，这种新时代语境也使传统再次焕发出生机。（在本节中，无形文化产品特指那些与科技相结合而设计出来的数字化产品。）

在实际工作中有两点值得重点关注，一是销售设计环节，二是产品自身的智慧科技应用。

1. 互联网带来的"智慧销售"

2014年，习近平总书记在中央全面深化改革领导小组会议中提出要"强化化互联网思维"，使"互联网思维"的传播边界迅速扩大，为大众所熟识。我们必须承认，互联网已经突破了纯技术的范畴，开始与社会生活的方方面面结合，重塑了人们的思维方式，更新了社会的组织形式。因而，互联网思维就是本着"平等、开放、协作、分享"的互联网精神，充分运用互联网的技术手段来指导和创新生产生活和工作的思维方式。互联网思维对传统价值链的影响主要体现在去中心化、培育新型业态及重塑传统企业思维方式与盈利模式上。[1]

2016年，在文化部、国家发展和改革委员会、财政部、国家文物局四部门联合发布的《关于推动文化文物单位文化创意产品开发的若干意见》中指出，要"综合运用各类电子商务平台，积极发展社交电商等网上营销新模式，提升文化创意产品网上营销水平，鼓励开展跨境电子商务"。[2]的确，互联网是迄今为止

---

1. 范周. 数字经济下的文化创意革命[M]. 北京：商务印书馆，2019：111.
2. 中华人民共和国中央人民政府官网. 国务院办公厅转发文化部等部门关于推动文化文物单位文化创意产品开发若干意见的通知[EB/OL].http://www.gov.cn/zhengce/content/2016-05/16/content_5073722.htm,2016-05-16/2020-01-27.

人类所知的商品化的最大推动力。[1]当观众通过各类电子终端设备看到设计精美的文创产品时，自然会引起对博物馆藏品、展览、文创和活动关注。互联网技术所实现的数字化体验在很大程度上影响了观众对博物馆的印象，提升了参观和消费的意愿。

在国际上，对互联网未来发展及应用的研判也有很多值得借鉴的成果，比如2011年2月，美国KPCB风险投资公司（Kleiner Perkins Caufield & Byers）的合伙人约翰·杜尔（John Doerr）在对未来互联网产业发展的大趋势判断中提出了"SoLoMo"的概念。"SoLoMo"是指整合了社交（Social）、本地化（Local）和移动化（Mobile）三个关键因素，简单来说，就是把社交媒体、本地搜索以及移动搜索以互联网技术的形式加以整合并提供最终的用户体验。

需要明确的是，此种方式并非完全是指今日已经趋于成熟的网络销售概念。网络销售的核心并非直接创造新的产品，其根本价值在于对服务内容、交易方式、运营模式上的创新，本质上是一种对传统销售模式的产业化再造，可将其视为互联网初级运用阶段的一种商业营销方式。在网络技术高速普及发展的加持下，这种新型的销售模式切实可行，并且效果显著。

网络销售为博物馆文创产品传统营销提供了新的渠道，公众通过移动终端自由浏览、选择文创产品进行线上支付购买，既能够选择自取，又可以等待配送，还可以在线下接触实物后再决定是否要最后交易。这种被称为"O2O"（Online to Offline，从线上到线下）的购物方式应用在博物馆领域，不仅可以将线上的公众带到线下的实体博物馆中去，还可以使博物馆传统的实体店销售不再受地理位置、营业时间、客流量等在时间和空间上的种种限制。[2]"线下浏览""线上下单"的双线营销特征是目前博物馆较为适用的电子商务模式，对其合理性判断的依据主要有以下三点：

第一，在线下实体店中，消费者可以通过对实物的近距离接触与体验进行

---

1. [美]约瑟夫·派恩（B.Joseph Pine II），[美]詹姆斯·H·吉尔摩（James H.Gilmore）. 体验经济[M]. 夏业良，等，译. 北京：机械工业出版社，2002：17.
2. 蒋巍. SoLoMo+O2O能否为博物馆插上飞翔之翼[J]. 杭州文博，2013（1）.

直观的价值判断。商品实体性能和价值信息的直观传递，能够帮助消费者迅速进行准确的选择，这种消费模式不仅误差率低，同时也发挥了实体博物馆观众资源的优势，这是目前在线上交易中无法实现的。

第二，可以发挥线上数据的价值，对顾客所认同的商品进行客观数据分析，从而克服一直以来在线下实体店交易中难以对用户数据进行有效采集和准确分析的缺陷。由于O2O购物模式要求用户在网上进行支付，而这个支付信息就成为对用户进行深入挖掘和分析的宝贵资源。掌握用户消费行为的数据信息，可以大大提升对客户维护的效果，而通过对数据的整理和分析，往往还可以为设计提供新的线索，甚至预判或控制消费热点的产生。

第三，O2O模式可以分别保持不同群体各自的购物偏好。在本书的研究中，采用了线上与线下分开调研的方式，以区分两种不同消费群的选择倾向。参与调研的人群年龄结构见表5.2。

从购物方式的选择上来看，在线下调研中占70.42%的绝大多数人偏爱在博物馆的实体店中直接购买文创产品，选择了网上旗舰店和手机APP两项购物方式的人群共占有23.75%。而在线上调研中情况则完

表5.2　您的年龄是多大

选项	比例（%）
17以下	0.42
18至24岁	18.75
25至30岁	17.5
31至35岁	11.67
36至40岁	20.42
41至64岁	29.17
65以上	0.83

全相反，选择线下实体店购物的仅占26.96%，选择了"博物馆网上旗舰店"和"各类手机APP"这两种网上购物方式的人群分别为57.34%和36.56%（见图5.4）。在进一步对选择线上购物人群的总体年龄结构分析中我们发现，其中18至40岁的中青年群体占据了78%的份额，这其中25至30岁的人群又占据了较大份额（见图5.5）。

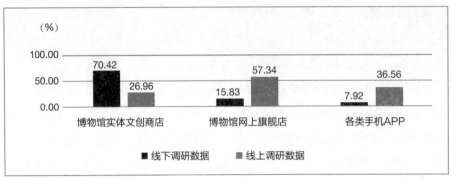

图5.4 您常用哪种途径购买博物馆文创产品?(多选题)

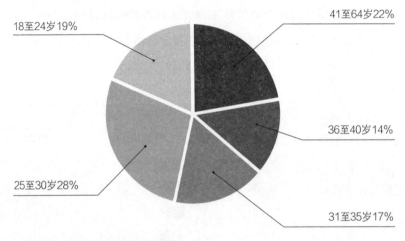

图5.5 对选择网络购物人群的年龄结构分析结果

这项调查结果从一个方面证实了目前博物馆线上与线下购物群体有着明显的区分,两类消费群分别保持着各自的消费习惯,而且网络购物的年轻化趋势明显,随着年龄的迭代,这类人群的消费特征、兴趣爱好等将对未来设计趋势产生极大的影响。

对于两类购物人群的分歧,O2O模式所提供的是一种在发挥各自优势的同时又克服了两种销售模式缺陷的互补性解决方案,能够同时满足线上及线下消费需求。因此,我们可以认为这种模式与当前博物馆文创产品的营销特点具有极强的契合度。

此外，利用自媒体平台进行营销也是一个不错的方式。如今，微信、微博等已经日渐成为人们获取信息的重要渠道，博物馆以开设微信公众号和官方微博，或者借助大众自媒体的方式进行宣传，发挥各类媒体的传播价值，达到扩大传播领域的目的。这种趋势也带动了我国博物馆文创市场整体呈现出高速增长的态势。

2018年，仅在淘宝、天猫浏览博物馆旗舰店的累计访问量就达到16亿人次，是全国博物馆接待人次的1.5倍，其中有1亿用户是"90后"。2019年，在天猫实际购买过博物馆文创产品的消费者数量近900万人，已有24家博物馆入驻天猫，仅故宫就在淘宝、天猫开设了6家网络商店。接下来，另有位列世界四大博物馆之一的俄罗斯艾尔米塔什博物馆，以及美国波士顿艺术博物馆、荷兰梵高博物馆、法国国家博物馆联盟等多家博物馆及机构入驻天猫。[1]可见，在社会效益和商业利益的双重驱动下，传统却又锐意创新的博物馆不约而同地做出了集体性选择，利用互联网销售成为当前阶段的重要趋势。

但是，建立电子商务销售平台仅可视为博物馆实现"智慧销售"模式的第一步。在此基础之上，运用"O2O"和"SoLoMo"的理念，我们甚至还可以设想"元宇宙"的形式，从多个层面充分发挥互联网技术的应用，利用动态捕捉、行为分析等多种科技元素在销售设计中的融入，共同构建起博物馆特有的互动体验平台，方能展现出"智慧销售"的优势。

比如在服装服饰类文创产品的销售中，可在手机或其他移动终端的APP中加入AR技术，实现即时换装、换色、组合、搭配等"所见即所得"的辅助销售功能。还可以根据不同年龄、身份、身高、体重，甚至是脸型、体态等多模态感知数据信息和以往的消费记录，经过大数据的智能运算，推荐、推送与其相匹配的产品系列。还可以通过对观众参观的行进路线，在每件展品前的停留时间等动态信息的捕捉与分析，判断个体的喜好，为其提供更加精准的服务。

实际上，这种将科技应用到消费领域的构想早已进入了实践阶段。2016

1.搜狐网. 2019年近900万人在网上购买博物馆文创！[EB/OL].https://www.sohu.com/a/335104458_99940028，2019-08-20/2020-11-11.

年，淘宝就推出了基于VR技术的全新购物方式——"Buy+"，这是一套利用带有动作捕捉的VR设备传感器和计算机图形系统的高科技设备，可以为消费者提供实时交互的虚拟三维购物环境。[1] 2018年，淘宝又与微软HoloLens合作推出了与MR技术相结合的全球第一个消费级MR产品——"淘宝买啊"，再次将科技应用于购物体验中。该产品对于用户购物体验的提升非常特别，它不像VR技术那样自始至终让你身处于虚拟空间中，而是让数字信息穿插进现实世界并且辅以动态展示，让产品从平面世界跳脱出来，进入真实的空间场景，最终结果就是能让人看到眼前的商品真正动起来、活起来。[2]

科技的不断进步与融入，终将会影响到我们生活的方方面面，在不违背法律、道德的前提下，善用科技带来的新颖销售方式，不仅能够突出个性化的购物体验，同时还能更为精准地满足消费需求。

2. 设计中的"智慧文创"

博物馆藏品可大致分为四种：文物、自然标本、实物资料、非实物记录和非物质文化遗产。非实物记录指反映和记录客观真实存在和发生的现象与过程的文字、图像、音像和数字记录等资料，记录这些资料的载体本身不具有文物价值，但是记录的内容具有文物价值。[3]

在展示这类信息时，传统的图文展示方法通常很难奏效。因此，在保持博物馆文创产品普遍注重历史性和艺术性的同时，利用"互联网+"的概念，借助网络和媒体等多方力量实现在科技、创意、交互、视觉上的互融，可以重新审视设计的创新价值，为设计工作开辟创新的思路。

在数字技术快速发展的今天，AR、VR、MR与5G数据传输技术给人们带来了前所未有的移动产品使用体验，数字产品的信息呈现方式也越来越便利化，人

---

1. 极客公园. 逛了逛淘宝造物节，我们看到了VR的更多可能性[EB/OL].http://www.geekpark.net/news/216201,2016-07-23/2021-07-12.
2. 新浪科技. 淘宝将进军MR购物联手微软推"淘宝买啊"[EB/OL].https://tech.sina.com.cn/i/2018-08-08/doc-ihhkuskt5719858.shtml?_zbs_baidu_bk,2018-08-08/2021-07-12.
3.《博物馆学概论》编写组. 博物馆概论[M]. 北京：高等教育出版社，2019：84-86.

们几乎可以在任何时间、任何地点通过各类移动终端获取形式多样、内容丰富的信息。同时，消费者对于移动应用产品的需求，已经不仅仅局限于可用性和流畅度，更开始注重那些前沿科技所带来的功能性转化。

就互联网移动应用（APP）这类产品而言，能够占用用户的碎片时间越多，就意味着越多的流量和越广的传播范围，随之而来的就是如何将这种流量价值转化为广阔的商业前景。利用文化资源开发相关的移动应用产品，不仅可以随时随地传播文化信息，成为能够让用户随身携带的博物馆媒介，同时也是博物馆的一张电子名片。

比如，可以利用移动终端结合虚拟图像的技术，来丰富平面类文创产品的设计形式和产品内容，使其摆脱二维样式的束缚，在增添互动性的同时也提高了产品的使用频率，赋予文创产品以新的生命力。

2019年，腾讯视频与三星堆博物馆和金沙遗址博物馆共同设计了一款基于HTML5（H5）标准的终端产品，在微博、微信等媒介上得到了广泛的传播分享。产品以线上互动的方式再现了文物修复过程，通过3D建模技术逼真地还原了"三星堆金面罩青铜人头像""陶三足炊器"和"金沙遗址太阳神鸟金饰"三件文物。交互形式是让用户选择需要修复的文物，通过手指滑动屏幕，配合3D动画模拟文物修复的全过程。值得注意的是，用户在体验过程中会有当前修复用时与实际修复用时的对比，这个"实际修复用时"就是非实物记录。在实际操作中，几乎每个人都可以在几分钟之内完成"修复"的操作，但是，真实的修复时间却是以"千小时"为单位来计算的。通过这个夸张的时间对比，用户可以直观地感受到文物修复工作的艰辛，从而唤起人们对文物修复的关注，增强对文物保护的认知。在互动完成后还可获得限量博物馆门票，让人们有机会真切感受文物跨越千年的历史文化底蕴。而此"H5"文创产品能够如此大范围传播的首要原因，便是得益于数字媒介与文创产品的创新融合[1]。

"智慧文创"的目标是通过文化与科技的结合，加快对传统设计模式的改

---

1. 王敏，王煜. "互联网+"背景下博物馆文创设计趋势与创新[J].大众文艺，2019（23）：100.

造与升级，利用信息技术的优势摆脱传统设计思维的束缚，设计出更"懂"消费者需求的智慧型文创产品，实现大众与博物馆的跨界融合与互联互通。

我对"智慧"产品的理解是：产品自身具有可自主识别、判断和学习的能力，并能根据实际情况做出正确的反应。按这个标准来看，目前博物馆文创产品中的"智慧"设计含量普遍不高，现有的一些仅可归类为"科技应用"产品，尚难以体现"智慧"设计的真正含义。显然这需要依靠强大的科技作为推动力，在未来需要密切关注各个领域的发展，保持互动与联系，共同思考博物馆文创产品中对智慧要素的表达问题。

六、"元宇宙"拓展文创新维度

2021年3月11日，根据"元宇宙"（Metaverse）概念设计开发的游戏"Roblox"（罗布乐思）在美国纽交所上市，上市当日收盘价飙升了近55%，将这个被普遍认为仅仅是科幻词汇的新鲜事物直接引入现实当中。同年10月，世界排名第一的照片分享站点"Facebook"竟然直接更名为"Meta"（名称源于：Metaverse），更是将这一科技概念推成了现象级的文化符号。10月13日，我国第一家"元宇宙"全国社团机构——"中国民营科技实业家协会元宇宙工作委员会"在北京成立。10月17日，在"第八届中国（杭州）国际电子商务博览会"上，杭州作为中国"元宇宙"第一个城市加速基地正式启动。11月11日，国内首家获批的元宇宙行业协会——"中国移动通信联合会元宇宙产业委员会"正式成立。11月18日，"张家界元宇宙研究中心"挂牌，张家界也成为全国首个设立"元宇宙"研究中心的景区。12月23日，"四川省网络文化协会元宇宙专业工作委员会"成立。12月30日，福建省、杭州市在同一天宣布正式设立"元宇宙专业委员会"。

一个相对陌生的名词竟然在同一年中突然爆发式地出现在多个不同的领域中，不禁使人迫切地想问："元宇宙"究竟是个啥？

我想对于国内大多数人来说，初次感受"元宇宙"概念可能是在1999年上映的电影《黑客帝国》（The Matrix）中，此后在2009年由詹姆斯·卡梅隆导演的电影《阿凡达》（*Avatar*）中也有类似的表达。直至2018年，由史蒂文·斯皮尔伯格（Steven Allan Spielberg）执导的科幻电影《头号玩家》（*Ready Player One*）上映，片中真实地呈现出现实世界与虚拟世界的关联与转换，被认定为目前最符合"元宇宙"形态的影视作品。虽然科幻电影不过是为大众提供娱乐的一种形式，而且在各个影片中都从未直接使用"元宇宙"这一名词，但还是可以将其中的科幻成分剥离，来感受其中真实的部分。

从广义来说，其实我们早已身处"元宇宙"的世界中。从1979年第一款MUD（Multiple User Dimension，多人交互游戏）诞生开始，互联网就为我们制造出大量的"分身"，虚拟的社交身份、游戏角色、网购信息都可以被视为"元宇宙"的初级应用。而从狭义来讲，"元宇宙"并不是某种单一技术的名称，而是一种融合了多种技术营造出的虚拟仿真空间。在这里，人们不再受Web2.0时代只能传递符号、文字、图像等基础信息的限制，而是能够置身其中，真正获得沉浸式的体验，个人的动作、表情、话语甚至情绪都可以在此得到实时传递。这种由各类网络信息技术构建起的虚拟网络世界，也被作为互联网发展的下一个阶段。

"元宇宙"是一种重度依赖于科技技术而生产出的文化产品，从根本上来说仍然属于文化产业范畴。不过它以前所未有的深度触及了人类现有的社会秩序，甚至有可能重新构建现实社会的组织、金融结构、生产方式、社交形式等，也许在未来将会成为我们的日常生活中的一部分。在那时，每个人都可以通过这项技术实现多重身份，在现实世界中的你可以在"元宇宙"创建的网络世界中成为你想成为的那个人，甚至在肉体消亡之后仍能以数字身份实现"永生"，这仿佛能够满足人们"重活一次"的愿景。米兰·昆德拉（Milan Kundera）曾在其著作中提道："人永远都无法知道自己该要什么，因为人只能活一次，既不能拿它跟前世相比，也不能在来生加以修正。没有任何方法可以检验哪种抉择是好的，因为不存在任何比较。一切都是马上经历，仅此一次，不能准备。"[1]但是"元宇

1.米兰·昆德拉. 不能承受的生命之轻[M]. 许钧译. 上海：上海译文出版社，2003：9.

宙"却为我们提供了再次选择的试错机会。我想，仅此一项就足以引起人们极大的兴趣和关注了，况且"元宇宙"还可以为我们带来更多的惊喜。

首先，与现有能够提供相似体验的产品不同的是，通过这项技术创造出来的虚拟世界不会只是一个，而是多种多样的以供人选择，从这一点来说它具有网络游戏的属性，但又不能仅仅将其理解为一种RPG（Role-playing game，角色扮演游戏）类型的网络游戏。

其次，从体验上来说，它也不像现有的MR技术仅仅提供初级的感官体验。它虽是"幻境"但却是真真实实存在的，是能够直接影响现实生活的一种方式，需要我们花费心力去经营自身。

再次，从内容上来说，与设定好剧情的游戏不同，在这里每一个出现的角色都是现实世界中的人在操控，因此你永远无法预料"他"在下一秒将要说什么、做什么，一切皆是随机发生的，这与真实世界中一样，时刻充满了未知与可能。

最后，与现实生活可以做到同步与置换是"元宇宙"提供的又一个可能，在虚拟世界中取得的种种成就与收获，将会在现实世界中以实物的形式加以兑现，这就极大地增加了真实感与满足感。

我们可以这样理解："元宇宙"就是将现实世界直接挪移到网络世界中，仿佛是重新开启了一个平行于现有人类社会的全新世界，人们在现实世界的缺失和遗憾将在虚拟世界中获得补偿。这也为各类产业打开了广阔的想象空间。

那么对于文创产业来说，"元宇宙"究竟有何种价值呢？从目前来看，发展最快的，最有可能先被大众感受到的实际应用将会出现在游戏产业中。早在2019年，腾讯就与Roblox共同组建了名为"罗布"的公司，2021年7月13日，中国版的"Roblox"游戏上线，第一天即成为IOS游戏排行榜第一。

2021年9月6日，深圳中青宝互动网络股份有限公司在其官方微信公众号发布消息称，公司将推出虚拟与现实梦幻联动模拟经营类"元宇宙"游戏《酿酒大师》。游戏以通信云计算技术提供支持，以游戏搭建元宇宙主要场景，以VR进行视觉呈现，借助自身的区块链技术构建经济体系，实现价值的传递。通过这四者紧密交叉，创造性地将游戏世界与现实打通，实现酒厂、白酒、游戏、玩家之间的信息闭环。游戏背景设定于100年前的中国，作为酒厂的管理者，玩家可以根据自身的思维方式选择如何经营酒厂。作为一款养成类游戏，可以将虚拟映射到现实中，在游戏中玩家用自己独创的秘方，经过时间的沉淀生产出的虚拟酒，可以在线下换取到真实的酒。这意味着在游戏中"玩"出来的不再是常见的是金币、装备等虚拟物品奖励，而是最终可以得到凝聚了自己心血的、自己设计外形包装的，独一无二的实物白酒。并且，游戏中所生产的酒可通过国际白酒品鉴师鉴定，最终给出官方认证。另外，酒厂品牌将会获得NFT（Non-Fungible Token，非同质化代币）认证，玩家可以通过圈子内部拍卖获得真实的收益。[1]

我们姑且先不对其是否可以真正实现做出评断，仅是这种将虚拟物品兑现为真实物品的游戏设计思路，即已能引起人们的极大兴趣。这种建立在虚拟与现实之间转化所带来的体验感，也正是我们在做文创产品设计中所追求的。试想，假如在"元宇宙"创造的虚拟博物馆中，人们可以扮演不同的角色，通过完成不同的任务，或是寻宝，或是考古发掘，最终获得的虚拟物品将有可能在现实的文创商店中兑换成真正的实物，这会不会比通过传统的购买方式更具有吸引力与挑战性呢？再比如，通过虚拟身份的转换，观众是否有机会变身为博物馆的工作人员，从而进入虚拟的文物库房、考古发掘现场等这些在现实中不可能进入的"禁地"呢？其间的神秘感所带来的诱惑力，将极大激发人们的探索欲与求知欲，通过"亲身经历"所获取的知识、实物奖励都将会成为参与者值得珍藏的宝贵财富。

这些"假如"仿佛离现实还比较遥远，但都是建立在已知上的设想，而并非建立在未知上的幻想。事实上一些博物馆已经在利用现有的技术开始试水"元宇宙"概念了。

2021年9月29日，苏州寒山美术馆举办了名为《分身：我宇宙》的艺术展，这是国内美术馆首次结合"元宇宙"概念探索艺术新形态的一次实践。展览分为

---

1. 游戏陀螺.中青宝推元宇宙游戏《酿酒大师》，股价盘中直线拉升涨幅逾20%[EB/OL].https://baijiahao.baidu.com/s?id=1710297305265656924&wfr=spider&for=pc.2021-09-08/2021-11-11.

"社区化元宇宙""生物圈元宇宙""平行式元宇宙""非定域元宇宙"四个板块，分别探讨了"元宇宙"在数字艺术中的价值，演示了数字加密艺术的生成方式与存在形式。

除了展览，目前博物馆还借助NFT、区块链等技术形式推出了各类文物的数字化收藏品，比如国博将"四羊青铜方尊""西汉错金银云纹青铜犀尊""'妇好'青铜鸮尊""彩绘雁鱼青铜釭灯"四件文物转化为数字藏品。2021年10月29日，湖南省博物馆将"越王勾践剑"转化为限量一万件的数字藏品，上线即被抢购一空。11月18日，成都金沙遗址博物馆以"古蜀金沙"为题材，围绕镇馆之宝"太阳神鸟""大金面具"等文物上线了四款数字文创产品，分别为"浮面""白藏之衣""虎虎生威""福泽满天"，限量一万件或两万件，售价9.9元，在支付宝平台仅50秒就被抢空，实现销售额39.6万元。

类似的案例近期还有很多，但严格来说，这些展览、文创仅仅是触及了"元宇宙"的边缘，受当前内部技术和外部环境的影响，尚未能深度涉及核心领域，但已经能够在市场中引起极大的关注，如果真能做到"元宇宙"的最佳状态其效果可想而知。

"元宇宙"是现实世界的延伸，而不是现实世界的替代，需要在认知上从对游戏的心态转换成对现实生活的心态。也就是说，"元宇宙"中的一切虽然都是虚拟的，但并不是虚幻的，更不是与生活无关的。这也是在概念最早出现时就已被拟定的一种状态。1992年，美国作家尼尔·斯蒂芬森（Neal Stephenson）在他的科幻小说《雪崩》（*Snow Crash*）中首次将一个平行于现实世界的虚拟数字世界称为"元界"，在这里，每一个现实世界中的人都有一个虚拟分身。随着现实生活开始向虚拟世界迁徙，人们可以在线上与线下、虚拟与现实之间自由的穿梭，种种边界将会变得越来越模糊。

这不禁让我想起了"庄周梦蝶"的故事："昔者庄周梦为胡蝶，栩栩然胡蝶也，自喻适志与，不知周也。俄然觉，则蘧蘧然周也。不知周之梦为胡蝶与，胡蝶之梦为周与？周与胡蝶，则必有分矣。此之谓物化。"

如果以今日的"元宇宙"思维来看待这一发生在两千多年前的"神秘事件"，是否可以察觉到其中的离奇之处？难道是现实世界中的庄子在虚拟世界中扮演着蝴蝶的身份？还是庄周自己才是那只真实蝴蝶的分身？被我们认为真实的世界其本身是否也是个元宇宙呢？我想这恐怕也是人类文明发展过程中萦绕在无数人脑海中的问题，只不过在公元2021年，人类终于有了可以将其转化为现实的方法和能力并开始付诸实践，积蓄已久的期盼与科技发展的必然终于在这一刻集中爆发了，这一年也就顺理成章地被称为"元宇宙元年"。

然而也有人为此唏嘘不已，毕竟目前的现实条件如5G、大数据、人工智能、物联网、区块链等还远远达不到"元宇宙"最佳发展状态所需的各项要求，而除了技术以外更主要的是在法律、道德、伦理、经济等层面都还处于空白，这些都将会对其发展造成严重的制约。因此，的确需要对这个尚处于概念期的新兴事物保持理性谨慎的态度，特别是要避免受到市场中一些过度炒作行为的驱动和扭曲。

但无论如何，以"元宇宙"为代表的各类创新科技能够激发强大的想象力，也注定会影响到文创产业的发展。正如前文描述的"4.0"阶段那样，高新技术必然会以各样的方式广泛地融入我们的日常生活中，借助科技生成的文创产品也必将展现出多元化的形式，科技要素在文创产品设计中的比重将持续增加，文创与科技的互协发展势必然会为传统博物馆带来全新的文化传播和体验效果，对此我们将拭目以待。

结　语

中华文明在几千年的发展过程中反复凝聚、不断升华，培育了伟大的民族精神，形成了强大的民族凝聚力。这些博大精深的中国传统文化不应仅存放在博物馆中供人瞻仰、祭拜，而是更应该以多样化的产品形式融入当代人的生活当中，使人们逐渐认识、感受中国文化，培养文化情感，最终形成对文化自发的认可与接受，对文化自觉的继承与传播。

产品是有形的，文化是无形的，以有形之产品承载无形之文化，正是文化产品独特的魅力所在。如今的文化产业几乎囊括了人类文明的方方面面，而我们对博物馆文创产品的理解仿佛仍然过于狭隘。因此，需要不断提高馆藏文物的利用率，让沉睡在库房中的文物多"苏醒"，让馆与馆之间的文物多"流动"，将它们真正"用起来"，让它们真正"活起来"，才能实现物与人、文化与情感的相互交流。毕竟文化是"人"的文化，需要被人所感知、运用、体验、融合、传承。这也意味着博物馆的经营理念必须从"以物为本"转向"以人为本"。

若干年后，今日我们所创造的文创产品也必将成为文物，以供彼时的人们品鉴此时的社会信息。博物馆文创产品即这样一类特殊的商品，支持其发展的核心即在于将传统文化资源进行合理的当代解读，使文化文物的生命以另一种形式得以延续，达到以史鉴今、启迪后人的目的。而博物馆文创产品设计则正是连接古今的一门跨领域、跨行业、跨时空的综合性实践学科，在避免"述而不作，信而好古"的同时，要以"有述有作，实论结合"的精神来践行，秉承"制天命而用之"的态度方可保证其存在的意义和价值。

在博物馆文化产业链中，多个环节均可作为带动产业发展的切入点，但产业性质决定了仅仅依靠某个点的单独发力不可能对产业形成整体驱动，需要在各个环节要素间找到平衡发展的逻辑关系。这也使当今的设计工作者关注的重点已经不可能停留在"一物一品"的狭隘设计观中，而应将设计维度提升至广义文创产品的概念层级上，着重研究各类影响因素，将如何构建完整、高效的设计产业链作为本体核心问题，设计出的具体产品作为客体表象问题。

文明因交流而多彩，文明因互鉴而丰富。[1]对文化认知的培养注定是一个交流互鉴、循序渐进、润物细无声的发展过程。博物馆文创设计行业在积极响应国家文化强国号召的同时，确实也面临着种种歧途的干扰。但无论如何，文物要"活"起来，首先要让人的思维"活"起来；文化要"走出去"，首先要让人的行动"走出去"。只有从业人员的思维和行动先活跃起来，并配以正确的理论指导和实践方法，才能带动产业的整体繁荣。同时，博物馆发展文创产业不能仅依靠自身的力量，文化是全人类的共同财富，博物馆作为文化财富的保管者要争取广泛的支持和参与，方可形成强大的合力效应以普惠大众。

　　党的十八大以来，在党和政府高度重视与支持下，我国博物馆事业进入了新时代。普惠均等的博物馆公共文化服务体系使各类博物馆得到了均衡发展，博物馆所承担的功能和潜力也在不断地丰富和壮大，已逐渐转变为影响大众、社会甚至时代的知识服务型机构。作为连接古今与未来的公共文化空间，博物馆在不断增强人民群众获得感、幸福感的同时，也在持续提振着中华民族的文化自信。

　　文化自信不仅是对传统的自信，还要建立对未来的自信。从这一目标来看，我国博物馆文化产业整体正趋于向好，但仍有很长的路要走。我们可以预期的是，在当前文化产业发展的黄金时期，博物馆的文创设计工作必将殊途而同归，最终将我们的文化健康有序地发扬和传承下去，完成历史赋予这个时代的责任和使命。

---

1. 杜尚泽，邢雪，姚大伟. 习近平在联合国教科文组织总部发表演讲[N]. 人民日报，2014-03-28（1）.

参考文献

[1] 白藕. 观众消费行为引导的博物馆文创产品设计趋势[J]. 博物馆管理，2021（4）.

[2] 张庆梅，风笑天. 文创青年：一种“去内卷化”的实践逻辑[J]. 中国青年社会科学，2021（6）.

[3] 巫濛，白藕. 历史类博物馆展览的基本逻辑与建构方式[J]. 博物馆管理，2021（2）.

[4] 白藕. 博物馆文创产品的定价策略[N]. 中国文物报，2021-05-04（6）.

[5]（美）妮娜·莱文特（Nina Levent），（美）阿尔瓦罗·帕斯夸尔 - 利昂（Alvaro Pascual-Leone）. 多感知博物馆：触摸、声音、嗅味、空间与记忆的跨学科视野 [M]. 王思怡，陈蒙琪，译 . 杭州：浙江大学出版社，2020.

[6] 赵乐. 舌尖上的设计，吃与吃的实验与反思[J]. 艺术与设计，2020（4）.

[7] 柳冠中. 事理学方法论[M]. 上海：上海人民美术出版社，2019.

[8] 白藕. 中小型博物馆文创发展现状思考[N]. 中国文物报，2019-12-10（5）.

[9] 范周. 数字经济下的文化创意革命[M]. 北京：商务印书馆，2019.

[10]《博物馆学概论》编写组. 博物馆学概论[M]. 北京：高等教育出版社，2019.

[11] 王敏，王煜. “互联网+”背景下博物馆文创设计趋势与创新[J]. 大众文艺，2019（23）.

[12]（英）约翰·霍金斯（John Howkins）. 新创意经济 3.0[M]. 马辰雨，王瑞军，王立群，译 . 北京：北京理工大学出版社，2018.

[13] 陈凌云.博物馆文化创意产品开发研究[D]. 上海：上海大学，2018.

[14] 范周. 2018中国文化产业年度报告[P]. 北京：知识产权出版社，2018.

[15]（美）妮娜·西蒙（Nina Simon）. 参与式博物馆：迈入博物馆 2.0 时代 [M]. 喻翔，译 . 杭州：浙江大学出版社，2018.

[16] 白藕.文创产品情感化设计研究[N].中国文物报，2017-11-28（3）.

[17] 白藕.浅析博物馆文创产品的特殊性[N].中国文物报，2017-04-10（3）.

[18] 郑荣健.故宫文创产品要从数量增长向质量提升转变——访全国政协委员：故宫博物院院长单霁翔[N].中国艺术报，2017-03-10（2）.

[19] 杜丹清.互联网助推消费升级的动力机制研究[J].经济学家，2017（3）.

[20]（英）蒂莫西·阿姆布罗斯（Timothy Ambrose），（英）克里斯平·佩恩（Crispin Paine）. 博物馆基础（第 3 版）[M]. 郭卉，译 . 南京：译林出版社，2016.

[21] 周苏，王硕苹.创新思维与方法[M].北京：中国铁道出版社，2016.

[22]（英）大卫·赫斯蒙德夫（David Hesmondhalgh）. 文化产业（第三版）[M]. 张菲娜，译 . 北京：中国人民大学出版社，2016.

[23] 吕菊萍. 博物馆文化创意产品开发设计策略研究——以沈阳张氏帅府为例[D].沈阳：沈阳航空航天大学，2016.

[24] 中共中央宣传部.习近平总书记系列重要讲话读本[M].北京：学习出版社，人民出版社，2016.

[25] 祁述裕，赵一萌，杨传张.文化文物单位发掘文化资源、开发文化创意产品的理念与思路[J].浙江工业大学学报（社会科学版），2016（2）.

[26] 陈宽.博物文化产品开发的探索与思考[J].温州：温州文物，2016（1）.

[27] 习近平. 在文艺工作座谈会上的讲话[M]. 北京：人民出版社，2015.

[28]（美）唐纳德·A·诺曼（Donald Arthur Norman）.设计心理学3：情感化设计 [M].何笑梅，欧秋杏，译.北京：
中信出版社，2015.

[29]（澳）戴维·思罗斯比（David Throsby）.经济学与文化 [M].王志标，张峥嵘，译.王志标，校.北京：中国
人民大学出版社，2015.

[30] 胡锐韬.博物馆产品与博物馆品牌建设探析——基于市场与营销学的思考[J].中国博物馆，2015（2）.

[31] 冯倩倩，黄洋.基于4P的博物馆文创产品的营销浅析——以两岸故宫博物院为例[J].中国博物馆文化产业研
究，2015.

[32] 张媛媛.文创热潮下博物馆文创产品的塑造[J].中国博物馆文化产业研究，2015.

[33] 莫逆.博物馆文创开发的核心思路与设计要点[J].中国博物馆文化产业研究，2015.

[34] 李炎，陈曦.世界文化产业发展概况[M].昆明：云南大学出版社，2014.

[35] 杜尚泽，邢雪，姚大伟.习近平在联合国教科文组织总部发表演讲[N].人民日报，2014-03-28（1）.

[36] 习近平.在十八届中共中央政治局第十二次集体学习时的讲话[N].人民日报，2014-01-01（1）.

[37] 付泉.管理信息系统[M].武汉：华中科技大学出版社，2013.

[38] 季明.核心价值观概论[M].北京：人民日报出版社，2013.

[39] 张京成，沈晓平，张彦军.中外文化创意产业政策研究[M].北京：科学出版社，2013.

[40]（汉）许慎，（宋）徐铉，等.说文解字[M].北京：中华书局，2013.

[41]（美）亚伯拉罕·哈罗德·马斯洛（Abraham.H.Maslow）.马斯洛精选集——人性能达到的境界 [M].方士华，译.北
京：北京燕山出版社，2013.

[42] 白藕，周茜.关于传统工艺文化产品"同质化"的探讨[A]//张立珊，张旗，王洪瑞.北京工艺美术学术研讨会
论文集[C].北京：知识产权出版社，2013.

[43] 蒋巍.SoLoMo+O2O能否为博物馆插上飞翔之翼[J].杭州文博，2013（1）.

[44] 卢梦梦.博物馆创意型文化产品的开发研究——以南京博物馆为例[D].南京：南京艺术学院，2012.

[45] 葛偲毅. 国外博物馆文化产品开发与营销对我国的启示[D].上海：复旦大学，2012.

[46] 侯珂.国家博物馆文物藏品数字影像版权化初探[J].北京：中国国家博物馆馆刊，2012（5）.

[47] 黄洋.博物馆文化产品淘宝网营销分析——以"故宫淘宝"为例[J].博物馆研究，2011（4）.

[48] 吕章申.中国国家博物馆（中文版）[M].北京：长征出版社，2011.

[49] 吕章申.中国古代青铜器艺术[M].北京：中国社会科学出版社，2011.

[50] 王放.关于博物馆产品的若干思考[J].北方文物，2011（2）.

[51] 中国国家博物馆.中华文明：古代中国陈列文物精萃[M].北京：中国社会科学出版社，2010.

[52] 纪远新.博物馆数字化建设[J].科技传播，2010（21）.

[53] 何平.便携式产品设计分析[J].新视觉艺术，2010（5）.

[54] 刘修兵.博物馆文化产品开发路漫漫[N].中国文化报，2010-02-23（2）.

[55] 张子康，罗怡.美术馆[M].北京：中国青年出版社，2009.

[56] 史吉祥.博物馆观众研究是博物馆教育研究的基本点——对博物馆观众定义的新探讨[J].东南文化，2009（6）.

[57] 闻人军.考工记译注[M].上海：上海古籍出版社，2008.

[58] 甄朔南.甄朔南博物馆学文集[M].北京：中国大百科全书出版社，2008.

[59] 中国国家博物馆.中国国家博物馆馆藏文物研究丛书·瓷器卷（明代）[M].上海：上海古籍出版社，2007.

[60] 中国国家博物馆.中国国家博物馆馆藏文物研究丛书·瓷器卷（清代）[M].上海：上海古籍出版社，2007.

[61] 中国国家博物馆.中国国家博物馆馆藏文物研究丛书·玉器卷（明代）[M].上海：上海古籍出版社，2007.

[62] 苏东海.博物馆的沉思——苏东海论文选（卷二）[M].北京：文物出版社，2006.

[63] 厉无畏，王慧敏. 创意产业促进经济增长方式转变：机理·模式·路径[J].中国工业经济，2006（11）.

[64]（捷克）米兰·昆德拉（Kundera, M.）.不能承受的生命之轻[M].许钧，译.上海：上海译文出版社，2003.

[65]（美）杜赞奇（Prasenjit Duara）.文化、权力与国家[M].王福明，译.南京：江苏人民出版社，2003.

[66]（美）派恩二世（Joseph Pine Ⅱ, B），（美）吉尔摩（Gilmore, J.H）.体验经济 [M].夏业良，等，译.北京：机械工业出版社，2002.

[67] 王宏钧.中国博物馆学基础[M].上海：上海古籍出版社，2001.

[68]（德）黑格尔（G.W.F.Hegel）.美学（第一卷）[M].朱光潜，译.北京：商务印书馆，1997.

[69]（法）布尔迪厄（Pierre Bourdieu）.文化资本与社会炼金术[M].包亚明，译.上海：上海人民出版社，1997.

[70] 王锐生，薛文华.马克思主义哲学原理[M].北京.高等教育出版社，1993.

后 记

2021年，由我主持的"中国国家博物馆文创产品设计趋势与策略研究"被评为单位优秀科研成果[1]，遂有了将其出版的想法。于是在原有研究基础上增删修改，成书过程前后共历时五年多的时间。其中最大的变化有三点，一是将研究范围扩大；二是将内容做了更为细致的分类、梳理和案例补充；三是对一些原有的观点进行了调整和完善。

在研究过程中，我有一次偶然看到了一本著作中的观点竟然与我的想法空前一致，难道自己历经多次失败、多次总结得出的经验却是他人早已成舟的旧观？而后又猛然想起这曾是多年前就已读过的一本旧书，然而当年却对书中所言并不以为然。"如入宝山空手归"，此时才醒悟，在认识与认知之间还隔着一层厚厚的时间。

设计就是这样一门学科，不经历一定量的积累很难成就质的改变，称其为"经验学科"不无道理。在积累经验的同时，发现更多的思考轨迹，遵循这些线索找寻进一步提升的路径，渐渐接近那个"原点"——这个探索的过程充满了苦闷、新奇、快乐、满足。

特别要感谢清华大学美术学院的柳冠中先生和马赛先生，两位恩师在百忙之中为本书作序并给予了关键性的指导。北京联合大学艺术学院的周茜老师、清华大学美术学院的王旭东老师、中国科技馆的陈明晖老师分别提供了宝贵的资料和案例，并且在疫情期间还多次参与外出考察调研，倾注了大量的心血。本书还得到了邱丰顺老师、浙江省博物馆的吴越宇老师、苏州博物馆的蒋菡老师、商印博物馆的蔡耿新老师等多位业内专家热情而无私的帮助。同时要感谢清华大学出版社的各位领导及专家，感谢责任编辑孙元元为本书顺利出版提供了极大帮助。在此仅以致谢的方式实难表达对各位的感激。

---

1. 本书是基于中国国家博物馆科研项目"中国国家博物馆文创产品设计趋势与策略研究"（项目编号：GBKX2019Y54）的研究成果基础之上展开的。

从业二十余载如白驹过隙，作为个人的首部专著本欲畅表本心，然自知才如点墨，书中观点定存诸多谬误，一些文字、图片虽已尽力做了标注，但恐仍有疏忽遗漏之处，望观者勿嘲，并恳请多加批评指正。

白藕

2022年8月28日写于北京

作者邮箱：744735270@QQ.com